Karl Marx zur Einführung

Pirmin Stekeler-Weithofer
zum 65. Geburtstag

Christian Schmidt

Karl Marx zur Einführung

JUNIUS

Junius Verlag GmbH
Stresemannstraße 375
22761 Hamburg
info@junius-verlag.de
www.junius-verlag.de

Umschlaggestaltung: Florian Zietz
Titelbild: © Deutsches Historisches Museum, Berlin
Satz: Junius Verlag GmbH
Printed in the EU 2026
ISBN 978-3-88506-806-8
3., korrigierte Auflage 2026

Bibliografische Information der Deutschen Nationalbibliothek
Die Deutsche Nationalbibliothek verzeichnet diese Publikation in der Deutschen Nationalbibliografie; detaillierte bibliografische Daten sind im Internet über http://dnb.dnb.de abrufbar.

Zur Einführung ...

... hat diese Taschenbuchreihe seit ihrer Gründung 1977 gedient. Zunächst als sozialistische Initiative gestartet, die philosophisches Wissen allgemein zugänglich machen und so den Marsch durch die Institutionen theoretisch ausrüsten sollte, wurden die Bände in den achtziger Jahren zu einem verlässlichen Leitfaden durch das Labyrinth der neuen Unübersichtlichkeit. Mit der Kombination von Wissensvermittlung und kritischer Analyse haben die Junius-Bände stilbildend gewirkt.

Seit den neunziger Jahren reformierten sich Teile der Geisteswissenschaften als Kulturwissenschaften und brachten neue Fächer und Schwerpunkte wie Medienwissenschaften, Wissenschaftsgeschichte oder Bildwissenschaften hervor. Auch im Verhältnis zu den Naturwissenschaften sahen sich die traditionellen Kernfächer der Geisteswissenschaften neuen Herausforderungen ausgesetzt. Diesen Veränderungen trug eine Neuausrichtung der Junius-Reihe Rechnung, die seit 2003 von der verstorbenen Cornelia Vismann und zwei der Unterzeichnenden (M.H. und D.T.) verantwortet wurde.

Ein Jahrzehnt später erweisen sich die Kulturwissenschaften eher als notwendige Erweiterung denn als Neubegründung der Geisteswissenschaften. In den Fokus sind neue, nicht zuletzt politik- und sozialwissenschaftliche Fragen gerückt, die sich produktiv mit den geistes- und kulturwissenschaftlichen Problemstellungen vermengt haben. So scheint eine erneute Inventur der Reihe sinnvoll, deren Aufgabe unverändert darin besteht, kompetent und anschaulich zu vermitteln, was kritisches Denken und Forschen jenseits naturwissenschaftlicher Zugänge heute zu leisten vermag.

Zur Einführung ist für Leute geschrieben, denen daran gelegen ist, sich über bekannte und manchmal weniger bekannte Autor(inn)en und Themen zu orientieren. Sie wollen klassische Fragen in neuem Licht und neue Forschungsfelder in gültiger Form dargestellt sehen.

Zur Einführung ist von Leuten geschrieben, die nicht nur einen souveränen Überblick geben, sondern ihren eigenen Standpunkt markieren. Vermittlung heißt nicht Verwässerung, Repräsentativität nicht Vollständigkeit. Die Autorinnen und Autoren der Reihe haben eine eigene Perspektive auf ihren Gegenstand, und ihre Handschrift ist in den einzelnen Bänden deutlich erkennbar.

Zur Einführung ist in der Hinsicht traditionell, dass es den Stärken des gedruckten Buchs – die Darstellung baut auf Übersichtlichkeit, Sorgfalt und reflexive Distanz, das Medium auf Handhabbarkeit und Haltbarkeit – auch in Zeiten liquider Netzpublikationen vertraut.

Zur Einführung bleibt seinem ursprünglichen Konzept treu, indem es die Zirkulation von Ideen, Erkenntnissen und Wissen befördert.

Michael Hagner
Ina Kerner
Dieter Thomä

Inhalt

IV. ÖKONOMIE

V. POLITIK

Anhang

1. Marx' Problem

Die Philosophie Hegels war ein Versprechen. Auf einen jungen Mann, der, wie Karl Marx, dem Wunsch seines Vaters gemäß das Jurastudium mit dem Ziel einer Verwaltungslaufbahn aufnahm, aber in sich »vor allem Drang, mit der Philosophie zu ringen«[1], verspürte, muss ein philosophisches System besonders anziehend gewirkt haben, das beides miteinander verband und den frischgebackenen Studenten lehrte: »Alles, was ist, hat eine ideale und eine reelle Seite, eine Seite der Erscheinung und eine Seite des Gedankens. Die ideale Seite ist die philosophische, die reelle ist die Geschichte. [...] Die Rechtsphilosophie soll hier nicht als ein abstraktes Leeres erscheinen, sondern als ein Gedanke, der sich verwirklicht hat. Dagegen soll die Rechtsgeschichte ebenfalls nicht bloß äußerlich erscheinen, sondern als gedankenartig, als ihren Geist in sich tragend.«[2]

Eduard Gans, von dem dieses Zitat stammt, war Hegels Schüler und Freund gewesen. Zu jener Zeit, als Marx in Berlin studierte, hielt er die Naturrechtsvorlesungen.[3] Nach Hegels Tod gab er die um Hegels mündliche Zusätze erweiterte Ausgabe der *Grundlinien der Philosophie des Rechts* und die *Vorlesungen zur Philosophie der Geschichte* heraus. Die Vorlesungen zur Rechtsphilosophie hatte er schon vor Hegels Tod mit dessen Billigung und großem öffentlichen Erfolg übernommen. Gans hob besonders das Moment der Verwirklichung hervor, den Gedanken, dass philosophische Einsichten auch institutionelle und politische Folgen haben, die geschichtlich spürbar sind. Damit betonte er auch das revolutionäre Potenzial der Hegel'schen Philosophie. »Ist die Verfassung des Volkes demselben unangemessen«, heißt es in diesem Sinne bei Gans zum Thema Volkssouveränität, »ist sie durchaus etwas anderes als dasselbe, so wirft es sie ab und metamorphiert sich von selbst, und dies sind die gründlichen Krisen der Geschichte, die Revolutionen.«[4]

Zudem verband Gans die Hegel'sche Philosophie mit Reflexionen über die politischen, gesellschaftlichen und philosophischen Entwicklungen im Europa seiner Zeit. Er hatte Freunde in Paris und London und brachte von seinen Reisen aufsehenerregende Informationen über Gruppen wie die Saint-Simonisten oder über Jeremy Bentham mit, die auf ganz verschiedene Weise versuchten, Heilmittel für das bittere Elend zu finden, das der auch in den deutschen Ländern heraufziehende Kapitalismus produzierte. Die Hegel'sche Philosophie, wie sie Gans präsentierte, war also trotz ihres systematischen Ansatzes nicht geschlossen. Sie versprach Orientierung in den gesellschaftlichen Umbrüchen, die sich am Beginn des 19. Jahrhunderts vollzogen. Und sie versprach eine bessere Zukunft – nicht irgendwann, sondern eine bessere Zukunft, die eigentlich schon begonnen hatte, zumindest aber unmittelbar bevorstand.

Das Zentrum des Versprechens, dessen Verwirklichung die Hegel'sche Philosophie damals ankündigte, lässt sich dabei in einem einzigen Wort zusammenfassen: Freiheit. »Das Denken fängt da an, wo die *Freiheit* anfängt; Freiheit, Denken, Recht, Erkennen und Wollen sind identisch. [...] Die Philosophie ist selbst ja der Gedanke der Freiheit, das freie Denken ohne Voraussetzung.«[5] Diese Freiheit hat eine individuelle und eine gesellschaftliche Komponente. Sie ist die Freiheit der Einzelnen, die über sich selbst bestimmen und ein eigenes Urteil suchen. Sie ist aber auch eine Freiheit, die sich im Verhältnis zum Staat, das heißt zur Ordnung des gesellschaftlichen Zusammenlebens, zeigt. »Die Rechtsphilosophie beginnt, sobald nicht mehr Gott die Gesetze gibt, sondern der Mensch anfängt, selbst Legislator zu sein. [...] Sowie das Recht vom Menschen gemacht ist, ist auch die Rechtsphilosophie da.«[6]

Am Beginn des Marx'schen Denkens steht also die Begegnung mit einem philosophischen Ansatz, für den Reflexion keine bloß gelehrte Übung ist, sondern der sich selbst dezidiert als Kritik versteht, der die Praxis der Menschen ins Zentrum der Überlegungen rückt und mithilfe der Analyse dieser Praxis die Dynamik geschichtlicher Entwicklungen zu entschlüsseln versucht. Philosophie nach Hegel ist Gesellschaftskritik, die das Prinzip ihrer eigenen Wirksamkeit gleich mitzuliefern scheint. Denn dieses Prinzip ist nichts anderes als die Freiheit, aus der die menschliche Praxis entspringt.

Marx wird im Laufe seines Lebens Hegel und den Hegelianismus immer wieder heftig attackieren, aber die wesentlichen Elemente der Hegel'schen Philosophie, dass die Menschen ihre Geschichte selbst machen, dass das philosophische System die Dynamiken der geschichtlichen Entwicklungen analysieren und kenntlich machen soll und dass das Ziel der theoretischen Überlegungen zu sozial wirksamen Kräften und Strukturen darin besteht, die gesellschaftliche Wirklichkeit zu ändern, das heißt, sie zu verbessern, all das bleibt für ihn prägend.

Angesichts dieses entscheidenden Einflusses der Hegel'schen Philosophie auf den ganz jungen Marx lässt sich die Heftigkeit der Marx'schen Hegelkritik vor allem als eines lesen: die Anzeige eines fundamentalen Problems, mit dem sich Marx in seinem Denken konfrontiert sieht. An der Auseinandersetzung mit Hegel zeigt sich nämlich beispielhaft, was für viele der Marx'schen Polemiken gegen politische, philosophische und wissenschaftliche Weggefährten gilt. Die Angriffe werden umso drastischer, je mehr Marx Positionen angreift, die seinen eigenen zum Verwechseln ähnlich sind. Das Rigorose in diesen Polemiken ist vor allem eine unausgesprochene Unnachgiebigkeit gegen das eigene Denken, von dessen Ungenügen Marx sich mit aller Kraft losreißen will.[7] Der oft diffamierende und verletzende Angriff auf befreundete Autoren ist der Weg, auf dem Marx nach einer theoretischen Selbstverständigung sucht, die keine Kompromisse erträgt und sich über Freundschaften brüsk hinwegsetzt. Auch die Heftigkeit der Marx'schen Hegelkritik ist daher das Symptom einer radikalen Enttäuschung, die sich zu einem tief sitzenden Problem auswächst.

Das Problem mit der Hegel'schen Philosophie ist für Marx (im Übrigen aber auch für seine politisch engagierten junghegelianischen Freunde) das Ungenügen der von ihr inspirierten Gesellschaftskritik. Denn die Kritik, die im Ausgang von Hegel entwickelt wurde, scheint zunächst einmal ganz praktisch zu versagen. Offenkundig klaffen die politische Ordnung und der Anspruch philosophischer Einsicht nicht nur erheblich auseinander. Diese Kluft öffnet sich am Übergang der 1830er zu den 1840er Jahren auch noch immer weiter, statt sich – der Hegel'schen Prognose folgend – fortwährend schneller zu schließen. Wie die Kluft zwischen Einsicht und Staat in der Marx'schen Wahrnehmung wächst, lässt sich gut an der kritischen Darstellung der Verhandlungen des Rheinischen Landtags über ein Holzdiebstahlsgesetz sehen, die Marx im Herbst des Jahres 1842 in der inzwischen von ihm geleiteten *Rheinischen Zeitung* anonym veröffentlichte. Ganz im Geiste der Hegel'schen Rechtsphilosophie kritisiert Marx das Gesetz, das das zuvor gewohnheitsrechtlich gestattete Sammeln von herabgefallenen Ästen und Zweigen als Diebstahl mit Gefängnis oder Zwangsarbeit bedrohte, als nicht »der rechtlichen Natur der Dinge«[8] entsprechend.

Marx beschreibt mit Hegels eigenen Worten die Funktion des Rechts als »das Dasein der Freiheit«[9]. Statt aber ein solches »vernünftiges«, »menschliches« Recht in Gesetzesform zu bringen, fällt der Landtag, der erkennbar einzig die Interessen der Waldbesitzer im Auge hat, in vormoderne Formen des Rechts zurück. Den Armen werden mit dem neuen Gesetz nämlich nicht nur die »*Almosen der Natur*« vorenthalten, auf die ihnen »ein instinktmäßiger Rechtssinn« bisher Anspruch gab,[10] bei der Verfolgung des neu eingeführten Verbrechens sind der Waldbesitzer oder sein Bediensteter auch noch Ankläger, Zeuge, Richter und Vollstrecker der Strafe. Empört konstatiert Marx, dass der Staat so »die Unsterblichkeit des Rechts [dem] endlichen Privatinteresse« opfere und dem Verbrecher »die Sterblichkeit des Rechts« beweise.[11]

Eduard Gans in diesem Punkt noch folgend, glaubt Marx Anfang der 1840er Jahre aber, dass sich das Recht schließlich doch mit aller Macht gegen jedes Gesetz durchsetzen wird, das den Namen »Gesetz« nicht verdient, weil es sich gegen seine begriffliche Bestimmung der »allgemeinen und authentischen« Wahrheit »über die rechtliche Natur der Dinge« verweigert. Geschehe das nicht mittels Einsicht, dann geschehe es mittels der Konsequenzen, die das sogenannte Gesetz heraufbeschwört: »Ihr habt die Grenzen verwischt, aber ihr irrt, wenn ihr glaubt, sie seien nur in euerem Interesse verwischt. Das Volk sieht die Strafe, aber es sieht nicht das Verbrechen, und weil es die Strafe sieht, wo kein Verbrechen ist, wird es schon darum kein Verbrechen sehen, wo die Strafe ist.«[12] Wie bei Gans entfaltet hier die ideale Seite der Geschichte ihre Wirkung nicht nur über den philosophisch informierten Beamtenapparat des Staates oder den Landtag als Gesetzgeber, der ihr schließlich im konkreten Fall enttäuschenderweise entgegensteht. Die geschichtliche Handlungsmacht ist breiter verteilt und erfasst auch das Volk mit seinen

Vorstellungen von Recht und Gerechtigkeit, das sich – so die Marx'sche Hoffnung – dem Staat mit seinen Gesetzen und bürgerlichen Eigentumsrechten verweigern oder sogar widersetzen kann.

Mit seiner Argumentation für die Beibehaltung der alten Raffholzrechte will Marx sich aber nicht zum Verteidiger des Gewohnheitsrechts schlechthin aufschwingen. Die Debatte zeigt für ihn vielmehr schlagend, dass bei den Rechten der Ärmsten auf das Gewohnheitsrecht zurückgegriffen werden müsse, weil »das *Dasein der armen Klasse selbst* bisher eine *bloße Gewohnheit* der bürgerlichen Gesellschaft ist, die in dem Kreis der bewußten Staatsgliederung noch keine angemessene Stelle gefunden hat«[13]. Mit anderen Worten, die Existenz der »armen Klasse« ist das Zeichen für die Unvernunft, die der bürgerlichen Gesellschaft und der ihr entsprechenden staatlichen Ordnung innewohnt. Und das offenbart eine empfindliche Lücke in der Hegel'schen Konzeption einer freiheitlichen Rechtsordnung, für die die Landtagsdebatte das Symptom ist.

Doch nicht nur die politische und gesellschaftliche Entwicklung blieb hinter den Erwartungen zurück, die die Hegel'sche Philosophie geweckt hatte. Auch auf dem akademischen Feld waren herbe Rückschläge zu verzeichnen, die die Junghegelianer ganz persönlich trafen. Marx hatte nicht ganz freiwillig eine publizistische statt einer akademischen Laufbahn eingeschlagen. Für ebenso radikale wie kompromisslose Junghegelianer gab es inzwischen keinerlei Chance mehr, an einer Universität angestellt zu werden.

Wie sich die akademische und gesellschaftliche Lage entwickelt hatte, zeigte sich auch daran, dass nach dem frühen Tod von Gans 1839 auf dessen Lehrstuhl in Berlin Friedrich Julius Stahl folgte. Stahl bekämpfte den von Gans nahegelegten Republikanismus, der mit Hegels Philosophie – um das Mindeste zu sagen – kompatibel war, mit einer Theorie, die auf die Stärkung der persönlichen Autorität des Monarchen zielte. Obwohl sich auch in Stahls theoretischen Konzepten Einflüsse Hegels finden lassen und er beispielsweise den Staat als Rechtsstaat auffasste, »schloss«, wie Warren Breckman herausgestellt hat, »die Unteilbarkeit monarchischer Souveränität aus, dass die Idee des Parlaments oder, was das betrifft, vernunftgeleitete öffentliche Debatten eine wirksame Rolle spielen konnten, wenn es darum geht, die Stabilität der rechtlichen Normen zu bewahren. Stattdessen musste sich Stahl ganz auf die Selbstbeschränkungen des Monarchen verlassen. [...] Die Autorität des Monarchen durchdringt alle politischen und gesellschaftlichen Institutionen, aber sie überschreitet diese insofern sie als monarchische nicht an sie gebunden ist. Stahl besteht darauf, dass in Krisenzeiten die Maxime: *In dubio pro rege*[14], alle Normen übertrifft.«[15]

Sollte wenig später die Debatte um das Holzdiebstahlsgesetz beweisen, dass die Verwirklichung der Vernunft nicht als Resultat von Parlamentsdebatten allein zu erwarten war, propagierte Stahls politische Theorie die offene Abkehr vom liberalen Erbe der Hegel'schen Philosophie. Die Hegel'sche Linke reagierte auf diese Herausforderung zunächst einmal ihren Möglichkeiten entsprechend publizistisch. Dabei modifizierte sie Schritt für Schritt ihre Haltung zu Kirche und Staat. Zunächst hatte es für die Junghegelianer nämlich noch so ausgesehen, als sei der Protestantismus mit seiner Unmittelbarkeit der Gottesbeziehung und der Betonung des persönlichen Glaubens – wie von Hegel analysiert – ein geschichtlicher Anknüpfungspunkt für die vollständige Realisierung der Freiheit,[16] doch nun wurde unter dem Banner des protestantisch-christlichen Staates die Restauration betrieben. »Freiheit ist für Stahl nur noch gut und richtig, wenn sie die gegebene Ordnung bestärkt, aber sie ist sündig und zu bestrafen, wenn sie die Selbstsüchtigkeit gegen die äußeren Autoritäten bejaht.«[17]

Als die jungen Anhänger der Hegel'schen Philosophie mit ihren universitären Karrieren in eine Sackgasse geraten und auch ihre außeruniversitären Publikationen mehr und mehr von der Zensur unterdrückt werden, fangen sie daher an, sich von Hegel zu distanzieren. Aber das heißt nicht, dass sie auf die Argumentation der Restauration einschwenken. Sie beginnen vielmehr jene Elemente in Hegels Philosophie zu denunzieren, die scheinbar oder tatsächlich von Denkern wie Stahl übernommen werden können. Bezüglich der Religion propagieren sie den offenen Atheismus, und aus der Hegel'schen Kritik wird die Kritik des Hegel'schen Staatsrechts, die Kritik der Hegel'schen Rechtsphilosophie überhaupt. Kategorien wie das Beamtentum, die konstitutionelle Monarchie und das Eigentum sind der Gegenstand dieser Kritik, die darauf gerichtet ist, das Hegel'sche Erbe zu bewahren, indem sie es in betont herausfordernder Weise überbietet.

Doch bald schon zeigt sich in diesen Auseinandersetzungen eine weitere Schwäche der Hegel'schen Kritik. Die Republik und die Verwirklichung der Freiheit lassen sich nicht herbeischreiben, und die Hegel'sche Philosophie benennt abseits des Staates kein konkretes gesellschaftliches Subjekt, das den philosophischen Reflexionen zur Realität verhelfen könnte. In einem der Manuskripte von Marx und Engels, die später unter dem Titel *Die deutsche Ideologie* editorisch zusammengefasst wurden, lässt sich das Bedauern über diese Schwäche vernehmen, wenn die »Auflösung der Hegelschen Schule in eine allgemeine Zänkerei« konstatiert wird: »das Theatrum mundi beschränkt sich auf die Leipziger Büchermesse, & die gegenseitigen Streitigkeiten«[18].

Wer verstehen will, worum es in Marx' rastlosem Denken geht, das sich Unmengen an historischem und wissenschaftlichem Material einverleibt, das Seite um Seite mit Exzerpten und Entwürfen füllt, von denen viele überhaupt erst postum veröffentlicht wurden und manche bis heute nicht veröffentlicht sind, das sogar eine ganze Wissenschaft, die Politische Ökonomie[19], neu begründen will und dennoch zu keinem Abschluss kommt, wer in dieses Monument eines unermüdlichen Forschens eindringen will, muss die Problematik verstehen, die sich an seinem Anfang stellte und deren Unabweisbarkeit den Antrieb des Schreibens, Umschreibens und Aufs-Neue-Beginnens bis zum Ende dieses produktiven Lebens geliefert hat.

Wenn Marx sich mit geschichtlichen Vorgängen oder den Ereignissen seiner Zeit befasst, dann sucht er kein einzelnes Prinzip wie Hegels Verwirklichung der Freiheit, keine Gesetzmäßigkeiten, die die Geschichte prognostizierbar machen. Marx verabscheute den Schematismus bei der Darstellung historischer Ereignisse geradezu. Er versucht vielmehr, die Kräfte zu verstehen, die das Geschehen antreiben, sowie jene, die immer wieder zur Niederlage der Revolution führen. Aber im Feld dieser Kräfte nimmt Marx schon ziemlich früh eine besondere Struktur wahr, die die Gesellschaft seiner Zeit dominiert. Diese Struktur ist die Ökonomie, die Systematik der Regeln, nach denen das individuelle und das gemeinsame, gesellschaftliche Leben materiell produziert und reproduziert werden. Auch diese Regeln sind wie die politischen Regeln von Menschen gemacht, aber sie haben eine besondere Qualität, die dazu führt, dass sie sich gegenüber ihrer willentlichen Veränderung abschließen.

Ist das Problem, vor dem Marx zunächst mit den Junghegelianern steht, dass sich die von der Hegel'schen Philosophie genährten Hoffnungen auf eine Verwirklichung der Freiheit nicht erfüllen, so führt ihn die Beschäftigung mit der kapitalistischen Ökonomie auf ein Feld, das zu erklären vermag, auf welch komplexe Weisen die Verwirklichung der Freiheit scheitern kann. Die Ökonomie des Kapitalismus soll nämlich einerseits Freiheit verwirklichen, doch die spezifische Weise, in der die Freiheit hier verwirklicht wird, erzeugt ein Feld von Gesetzmäßigkeiten und Abhängigkeiten, denen die scheinbar Freien wie einer Naturgewalt gegenüberstehen, die über sie hereinbricht.

Die Eigenschaft der ökonomischen Zusammenhänge, ein Feld der Eigengesetzlichkeit zu bilden, hat Marx nicht entdeckt. Sie war ein Merkmal, das die Wissenschaft der Politischen Ökonomie prägte, die sich im 18. Jahrhundert neu entwickelte. Die Politische Ökonomie bricht mit wesentlichen Prinzipien der politischen Ordnung ihrer Zeit, indem sie davon ausgeht, dass sich das Ökonomische den Versuchen entzieht, es politisch zu beherrschen. »Die Wirtschaft [...] verstanden als Praxis, aber auch als Art und Weise des Eingreifens der Regierung, als Handlungsform des Staates oder des Souveräns [...] kann daher nur kurzfristige Absichten haben, und wenn es einen Souverän gäbe, der behauptete, langfristige Pläne zu haben, einen globalen und umfassenden Blick, dann würde dieser Souverän immer nur Trugbilder sehen. Die politische Ökonomie zeigt in der Mitte des 18. Jahrhunderts deutlich den Fehlschluß der vollständigen politischen Erfassung des Wirtschaftsprozesses«[20], fasst Michel Foucault diese Abtrennung der Ökonomie vom Bereich souveräner Verfügungsgewalt zusammen.

Foucault zieht aus der Eigengesetzlichkeit der ökonomischen Struktur, ihrem Funktionieren ohne einen souveränen Willen, der sie als Ganze erfassen und beherrschen könnte, den Schluss, die Politische Ökonomie sei »eine atheistische Disziplin; [...] eine Disziplin ohne Gott; [...] eine Disziplin ohne Totalität«[21]. Für Marx aber ist diese Eigenschaft ein Zeichen für den religiösen Charakter der kapitalistischen Alltagspraktiken. Zwar kennt die Politische Ökonomie keinen Gott, der alles sieht und überwacht, aber dafür kennt sie mystische Fetische, tote Dinge, die Eigenschaften des Lebendigen haben sollen. Plötzlich hat das

Kapital – Produkt von geleisteter Arbeit, aber selbst bloß noch eine Ansammlung von Dingen – die Fähigkeiten zu produzieren, zu organisieren, zu berechtigen und sich fortzupflanzen.

So wie für Gans die Rechtsphilosophie erst beginnt, wenn die Menschen selbst die Gesetze machen und kein Gott, so beginnt für Marx die Politische Ökonomie als wirkliche Wissenschaft erst, wenn sie die Fetische entlarvt und eine Perspektive eröffnet, sich die ökonomischen Verhältnisse wieder politisch anzueignen, um so der Freiheit Geltung zu verschaffen. Das heißt, der Gegenstand der Politischen Ökonomie ist für Marx tatsächlich ein politischer Gegenstand, etwas, das historisch entstanden ist und auch in seiner Gesamtheit historisch verändert werden kann. Die Analyse der Politischen Ökonomie liefert deshalb für ihn keine ewig gültigen Sätze, sondern Beschreibungen einer spezifischen Struktur, die es in ihrem Funktionieren und ihren materiellen wie geistigen Wirkungen zu verstehen gilt.

Wenn Marx in irgendeiner Hinsicht mit Hegel brechen wird, dann tut er dies am ehesten an dem Punkt, an dem er in den ökonomischen Strukturen nicht länger das Vernünftige sucht, das ihnen innewohnt, sondern die Verkehrungen und Mystifikationen, die die Verwirklichung von Freiheit in einem umfassenden Sinn verhindern, indem sie Freiheit in einer spezifischen Form realisieren.

Der Bruch, den Marx in dieser Frage sucht, ist kein völliger Bruch mit Hegel. Eher handelt es sich um eine Komplizierung des Hegel'schen Ansatzes, in dem die geschichtlich entstandenen Formen der Institutionen jeweils Momente der Freiheit realisieren. Denn nun zeigt die kritische Analyse dieser Momente, dass sie selbst zu Hindernissen werden können. Staat und Eigentum, die bei Hegel unverzichtbare Bestandteile einer anspruchsvollen Konzeption von Freiheit waren, werden so problematisiert.

Marx stellt immer noch die Frage nach der Verwirklichung der Freiheit. Aber er rekonstruiert die Freiheit nicht mehr wie Hegel als eine Idee, die ihre Wirksamkeit und Vernünftigkeit in der Geschichte bereits erwiesen hat und nur noch begriffen zu werden braucht, um mit vollem Bewusstsein verwirklicht werden zu können. Er will keine bloße Zusammenstellung von Konzepten oder abstrakten Prinzipien wie Solidarität, Brüderlichkeit, Liebe oder Egoismus erfinden, die angeblich das Problem der Verwirklichung der Freiheit lösen. Solche Entwürfe sind für ihn schnell bloße Utopie und als solche – darin bleibt er Hegel treu – zu verwerfen.

Marx sucht stattdessen die Auseinandersetzung mit der Weise, wie sich die Gesellschaft, in der er lebt, erhält. In dieser gesellschaftlichen Organisation stecken die Keime, aus denen die Unfreiheit hervorwächst. Jede alternative Vergesellschaftung muss ebenso eine Weise finden, in der sie sich selbst erhalten kann, in der sie alles zu produzieren vermag, was sie aktuell benötigt und was es ihr erlaubt, sich zu entwickeln. Und Marx sieht recht bald die Gefahr, dass alle Alternativentwürfe, die den aktuellen Modus der Reproduktion der Unfreiheit nicht durchschaut haben, diese Keime in die angeblich neue Gesellschaft einschleppen. Deshalb nähert er sich der Verwirklichung der Freiheit auf einem anderen Weg. Er sucht die Hindernisse, die sich ihr in den Weg stellen. Und er sucht diese Hindernisse nicht auf abstrakte Weise, sondern will sie ganz konkret begreifen, in ihrer Vielfalt, in ihrer Komplexität und ihrem Zusammenhang.

Vor diesem Hintergrund lässt sich verstehen, warum dieses Denken an kein Ende kommt. Das Problem, vor dem es steht, lässt sich zwar benennen, aber es lässt sich nicht so leicht identifizieren. Marx fasst es im Laufe seiner Analyse immer wieder neu. Manchmal geht es darum, es einfach noch präziser zu beschreiben, oft ändert sich aber auch der Gegenstand. Marx bricht mit Paradigmen, verwirft Ansätze und Darstellungsweisen, aber immer mit dem Ziel, eine Kritik der Gesellschaft zu gewinnen, die die praktische Schwäche der Hegel'schen Philosophie überwindet. Marx' Problem besteht also darin, die Prinzipien zu erkennen, nach denen die moderne kapitalistische Gesellschaft funktioniert, weil diese Prinzipien sachliche Zwänge und eine Deformation des Bewusstseins erzeugen, die die Verwirklichung der Freiheit aufhalten. Gegen Sachzwang und Bewusstseinsdeformation will Marx Erkenntnisse setzen, die eine radikale Praxis der Gesellschaftsveränderung, die Revolution, ermöglichen. Doch um so radikal zu werden, gilt es, zuerst die richtige Ebene und ein angemessenes Maß an Komplexität für die Kritik zu finden.

I. KRITIK
(1843/44)

2. Nach der Religionskritik: Gegen Staat, Recht und Eigentum

Die Einleitung zur *Kritik der Hegelschen Rechtsphilosophie* – der einzige Teil dieser Kritik, den Marx selbst jemals veröffentlicht hat – beginnt mit dem Satz: »Für Deutschland ist die *Kritik der Religion* im wesentlichen beendigt, und die Kritik der Religion ist die Voraussetzung aller Kritik.«[1] Mit diesem programmatischen Satz schreibt sich Marx in den junghegelianischen Diskurs um den Protestantismus ein und schlägt gleichzeitig vor, die in diesem Rahmen geführte Diskussion zu überschreiten. Die Bewegung des anknüpfenden Loslösens vollzieht Marx in seinem Text dabei zweimal. Zunächst zieht er eine Konsequenz aus der hegelianisch-junghegelianischen Deutung der Religion überhaupt. Diese Deutung der Religion hatte Bruno Bauer drei Jahre zuvor, 1841 und folglich genau in jenem Jahr, in dem auch Ludwig Feuerbachs *Wesen des Christentums* mit der gleichen Stoßrichtung erschien und sofort Furore machte, so zusammengefasst:

»Das ist nach Hegel die Versöhnung der Vernunft mit der Religion, daß man einsieht, es gebe keinen Gott [...] Das realisierte Selbstbewußtsein ist jenes Kunststück, daß das Ich sich einerseits wie in einem Spiegel verdoppelt und endlich nachher, wenn es sein Spiegelbild jahrtausendelang für Gott gehalten hat, dahinterkommt, daß jenes Bild es selber sei. [...] Die Religion hält jenes Spiegelbild für Gott, die Philosophie hebt die Illusion auf und zeigt dem Menschen, daß hinter dem Spiegel niemand steckt, daß es also nur der Widerschein des Ichs sei, mit welchem bis dahin dasselbe verhandelt, welchem es Opfer, Gebete und Huldigungen dargebracht habe.«[2]

Für Marx ist eine solche Haltung zur Religion, »welche den Menschen für das höchste Wesen des Menschen erklärt«[3], die Grundlage aller Kritik, weil sie es ist, die neue, entscheidende Fragen ermöglicht. Zwar sei die Religion »das *Opium* des Volks«, aber dieses Opium sei »die *Protestation* gegen das wirkliche Elend«[4]. Wenn nun die Kritik fordere, die Illusionen der Religion aufzugeben, dann nicht, damit das Elend illusionslos ertragen würde, sondern um zum Kern der Probleme, zur »*Welt des Menschen*, Staat, Sozietät« vorzudringen.

Wenn die Religionskritik enthüllt hat, dass hinter dem Glauben an das Göttliche menschliche Verhältnisse stehen, die es erfordern und hervorbringen, dann muss die Religionskritik zu einer Kritik dieser menschlichen Verhältnisse werden. »Die Kritik des Himmels verwandelt sich damit in die Kritik der Erde, die *Kritik der Religion* in die *Kritik des Rechts*, die *Kritik der Theologie* in die *Kritik der Politik*.«[5]

Die Fragen, die die Kritik der Religion ermöglicht hat, sind die Fragen, wie solche Verhältnisse zu kritisieren sind. Aus dem französischen Exil, wohin er wegen der Zensur in Deutschland und drohender politischer Verfolgung[6] ausgewichen ist, um gemeinsam mit Arnold Ruge die *Deutsch-Französischen Jahrbücher*[7] herauszugeben, blickt Marx voll Abscheu auf die Verhältnisse zurück, denen er entflohen war. Aber indem er die deutschen Zustände als »*unter dem Niveau der Geschichte*« und damit als »*unter aller Kritik*« charakterisiert,[8] stellt sich nur umso mehr die Frage, welche Situation mit welchen Mitteln kritisiert werden soll. Marx geht den gleichen Weg wie viele seiner Weggefährten und stellt der entwickelten Version der bürgerlichen Gesellschaft in Frankreich die Analysen der deutschen Philosophie, das heißt der Philosophie Hegels, gegenüber.[9] Nur dessen Staats- und Rechtsphilosophie befindet sich für ihn mit der fortgeschrittensten sozialen und politischen Entwicklung in Frankreich, England und den USA auf Augenhöhe. Diese Philosophie zu kritisieren ist für Marx 1843/44 »beides, sowohl die kritische Analyse des modernen Staats und der mit ihm zusammenhängenden Wirklichkeit als auch die entschiedene Verneinung der [...] *spekulative[n] Rechtsphilosophie* selbst«[10]. Gegen jene, die das Philosophieren aufgeben und endlich zur Tat schreiten wollen, beharrt Marx darauf, dass man sich von der Hegel'schen Philosophie nicht einfach abwenden könne, die Hegel'sche Philosophie – so die Marx'sche Überzeugung – muss verwirklicht werden, um überwunden werden zu können: »*Ihr könnt die Philosophie nicht aufheben, ohne sie zu verwirklichen.*«[11]

Die Verwirklichung einer Philosophie ist aber selbst kein philosophischer Akt, auch wenn für Marx erst die kritische Auseinandersetzung mit ihr die Fragen der Zeit offenbart. Die Verwirklichung der Philosophie ist nur als ihre Aufhebung möglich. Sie ist Praxis, der Übergang von der »Waffe der Kritik« zur »Kritik der Waffen«.[12] Das klingt entschlossen und revolutionär. Doch an dieser Stelle, an der es darum gehen müsste, wie der Übergang von der Theorie zur materiellen Gewalt vollzogen werden soll, wie eine Theorie die Massen ergreift und das theoretische Freiheitsversprechen der Philosophie praktisch eingelöst wird, an dieser revolutionstheoretisch entscheidenden Stelle erfolgt zum zweiten Mal jene Bewegung, mit der Marx an den junghegelianischen Religionsdiskurs anknüpfend diesen überschreiten will.

Wie Hegel in seinen *Vorlesungen zur Philosophie der Weltgeschichte* betrachtet auch Marx die Reformation als die geistige Revolution in Deutschland. Sie hatte einen Freiheitsgewinn zur

Folge, weil sie die Innerlichkeit stärkte und damit Überzeugungen an die Stelle des hierarchisch gebotenen Gehorsams setzte. Schon Hegel fragt aber mit dem Blick auf die jeweiligen Verwirklichungsdefizite der Freiheit in Deutschland und Frankreich: »[W]arum sind die Franzosen sogleich vom Theoretischen zum *Praktischen* übergegangen, wogegen die Deutschen bei der theoretischen Abstraktion stehenblieben«? Die Antwort findet Hegel in der Innerlichkeit, in der Gesinnung, die der Protestantismus hervorbringt: »Dem formellen Prinzip der Philosophie in Deutschland [...] steht die konkrete Welt und Wirklichkeit mit innerlich befriedigtem Bedürfnis des Geistes und mit beruhigtem Gewissen gegenüber.«[13] Im gemeinsamen Glauben an die Freiheit des Christenmenschen akzeptieren die Deutschen die herrschenden Verhältnisse. Marx urteilt ganz ähnlich, der Protestantismus habe »den Leib von der Kette emanzipiert, weil er das Herz in Ketten gelegt«[14]. Beide, Marx und Hegel, hoffen aber, dass die Dynamik von Reformation und Revolution noch nicht erschöpft ist, sondern früher oder später über den *status quo* hinaustreibt.

Was aber ist genau das Treibende, auf das die beiden hier setzen? Sicher spielt der aktive Wille zu einer dem Menschen angemessenen Gesellschaftlichkeit, zur »sozialen Freiheit«, eine Rolle. Doch für Marx reicht es nicht, dass »der Gedanke zur Wirklichkeit drängt«, tatsächliche Veränderung bedarf auch eines *»passiven* Elementes, einer *materiellen* Grundlage«, »die Wirklichkeit muß sich selbst zum Gedanken drängen«[15]. Was mit diesen Formeln gemeint ist, erläutern die letzten Seiten der Einleitung. Von radikalen Bedürfnissen ist dort die Rede und vom Enthusiasmus, mit dem sich eine Klasse als Repräsentant der gesamten Gesellschaft setzen muss, um ihren revolutionären Forderungen die nötige gesellschaftliche Resonanz zu verschaffen. Das Passive, Materielle sind hier also die in einer Gesellschaft verbreiteten Wünsche und Bedürfnisse, deren Verwirklichung und Befriedigung jene Gruppe verspricht, die gegen die herrschende gesellschaftliche Ordnung opponiert.

Im Deutschland der ersten Hälfte des 19. Jahrhunderts hingegen herrsche überall, auch bei den Klassen, »jener *bescheidene Egoismus*, welcher seine Beschränktheit geltend macht und gegen sich geltend machen läßt«[16]. Hier, so die Marx'sche Einschätzung, will niemand im Namen der ganzen Gesellschaft Ansprüche formulieren. Alle wollen ihre Interessen lediglich als je besondere gewahrt wissen. Doch Marx sieht schon eine Klasse im Entstehen begriffen, deren Ausschluss aus der bürgerlichen Gesellschaft so vollkommen ist, deren Leiden so umfassend sind, dass sie gar nicht anders kann, als ihre Forderungen als universelle Forderungen zu stellen.

Statt die Gewährung von Privilegien für sich könne das Proletariat – und keine andere als diese Klasse der Ausgebeuteten, Erniedrigten und Unterdrückten ist hier gemeint – nur die Aufhebung aller Privilegien fordern, weil es von allen Begünstigungen und insbesondere vom Eigentum ausgeschlossen ist. Seine privilegienlose Existenz sei der Gegensatz zur bürgerlichen Existenz schlechthin, und die Gesellschaft, in der es befreit ist, sei deshalb die Überwindung der bürgerlichen Gesellschaft.

Formelhaft kommt in der Einleitung von *Zur Kritik der Hegelschen Rechtsphilosophie* vieles zusammen, wofür das Marx'sche Denken berühmt und berüchtigt ist: Revolutions- und Klassentheorie, Materialismus und eine Kritik der ökonomischen Verhältnisse. Solche programmatischen Wendungen – und in dem Text wimmelt es geradezu von kanonisch gewordenen Formulierungen, die bis heute immer und immer wieder zitiert werden – bedeuten allerdings nichts, solange Marx sie nicht durch Inhalte konkretisiert. Das aber ist sein Bestreben und wird es bis zu seinem Tod bleiben. Im Umfeld der »Einleitung« beginnt diese Arbeit. Sie schlägt sich zum einen in dem zweiten Manuskript nieder, das *Zur Kritik der Hegelschen Rechtsphilosophie* gehört und von Marx nicht veröffentlicht wurde: in der *Kritik des Hegelschen Staatsrechts*. Zum anderen ist sie in einer Auseinandersetzung mit Bruno Bauers seinerzeit viel besprochenem Buch *Die Judenfrage* zu finden.

Bauers *Judenfrage* ist schon bei ihrem Erscheinen ein gewollt skandalöses Buch. Es steht im Kontext einer Debatte um die Aufhebung eines diskriminierenden Dekrets, das Napoleon für die Rheinprovinzen erlassen hatte und das die preußische Regierung auch nach den Befreiungskriegen in Kraft ließ und in seiner Wirkung sogar noch verschärfte. So musste beispielsweise Marx' Vater, Heinrich Marx, der während der napoleonischen Zeit Anwalt geworden war, zum Protestantismus übertreten, um seinen Beruf als Advokat unter der 1815 beginnenden preußischen Herrschaft weiter ausüben zu können – und das sehr wahrscheinlich bereits vor der Geburt seines Sohnes Karl am 5. Mai 1818.[17] Nun, 1843, empfahl der Rheinische Landtag, der selbst nicht zur Gesetzgebung befugt war, mit überwältigender Mehrheit und unter großer öffentlicher Zustimmung Regierung und König in Berlin erneut die Aufhebung des »Infamen Dekrets« und die vollständige Emanzipation der Juden.

Bauer hingegen nimmt die öffentliche Debatte zum Anlass, ausgehend von der junghegelianischen Kritik der Religion die These zu vertreten, als Juden könnten die Juden nicht emanzipiert werden. Als Menschen sei ihre Emanzipation zwar durchaus möglich und sogar erwünscht, aber Voraussetzung der menschlichen Emanzipation sei und bleibe die Loslösung von der Religion und folglich – im konkreten Fall – vom Judentum.[18] Der liberale Einsatz für jüdische Emanzipation, also für die volle rechtliche und politische Anerkennung, sei lediglich eine Ablenkung von der menschlichen Emanzipation, der Emanzipation im strengen Sinn.

Bauers Schrift löste unmittelbar eine Vielzahl von meist ablehnenden Reaktionen aus. Marx' Auseinandersetzung mit Bauers *Judenfrage* gehört zwar auf den ersten Blick auch zu den zahlreichen Verteidigungen der bürgerlichen Emanzipation der Juden, sie spannt aber einen weiteren Bogen, der die Frage der Befreiung nicht auf die Frage der jüdischen Emanzipation beschränkt und den Marx'schen Text auf diese Weise nicht nur zu einem Schlüsseltext für die Kritik der bürgerlichen Rechte, sondern auf den zweiten Blick zudem zu einer Verteidigung Bauers und seines Begriffs der menschlichen Emanzipation macht. Der darin enthaltene Spagat gelingt Marx, indem er die bürgerliche oder – wie er sie nennt – politische Emanzipation begrifflich von der menschlichen Emanzipation trennt und Bauer vorhält, beides durcheinanderzuwerfen.

Die politische Emanzipation aller Menschen, gleich welcher religiösen Überzeugung, ist für Marx nicht nur möglich, sondern geradezu geboten, weil im bürgerlichen Rechtszustand die Religion zu »einer rein individuellen Angelegenheit«[19] geworden ist. Sie hat nichts mehr mit dem Geist des Staates oder dem Wesen der Gemeinschaft zu tun, wie Marx mit Blick auf die nordamerikanischen Verhältnisse bemerkt, sondern ist zur bloßen Privatangelegenheit (Marx schreibt religionskritisch: »Privatschrulle«) geworden. Jude sein und Staatsbürger sein sind zwei voneinander vollkommen getrennte Sachen und folglich durchaus miteinander verträglich.

Marx erkennt im betonten Kontrast zu Bauers These an, dass die politische Emanzipation »ein großer Fortschritt« sei: »Wir sprechen hier von wirklicher, von praktischer Emanzipation.«[20] Doch auch wenn die bürgerlichen Freiheiten und ihre Anerkennung als allgemeine Menschenrechte ein großer Schritt bei der Verwirklichung der Freiheit seien, menschliche Emanzipation, wirkliche Befreiung seien sie dann doch noch nicht. Der Grund dafür liegt für Marx in der Form, die die politische Emanzipation hat und die einen ganz spezifischen Freiheitsbegriff verwirklicht.

Die Freiheit der bürgerlichen Rechte ist die Freiheit des einzelnen, auf sich bedachten Menschen. »Keines der sogenannten Menschenrechte geht also über den egoistischen Menschen hinaus, über den Menschen, wie er Mitglied der bürgerlichen Gesellschaft, nämlich auf sich, auf sein Privatinteresse und seine Privatwillkür zurückgezogenes und vom Gemeinwesen abgesondertes Individuum ist. [...] Das einzige Band, das sie zusammenhält, ist die Naturnotwendigkeit, das Bedürfnis und das Privatinteresse, die Konservation ihres Eigentums und ihrer egoistischen Person.«[21]

Marx stört zweierlei an dieser Freiheitsdefinition, die in den bürgerlichen Menschenrechten steckt. Zum einen naturalisiert sie die Bedürfnisse und Privatinteressen. Es wird nicht gefragt, ob diese Bedürfnisse und Interessen in irgendeinem Sinne »gut« oder »angemessen« sind. Es wird auch nicht gefragt, was diese Bedürfnisse und Interessen hervorgebracht hat, sondern mit der Erklärung der Rechte, wird das, was die Rechte schützen, zur unpolitischen Natur, die es anzuerkennen und zu respektieren gilt.[22] Zum anderen führt die politische Emanzipation paradoxerweise zu einer Entpolitisierung entscheidender Lebensbereiche. »Die politische Revolution [...] zerschlug die bürgerliche Gesellschaft in ihre einfachen Bestandteile, einerseits in die *Individuen*, andrerseits in die *materiellen* und *geistigen Elemente*, welche den Lebensinhalt, die bürgerliche Situation dieser Individuen bilden. Sie entfesselte den politischen Geist, [...] befreite ihn von seiner Vermischung mit dem bürgerlichen Leben und konstituierte ihn als die Sphäre des Gemeinwesens, der *allgemeinen* Volksangelegenheit in idealer Unabhängigkeit von jenen *besondern* Elementen des bürgerlichen Lebens.«[23]

Der Fehler eines solchen Freiheitsverständnisses steckt für Marx in den Trennungen, die es produziert. Es trennt die Individuen voneinander, die doch nur gemeinsam politisch handeln können. Zwar können die Einzelnen sich immer noch auf ein politisches Gemeinsames beziehen und tun das auch, aber sie tun es mit Bezug auf eine besondere abgetrennte Sphäre: den Staat. Dieser bleibt dabei von der bürgerlichen Gesellschaft geschieden, von dem Ort, an dem die Menschen produzieren und ihre Interessen verfolgen. Seine ganze Legitimation bezieht der Staat aus dem rechtlichen Schutz der Sphäre der besonderen, »egoistischen« Interessen.

Menschliche Emanzipation, wirkliche Befreiung ist für Marx aber nur möglich, wo diese Trennungen aufgehoben werden, wo der Mensch seine eigenen Kräfte zu produzieren und die Wirklichkeit zu gestalten »als *gesellschaftliche* Kräfte erkannt und organisiert hat und daher die gesellschaftliche Kraft nicht mehr in der Gestalt der *politischen* Kraft von sich trennt«[24].

Für Marx heißt Freiheit, das gesellschaftliche Leben als gemeinsames Leben auch gemeinsam zu gestalten. Dieser Freiheit stehen die bürgerlichen Rechte im Wege, auch wenn sie die Menschen aus den Verhältnissen des Feudalismus befreit haben, die alle Verhältnisse zwar als Verhältnisse des Gemeinwesens und in diesem Sinne als »politisch« begriffen, aber ihrer gemeinsamen Gestaltung keinen Raum boten. Die bürgerlichen Rechte, die aus solch allzu engen Verhältnissen emanzipieren, verhindern jedoch durch die Trennungen, die sie produzieren, dass die Individuen das gesellschaftliche Leben als ein gemeinsames erfahren können.

Die Kritik der Trennung von bürgerlicher Gesellschaft und Staat sowie der Gegenentwurf eines gemeinsamen Lebens bestimmen auch die Überlegungen in *Zur Kritik des Hegelschen*

Staatsrechts. Die Kritik der Politik ist hier vor allem eine Kritik des Staates, der über der Gesellschaft steht und diese beherrscht. Das Verhältnis zwischen Staat und Gesellschaft beschreibt Marx im Anschluss an eine Hegel'sche Formulierung als »die Identität *zweier feindlicher Heere*, wo jeder Soldat die ›Möglichkeit‹ hat, durch ›Desertion‹ Mitglied des ›feindlichen‹ Heeres zu werden«[25]. So korrekt ihm diese Beschreibung zu sein scheint, so absurd kommt sie ihm vor. Demokratie im emphatischen Sinn einer tatsächlich und nicht bloß nominell realisierten Volkssouveränität kann für Marx eine solche Spaltung nicht hinnehmen. Die Aufhebung von Staat und Gesellschaft denkt Marx sich aber auch nicht als eine komplizierte dialektische Figur. Vielmehr hat er eine klare Präferenz für eine der beiden Seiten: »Das Volk allein ist das Konkretum.«[26] Der Staat dagegen, jenes »feindliche Heer«, dem sich das Volk in den modernen bürgerlichen Ordnungen gegenübersieht, ist zunächst einmal bloß ein abstraktes Konzept.

Doch der Staat entwickelt seine eigene Realität und verteidigt diese gegen die Gesellschaft. Seine Kraft entfaltet er, indem er sich in einen selbständigen bürokratischen Apparat verwandelt, »eine *besondere*, *geschlossene* Gesellschaft im Staat«[27]. Diese besondere Gesellschaft, die Bürokratie, nimmt für sich in Anspruch, das Allgemeine – dasjenige, was allen nützt – im Unterschied zu den vielfältigen gesellschaftlichen Partikularinteressen zu kennen und es gegen diese zu schützen. Doch gemäß der Marx'schen Analyse schützt sich die Bürokratie so vor allem selbst. Für Marx ist das von ihr verfolgte Interesse lediglich das »imaginäre Allgemeine«, weil es in Wirklichkeit ein besonderes Interesse, das Interesse der Selbsterhaltung der Staatsapparate und ihrer Beamtenschaft ist, das aus der Perspektive des Staates beziehungsweise der Bürokratie jedoch als schützenswerte »Besonderheit des allgemeinen Interesses« erscheint. Dass das Allgemeine eine Besonderheit gegenüber der Gesellschaft sein könnte, ist für Marx aber nur eine weitere Imagination.[28]

Dass unter den bürgerlichen Verhältnissen das allgemeine Interesse, das, was die Mitglieder der Gesellschaft verbindet, imaginär bleibt und bleiben muss, weil es keine gemeinsame Bestimmung des Gemeinsamen gibt, ändert nichts daran, dass »dieser ›Staatsformalismus‹ sich als wirkliche Macht konstituiert und sich selbst zu einem eignen *materiellen* Inhalt wird, so versteht es sich von selbst, daß die ›Bürokratie‹ ein Gewebe von *praktischen* Illusionen oder die ›Illusion des Staats‹ ist. Der bürokratische Geist ist ein durch und durch jesuitischer, theologischer Geist.«[29]

Es ist kein Zufall, dass Marx an dieser Stelle wieder auf die Religion zurückkommt. Der von der Gesellschaft getrennte Staat erzeugt für ihn eine Illusion nach Art der Theologie. Etwas, was die Menschen gemeinsam hervorbringen, scheint in der Verkehrung der tatsächlichen Verhältnisse ihre Gesellschaftlichkeit erst zu erzeugen. »Wie die Religion nicht den Menschen, sondern wie der Mensch die Religion schafft, so schafft nicht die Verfassung das Volk, sondern das Volk die Verfassung.«[30] Das Primat der Gesellschaftlichkeit vor der Staatsform ist folglich die zentrale Botschaft, die Marx in seinem Entwurf der *Kritik des Hegelschen Staatsrechts* vermitteln will.

Um sich gegen dieses Primat behaupten und die Imagination der Allgemeinheit der von ihr verfolgten Ziele aufrechterhalten zu können, muss die Bürokratie nach Marx auf jesuitische Organisationsprinzipien wie eine strenge Hierarchie, Geheimhaltung, formelles Handeln und fixe Grundsätze aufgebaut werden.[31] Auf diese Weise entzieht sie das Allgemeine systematisch einer gesellschaftlichen Bestimmung. Der imaginäre Charakter ihrer Herrschaft zeige sich nur noch indirekt daran, dass »der *Staat*, das *Gesetz*, die *Verfassung* das Herrschende [sei], ohne daß er wirklich herrschte, d. h. den Inhalt der übrigen nicht politischen Sphären materiell durchdringe«[32]. Mit anderen Worten, für das private Handeln wird zwar durch die staatliche Politik ein Rahmen abgesteckt, aber was innerhalb dieses Rahmens geschieht, ist – wie schon das Beispiel der religiösen Praktiken zeigte – nicht mehr Gegenstand der staatlichen Herrschaft, sondern folgt eigenen Logiken, Gesetzmäßigkeiten und sozialen Kräfteverhältnissen. So »läßt der Staat das Privateigentum, die Bildung, die Beschäftigung auf *ihre* Weise, d. h. als Privateigentum, als Bildung, als Beschäftigung *wirken* und ihr *besondres* Wesen geltend machen. Weit entfernt, diese *faktischen* Unterschiede aufzuheben, existiert er vielmehr nur unter ihrer Voraussetzung, empfindet er sich als *politischer Staat* und macht er seine *Allgemeinheit* geltend nur im Gegensatz zu diesen seinen Elementen.«[33]

Der Staat erwirbt durch die Garantien der privaten, unpolitischen Sphären aber nicht nur Legitimität für seine besonderen Ansprüche. Er schafft so geradezu Sphären des Unpolitischen. Für Marx sind das vor allem ökonomische Beziehungen, aber feministische Autorinnen wie Wendy Brown haben darauf hingewiesen, dass Gleiches auch für die innerfamiliären Verhältnisse gilt. Dass staatliche Politik und die Rede von den Rechten die »gesellschaftliche Macht von Institutionen wie Privateigentum und der Familie durch Entpolitisierung verbergen«[34], ist der Anlass für die Forderung, das Private als politisch wahrzunehmen, denn das gemeinsame Leben wird ganz maßgeblich in diesen entpolitisierten Bereichen gestaltet. Herrschen hier Unterdrückung und Ausbeutung, nützt auch die formale Partizipation an den Entscheidungen in der politischen Sphäre nur wenig. Die staatlich garantierten Rechte schützen dann die Klassen- und Geschlechterverhältnisse.

Die Marx'sche Analyse der Trennungen der politischen Sphäre des Staates von den unpolitischen Sphären des bürgerlichen Lebens legt es nahe, im Anschluss an die Kritik der Religion eine radikale Verschiebung der Aufmerksamkeit vorzunehmen. Für die Verwirklichung der Freiheit kann dann nicht in erster Linie gestritten werden, indem Rechte gefordert und mit Emanzipationsfragen befasste Bittschriften verschickt werden.[35] Indem Marx die Kritik der Religion auf die Kritik der Politik überträgt, lenkt er den Blick auf die »unpolitischen« Verhältnisse der Gesellschaft. In diesen Verhältnissen entscheidet sich nun das Schicksal der Freiheit. Hier muss die Analyse ansetzen.

Der erste Versuch, den Marx in diese Richtung unternimmt, ist allerdings ausgesprochen krude. War eine erste Rechtfertigung des von Bauer in der *Judenfrage* verfolgten Anliegens schon dadurch erfolgt, dass die menschliche Emanzipation als eigenständiges, über die bürgerliche Emanzipation hinausgehendes Projekt von Marx begrüßt wurde, so folgte er Bauer im letzten Teil von *Zur Judenfrage* in einen Antijudaismus, der abgesehen von der rassistischen Komponente bereits die wesentlichen Elemente des modernen Antisemitismus in sich versammelt.

Anders als Bauer will Marx die Vereinbarkeit von Judentum und menschlicher Emanzipation als Konsequenz seiner Überlegungen nicht auf der Grundlage der Religion, sondern des jüdischen Alltags beurteilen. Der aber besteht für ihn vor allem aus »*Eigennutz* [...] *Schacher* und [...] *Geld*«[36]. Ganz auf der Linie seiner Analysen liegt auch die Beobachtung, dass der gesellschaftliche, vor allem ökonomische Einfluss von Juden auch ohne rechtliche Gleichstellung möglich war. Das hat zur Folge, dass das Judentum nun exemplarisch für das zu sein scheint, was Marx in diesem frühen Text noch »Geldmacht« nennt. Das antisemitische Stereotyp vom Juden als Kapitalisten liegt hier in Reinform vor.

Marx belässt es aber auch dabei noch nicht. Die aus dem Antijudaismus bekannte Figur des bloß formalen Gesetzesgehorsams verbindet er mit seiner Analyse von der fehlenden Reichweite der Gesetze. »Der jüdische Jesuitismus [...] ist das Verhältnis der Welt des Eigennutzes zu den sie beherrschenden Gesetzen, deren schlaue Umgehung die Hauptkunst dieser Welt bildet.«[37] Und auch dass er das von ihm heraufbeschworene Bild des Judentums gar nicht auf die Juden beschränken will, sondern davon spricht, das Christentum habe sich wieder in das Judentum aufgelöst, weil die Regeln der Ökonomie für alle bestimmend seien, macht die Sache nicht besser. Zwar klingt hier durch, dass die Kritik am Judentum als Kritik an der modernen Gesellschaft intendiert ist, doch diese Überlegung führt ihn zu dem gleich zweimal formulierten ungeheuerlichen Schluss: »Die *Judenemanzipation* in ihrer letzten Bedeutung ist die Emanzipation der Menschheit vom *Judentum*.«[38]

3. Die Analyse der Entfremdung als philosophische Kritik der Ökonomie

Es ist nicht die von Bruno Bauer aufgeworfene Frage, ob Jude oder Christ emanzipationsfähiger sei, die Marx dauerhaft beschäftigt. Und mit dieser Frage verschwindet auch die bösartige Gleichsetzung von Judentum und Kapitalismus. Was Marx tatsächlich interessiert, sind die Zusammenhänge im Inneren der Gesellschaft. In seinen Arbeiten für die *Deutsch-Französischen Jahrbücher* hatte er gegen die von ihm kritisierten Trennungen das Bild einer sich selbst bewussten Gesellschaftlichkeit entworfen, in der die Menschen sich zu ihren eigenen Fähigkeiten als gesellschaftlichen Kräften verhalten und ihre Gesellschaftlichkeit nicht mehr in eine politische Sphäre, die ein imaginäres Allgemeines erzeugt, abspalten. Doch im Gegensatz zur Komplexität der von Marx kritisierten Hegel'schen Analyse der Institutionen des gemeinsamen Lebens und ihrer Wechselwirkungen muten die Stellen, an denen Marx aus dem Modus der Kritik in die Andeutungen einer alternativen gesellschaftlichen Ordnung wechselt, regelrecht naiv an. So scharfsichtig er die Probleme des Hegel'schen Entwurfs seziert, so unbekümmert optimistisch wirkt Marx in diesen Texten im Hinblick auf die Gesellschaft, in der diese Probleme aufgehoben sein sollen.

Dieser Optimismus beruht allerdings auf einer entscheidenden theoretischen Einsicht. Für Marx ist absolut klar, dass der Mensch nur als ein gesellschaftliches Wesen existieren kann.

Menschen leben immer in Gesellschaften zusammen, und selbst die Unzufriedenheit mit den Verhältnissen in einem Gemeinwesen führt höchstens dazu, »daß sie seine Form in eine andere umwandeln«, wie es schon bei Spinoza heißt.[1] Doch die Gesellschaftlichkeit des Menschen geht noch tiefer als die von Spinoza analysierte »Furcht vor dem Alleinsein«. Sie prägt den Menschen in seinem ganzen Wesen. Selbst Robinson Crusoe ist noch ein »guter Engländer«[2] wird es ganz in diesem Sinne an einer prominenten Stelle im *Kapital* heißen.

Die Gesellschaftlichkeit des Menschen fasst Marx mit einer speziellen Bestimmung. Der Mensch sei ein »Gattungswesen«. Darin folgt Marx zunächst Aristoteles, der den Menschen ebenfalls als besonderes unter den Staaten bildenden Lebewesen auszeichnete, zu denen neben den Menschen auch Ameisen, Bienen, Biber und andere gehören. Die Besonderheit des Menschen in dieser Gruppe von Lebewesen beschreibt Marx in einem seiner einflussreichsten Manuskripte aus der Zeit der Pariser Emigration, das seit seiner fragmentarischen, postumen Veröffentlichung unter den Namen *Pariser* und *Ökonomisch-philosophische Manuskripte* bekannt ist. Der Mensch, heißt es dort, unterscheide sich von den Tieren dadurch, dass »seine Tätigkeit freie Tätigkeit«[3] ist. »Das Tier ist unmittelbar eins mit seiner Lebenstätigkeit. Es unterscheidet sich nicht von ihr. Es ist sie. Der Mensch macht seine Lebenstätigkeit selbst zum Gegenstand seines Wollens und seines Bewußtseins. Er hat bewußte Lebenstätigkeit. Es ist nicht eine Bestimmtheit, mit der er unmittelbar zusammenfließt.«[4]

Der Mensch, soll das heißen, reagiert nicht nur auf die Reize seiner Umwelt. Menschen haben die Fähigkeit, planvoll in ihre Umgebung zu intervenieren. Mehr noch, sie müssen, weil die Natur nicht »unmittelbar dem *menschlichen* Wesen adäquat vorhanden ist«[5], die Gegenstände der ihnen äußerlichen Natur erst zubereiten, sie sich zu eigen machen, damit sie ihnen zu fassbaren Gegenständen, zu Lebensmitteln werden. Diese »Zubereitung« ist aber frei, insofern sie nicht an den unmittelbaren Zweck der menschlichen Selbsterhaltung gebunden bleibt. Im deutlichen Kontrast zum Tier sei die menschliche Besonderheit, dass »der Mensch [...] frei vom physischen Bedürfnis produziert und erst wahrhaft produziert in der Freiheit von demselben [...] Das Tier formiert nur nach dem Maß und dem Bedürfnis der species, der es angehört, während der Mensch nach dem Maß jeder species zu produzieren weiß und überall das inhärente Maß dem Gegenstand anzulegen weiß; der Mensch formiert daher auch nach den Gesetzen der Schönheit.«[6] Das heißt, die Menschen sind in der Lage, sich die Gegenstände in verschiedensten Kontexten vorzustellen und so eine Idee davon zu entwickeln, was das Wesen eines Gegenstandes ausmacht und wie er mit anderen Gegenständen interagieren wird, statt wie die Tiere für solche Vorhersagen nur auf Erinnerungen an ähnlich scheinende Fälle angewiesen zu sein.[7]

Warum aber ist dieses Vermögen der Distanzierung von den Zwecken des eigenen Tuns und damit vom Tun selbst für Marx ein Gattungsvermögen? Dem Menschen erscheint in seiner Tätigkeit nicht nur »die Natur als *sein* Werk und seine Wirklichkeit«[8], es kommt durch diese tätigen Akte auch dazu, dass der Mensch sich quasi »verdoppelt«, weil er »sich selbst [...] in einer von ihm geschaffnen Welt anschaut«[9]. Der Mensch erkennt die Welt als eine von der menschlichen Tätigkeit hervorgebrachte Wirklichkeit und in diesem Sinn als Spiegelbild seiner selbst. Doch diese Wirklichkeit bringt kein Mensch allein hervor. Sie ist sozial geschaffen und historisch geworden. Das Spiegelbild, das der Mensch erblickt, ist deshalb, so Marx, das Bild der Gattung.[10]

Die starke Behauptung, dass der Mensch die Welt als seine Schöpfung erkennt, ist dabei eine Einsicht Hegels, die Marx ebenso übernimmt wie die Charakterisierung der genuin menschlichen Tätigkeit als frei. In einer Passage der *Ökonomisch-philosophischen Manuskripte*, die eigentlich der Kritik Hegels gewidmet sein soll, schreibt Marx deshalb: »Die *Menschlichkeit* der Natur und der von der Geschichte erzeugten Natur, der Produkte des Menschen, erscheint [in Hegels *Phänomenologie des Geistes*] darin, daß sie *Produkte* des abstrakten Geistes sind und insofern also *geistige* Momente, *Gedankenwesen.*«[11] Marx reicht diese erkenntniskritische Fundierung der Produktion der Wirklichkeit nicht aus. Er will nicht nur zugestehen, dass es, wie der Deutsche Idealismus herausgearbeitet hat, immer wir Menschen sind, die das wahrnehmen, was wir uns wechselseitig als Wirklichkeit versichern, und dazu Begriffe bilden und Schlüsse ziehen, weshalb wir nicht einfach aus dem Prozess der Wahrnehmung herausgestrichen werden können, als hätten unsere Begriffe und Schlüsse auch für andere Wesen als Menschen (etwa Tiere, Pflanzen oder Roboter) eine von diesen selbst fassbare Bedeutung. Marx will über diese entscheidende Einsicht hinaus die Trennung zwischen der geistigen und der tätigen Aneignung der Wirklichkeit aufgehoben wissen. Doch selbst in dieser Hinsicht muss er Hegel noch dafür loben, dass dieser »das Wesen der *Arbeit* faßt und den gegenständlichen Menschen, wahren, weil wirklichen Menschen, als Resultat seiner *eignen Arbeit* begreift«[12].

Was Marx tatsächlich kritisieren will, bezieht sich also nicht darauf, dass die Wirklichkeit ein Produkt des Menschen ist, sondern dass sie als Produkt des »abstrakten Geistes« gefasst wird. Vehement wendet er sich gegen jede Tendenz, die Erkenntnis in einer abgeschiedenen Sphäre zu verorten und damit »nur das allgemeine Dasein des Menschen, die Religion, oder die Geschichte in ihrem abstrakt-allgemeinen Wesen, als Politik, Kunst, Literatur etc., als Wirklichkeit der menschlichen Wesenskräfte und als menschliche Gattungsakte zu fassen«[13]. Aneignung der Wirklichkeit ist für ihn vielmehr die tätige Auseinandersetzung mit der Welt. Sie ist – so sein über die heutige Verwendung hinausgehender Ausdruck für die historische Form, die diese Tätigkeit angenommen hat – »Arbeit, also Industrie«[14].

Weil aber der Mensch selbst ein Teil der Natur ist, gilt laut Marx für ihn auch, was für die Natur insgesamt gilt. Er selbst ist ebenfalls das Resultat der tätigen Auseinandersetzung der Gattung mit den Bedingungen ihrer Existenz. Der Mensch macht sich seine eigene Gattung, wie die der von ihm bearbeiteten Dinge, »praktisch und theoretisch [...] zu seinem Gegenstand«[15]. Ohne die Berücksichtigung der praktischen Weltaneignung ist für Marx weder die Wirklichkeit noch der Mensch verständlich. »Die *Bildung* der 5 Sinne ist eine Arbeit der ganzen bisherigen Weltgeschichte«[16], heißt es daher, weil nur durch die tätige Weltaneignung die Ausbildung des menschlichen Gespürs für Nuancen und Unterschiede erfolgt und weil wir aufgrund unserer Erfahrungen anders sehen, hören, fühlen, schmecken und riechen als die Tiere. Nur der Mensch sieht Häuser, hört eine Klaviersonate, fühlt Seide, schmeckt eine Sauce hollandaise oder riecht Schwefelwasserstoff als das, was sie jeweils sind, nämlich: Häuser, Klaviersonate, Seide und so weiter, weil er in einem kollektiv vollzogenen und tradierten Prozess gelernt hat, diese Gegenstände von anderen zu unterscheiden. Der Mensch ist also ein Gattungswesen, denn erst die »in der menschlichen Geschichte – dem Entstehungsakt der menschlichen Gesellschaft – werdende Natur ist die *wirkliche* Natur des Menschen«[17].

Der Prozess, in dem die Wirklichkeit und das Gattungswesen Mensch mit seinen Fähigkeiten und Fertigkeiten hervorgebracht werden, ist so unterschiedlich, wie es unterschiedliche Gesellschaften gibt. Marx konstatiert nun, dass dieser Prozess unter die Herrschaft der kapitalistisch organisierten Industrie geraten ist. Das Resultat dieser Unterordnung ist nicht, dass die Gattungstätigkeit ganz aufhört. Ein Gattungswesen, das aufhörte, Gattungswesen zu sein, hörte auf, überhaupt zu sein. Die Herrschaft des kapitalistischen Weltaneignungsprozesses hat vielmehr zur Folge, dass die Gattungstätigkeit auf eine Weise erfolgt, die Marx als »entfremdet« beschreibt.

Der Begriff »Entfremdung« ist folglich unmittelbar auf die Konzeption des Menschen als Gattungswesen bezogen. Während das Gattungswesen mit den Argumenten der philosophischen Tradition die unauflösliche Verbindung der menschlichen Existenz mit der Gesellschaftlichkeit beschreibt, greift die Entfremdung das Thema der Trennungen wieder auf, die die konkrete Gesellschaft in und zwischen den Menschen hervorruft. War es in *Zur Kritik der Hegelschen Rechtsphilosophie* die Auseinandersetzung mit Hegels Vorstellung von den in einer freien Gesellschaft notwendigen Institutionen, die Marx zur Analyse und Kritik der Trennungen führte, ist es in den *Ökonomisch-philosophischen Manuskripten* eine Auseinandersetzung mit den dominierenden ökonomischen Theorien der Zeit.

Die Manuskripte beginnen mit einer synoptischen Darstellung[18] der drei Einkommensformen des Kapitalismus. Arbeitslohn, Profit des Kapitals und Grundrente werden in drei parallelen Spalten diskutiert. Marx, der Adam Smiths *An inquiry into the nature and causes of the wealth of nations* in einer französischen Übersetzung gelesen hat, gibt – soweit es Profit und Grundrente betrifft – hauptsächlich dessen Überlegungen kommentierend wieder und betrachtet vor allem, wie sich die Verteilung des gesellschaftlichen Gesamtprodukts vollzieht. Dabei ist in allen drei Fällen ein Gemeinsames zu beobachten. »Überall in der Nationalökonomie finden wir den feindlichen Gegensatz der Interessen, den Kampf, den Krieg als die Grundlage der gesellschaftlichen Organisation anerkannt.«[19] Der »*Arbeitslohn* wird bestimmt durch den feindlichen Kampf zwischen Kapitalist und Arbeiter«[20]. Die Konkurrenz – sei es zwischen denen, die arbeiten, sei es zwischen Kapitalien – ist ein Krieg. Und der Grundbesitzer führt einen Kampf mit seinem Pächter um die Grundrente, sprich: die zu entrichtende Pacht. Die privilegierte Position bei all diesen Auseinandersetzungen nimmt der Kapitalist ein, der »die *Regierungsgewalt* über die Arbeit und ihre Produkte«[21] ausübt und dessen Macht mit der Größe des angehäuften Kapitals anwächst. Letztlich ist die Macht des Kapitalisten aber nur die »Regierungsgewalt des Kapitals über den Kapitalisten selbst«[22], denn – wie Marx aus der ebenfalls französischen Übersetzung von David Ricardos *On the principles of political economy, and taxation* herausliest –, »die ökonomischen Gesetze regieren blind die Welt«[23].

Es ist gegen diesen Verlust an Freiheit, den die eigentumslosen Arbeiter in der existenziellsten Weise erfahren, dass Marx an den gesellschaftlichen Charakter der Weltaneignung erinnert. Unter den Bedingungen des Eigentums, das heißt unter den Bedingungen, die die bürgerlichen Theorien der Ökonomie als gegeben voraussetzen, erscheint die gesellschaftliche Produktion in ihrer entfremdeten Form. Die Entfremdung findet dabei auf vier Ebenen statt: Entfremdung vom Produkt der Arbeit, Entfremdung vom Akt der Produktion, Entfremdung vom Gattungswesen und schließlich Entfremdung des Menschen vom Menschen.

Die Entfremdung vom Produkt der Arbeit bildet das Fundament der verschiedenen Entfremdungserfahrungen, die Marx beschreibt. Hier besteht sie in der Trennung des Produzenten von seinem eigenen Produkt. Während die Arbeit grundsätzlich die herausragende Weise ist, in der sich der Mensch die Welt aneignet, erzeugt die entfremdete Arbeit einen paradoxen Effekt. Sie behindert die Weltaneignung jener, die sie verrichten. »Der Arbeiter wird um so ärmer, je mehr Reichtum er produziert, je mehr seine Produktion an Macht und Umfang zunimmt. [...] Diese Verwirklichung der Arbeit erscheint in dem nationalökonomischen Zustand als *Entwirklichung* des Arbeiters, die Vergegenständlichung als *Verlust und Knechtschaft des Gegenstandes*, die Aneignung als *Entfremdung*, als *Entäußerung*. Die Verwirklichung der Arbeit erscheint so sehr als Entwirklichung, dass der Arbeiter bis zum Hungertod entwirklicht wird.«[24]

Der Grund für diese Entwirklichung ist, dass die von den Ökonomen beschriebene Produktion nicht nur die Herstellung der unmittelbaren Erzeugnisse der Produktion ist, sondern darüber hinaus auch die Verhältnisse, unter denen produziert wird, mit hervorbringt. Da die Produktion im Namen und zugunsten des Eigentümers erfolgt, der Rohstoffe und Produktionsanlagen zur Verfügung gestellt hat und die zu verrichtende Arbeit ankauft, gehören die Produkte auch diesem Eigentümer. Und je mehr produziert wird, umso mehr wird die Welt im Namen und zugunsten dieses Eigentümers angeeignet, während in zunehmendem Maße »der Arbeiter der notwendigsten Gegenstände, nicht nur des Lebens, sondern auch der Arbeitsgegenstände, beraubt ist. Ja, die Arbeit selbst wird zu einem Gegenstand, dessen er nur mit der größten Anstrengung und mit den unregelmäßigsten Unterbrechungen sich bemächtigen kann.«[25]

Die Produzenten sind also selbst weder Eigentümer ihrer Erzeugnisse noch der Mittel zu ihrer Produktion. Ihre eigenen Produkte stehen ihnen aber nicht nur als etwas Fremdes gegenüber. In der Welt begegnen ihnen diese Gegenstände als eine von ihnen »*unabhängige* Macht«[26] wieder. Die einstmaligen Produkte sind nun zu den materiellen Bedingungen einer Produktion geworden, der die Arbeitenden unterworfen sind. Sie sind die Potenzen, die das in Maschinen und Fabriken gegenständliche Kapital hat, Arbeit in neue Produkte zu verwandeln, nicht zum Nutzen der Produzierenden, sondern zur maximalen Steigerung des Profits. »In der kapitalistischen Industrieproduktion sind die Produktivkräfte der Gesellschaft also in einer Form entwickelt, die die Menschen beherrscht und ihrer Entwicklung feindlich ist«[27], interpretiert Moishe Postone diese Überlegungen im Hinblick auf die Fortschreibung der Entfremdungskonzeption im ökonomischen Spätwerk von Marx.

Damit wird auch deutlich, dass die erste Ebene der Entfremdung auch die Entfremdung von der eigenen produktiven Tätigkeit zur Folge hat. Diese Entfremdung vom Akt der Produktion äußert sich Marx zufolge darin, dass die Arbeit als ein aufgezwungenes Übel empfunden wird. Das eigentliche Leben der Arbeitenden findet nicht statt, wenn sie produzieren, sondern wenn sie die Arbeit hinter sich haben. »Der Arbeiter fühlt sich daher erst außer der Arbeit bei sich und in der Arbeit außer sich. Zu Hause ist er, wenn er nicht arbeitet, und wenn er arbeitet, ist er nicht zu Haus.«[28] Marx beobachtet hier einen Effekt der Moderne, in der Arbeit und Leben voneinander geschieden werden, in der die Freizeit entsteht und das Private nicht nur vom Staat getrennt ist wie im Ausdruck »Privatwirtschaft«, sondern zusätzlich auch noch einen besonderen Lebensbereich, das »Privatleben« im Unterschied zum »Geschäftsleben«, kennzeichnet. Nicht nur die Trennung der staatlichen von der bürgerlichen Sphäre ist ihm suspekt. Er misstraut auch der Privatsphäre, der er in seiner Theorie keinen eigenen Platz zugestehen will. Wie wir gesehen haben, ist bei ihm die Gattungstätigkeit vor allem die produktive Aneignung der Welt. Die Privatsphäre hingegen setzt er mit den »tierischen Funktionen« der menschlichen Existenz, »Essen, Trinken und Zeugen, höchstens noch Wohnung, Schmuck etc.«, gleich.[29] Dass der Mensch sich hier im Gegensatz zur Produktion »als freitätig fühlt«, ist für Marx in dieser Phase seines

Schaffens noch nicht als tatsächlicher Freiheitsgewinn erkennbar, sondern zeigt ihm nur eines: »Das Tierische wird das Menschliche und das Menschliche das Tierische.«[30] Unter den Bedingungen des kapitalistischen Elends sinkt der verarmte Arbeiter dann sogar noch unter das Niveau des Tierischen ab. »Die völlige *unnatürliche* Verwahrlosung, die verfaulte Natur, wird zu seinem *Lebenselement.* Keiner seiner Sinne existiert mehr, nicht nur nicht in seiner menschlichen Weise, sondern in einer *unmenschlichen*, darum selbst nicht einmal tierischen Weise.«[31]

Es ist offenkundig, dass die Entfremdung von der produktiven Tätigkeit aus dieser Perspektive für das Verhältnis zur Gattung Konsequenzen haben muss. Marx hebt hervor, dass in diesem Verhältnis eine Verkehrung stattfindet. Das individuelle Leben und die individuelle Tätigkeit erscheinen nicht mehr als Beiträge zum Gattungsleben und zur Gattungstätigkeit, die sie immer noch sind. Ihr Zweck besteht nun vielmehr darin, die individuelle Existenz zu sichern. Sein Gattungswesen wird dem Menschen zum bloßen Mittel seiner eigenen Lebenserhaltung.

Das heißt auch, die Ausübung und Entwicklung der menschlichen Wesenskräfte, die immer tiefere und umfassendere Aneignung der Welt, ist unter den Bedingungen der kapitalistischen Ökonomie für Marx nicht darauf angelegt, das menschliche Wesen zu bereichern. »Jeder Mensch spekuliert darauf, dem andern ein *neues* Bedürfnis zu schaffen, um ihn zu einem neuen Opfer zu zwingen, um ihn in eine neue Abhängigkeit zu versetzen und ihn zu einer neuen Weise des *Genusses* und damit des ökonomischen Ruins zu verleiten. Jeder sucht eine *fremde* Wesenskraft über den andern zu schaffen, um darin die Befriedigung seines eigenen eigennützigen Bedürfnisses zu finden. Mit der Masse der Gegenstände wächst daher das Reich der fremden Wesen, denen der Mensch unterjocht ist, und jedes neue Produkt ist eine neue

Potenz des wechselseitigen Betrugs und der wechselseitigen Ausplünderung.«[32]

Die Ebenen der Entfremdung vom Produkt der Arbeit, der produktiven Tätigkeit und vom Gattungswesen des tätigen Menschen fasst Marx schließlich darin zusammen, dass sich der Mensch vom Menschen entfremdet, dass der Mensch dem anderen als Lohnarbeiter oder Kapitalist, als Verkäufer oder Käufer gegenübertritt, die nichts verbindet außer der Ausgleich ihrer jeweiligen privaten Interessen. Die Entfremdung ist zur universellen Trennung der Individuen voneinander geworden, die sich in ihrer Produktion nun nicht mehr als Teile eines sozialen Gemeinsamen aufeinander beziehen können.

Als Alternative zu diesem Zustand der Entfremdung stellt sich Marx eine andere, unmittelbarere Realisierung des Gattungswesens vor. In einer ebenfalls 1844 verfassten Auseinandersetzung (teils Exzerpt, teils allgemeiner Kommentar) mit der französischen Übersetzung von James Mills *Elements of Political Economy* erscheint diese Veränderung zunächst wie eine andere Haltung zu den Akten der arbeitsteiligen Produktion. Statt des entfremdeten Verhältnisses, in dem die eigene Produktion immer nur ein Mittel ist, um von anderen die Befriedigung der eigenen Bedürfnisse zu erlangen, weshalb menschliche Bedürfnisse nichts zählen, wenn sie nicht mit der entsprechenden Kaufkraft verbunden sind, sollten die Menschen als Menschen in Verbindung zueinander treten und füreinander produzieren. Die Produktion wäre dann eine Betätigung und damit Bestätigung der individuellen Fähigkeiten, ein menschliches Bedürfnis zu befriedigen. Für Marx heißt das, der Produzent ist zum »Mittler« zwischen den Konsumenten des Produkts und der Gattung geworden, denn er hat durch die Produktion das Wesen der anderen, ihre Möglichkeiten der Weltaneignung erweitert. Im Marx'schen *Mill-Ex-*

zerpt folgt daraus, das wechselseitige Bewusstsein der Mitglieder der Gesellschaft, als Produzent »in meiner individuellen Lebensäußerung unmittelbar deine Lebensäußerung geschaffen zu haben, also in meiner individuellen Tätigkeit unmittelbar mein wahres Wesen, mein *menschliches*, mein *Gemeinwesen bestätigt* und *verwirklicht* zu haben«[33]. In den *Ökonomisch-philosophischen Manuskripten* feiert Marx in diesem Sinn auch die Bedürftigkeit der Menschen als Quelle des Bandes zwischen ihnen. »Nicht nur der *Reichtum*, auch die *Armut* des Menschen erhält gleichmäßig – unter Voraussetzung des Sozialismus – eine *menschliche* und daher gesellschaftliche Bedeutung. Sie ist das passive Band, welches den Menschen den größten Reichtum, den *andren* Menschen, als Bedürfnis empfinden läßt.«[34]

Doch Bewusstsein und Empfindung sind nicht genug, um die Entfremdung zu überwinden. Marx will zwar die Entfremdung nicht aus dem Privateigentum erklären, sondern beschreibt vielmehr das Eigentum als eine Konsequenz der entfremdeten Arbeit, aber er sieht nicht nur, dass das Privateigentum durch die entfremdete Arbeit sowohl materiell als auch als gesellschaftliches Verhältnis hervorgebracht wird, sondern auch, dass dieses Eigentum »das *Mittel* ist, durch welches sich die Arbeit entäußert, die *Realisation dieser Entäußerung*«[35]. Eine Änderung der Haltung zur Produktion und des gesellschaftlichen Bewusstseins erfordert daher eine Änderung der Eigentumsverhältnisse hin zu dem, was Marx mit dem Titel »wahrhaft menschliches und soziales Eigentum« benennt. Eine andere, traditionelle Bezeichnung für eine solche Ordnung jenseits des Privateigentums, die Marx ebenfalls verwendet, ist »Kommunismus«.

Marx sieht jedoch, dass der Name »Kommunismus« alles Mögliche meinen kann. Für ihn scheidet einerseits die Forderung nach Gleichheit und Gerechtigkeit der Löhne aus. Andererseits aber auch das, was er den »rohen Kommunismus« nennt: die

Gütergemeinschaft. Zwar sei die Gleichheit »als *Grund* des Kommunismus [...] seine *politische* Begründung«[36], aber die Gleichheit der Löhne greift die Entfremdung in den Beziehungen der Menschen auf sich selbst und die anderen nicht an. Denn der »Arbeitslohn ist eine unmittelbare Folge der entfremdeten Arbeit«[37]. Er beruht auf einer Produktionsweise, die die universelle Trennung der Individuen voneinander voraussetzt. Die dieser Trennung scheinbar gegenüberstehende Gütergemeinschaft sei aber ebenfalls »nur eine Gemeinschaft der *Arbeit* und die Gleichheit des *Salairs*, den das gemeinschaftliche Kapital, die *Gemeinschaft* als der allgemeine Kapitalist, auszahlt«[38]. Dieser »rohe Kommunismus« nivelliere die Persönlichkeit und sei das Resultat eines verallgemeinerten Neids, sprich: des Prinzips des Eigentums.

Der wahre Kommunismus hingegen müsse nicht nur demokratisch sein und den Staat überwinden, sondern mit der Aufhebung des Privateigentums auch die »wirkliche *Aneignung* des *menschlichen* Wesens durch und für den Menschen«[39] erreichen. Wie das genau geht, bleibt vage. Erneut ist Marx stärker in seiner Ablehnung von Positionen als im Entwurf einer eigenen Alternative. Das *Mill-Exzerpt* spricht in diesem Kontext lediglich von »Liebe« – also einer persönlichen Beziehung – zwischen Produzent und Konsument,[40] und die *Pariser Manuskripte* erklären, das »unmittelbare, natürliche, notwendige Verhältnis des Menschen zum Menschen ist das *Verhältnis des Mannes* zum *Weibe*«[41]. Das führt zwar dazu, dass die Prostitution als Figur für die Herrschaft über den Menschen im Kapitalismus an die Seite der Sklaverei tritt und Marx den entsprechenden Statistiken eine dauerhafte Aufmerksamkeit schenkt, aber das gesellschaftliche Verhältnis des wahrhaft menschlichen Menschen wird dafür vom Bild einer emanzipierten Ehe, dem Bündnis zur wechselseitigen Beförderung der Persönlichkeit, bestimmt.[42]

II. IDEOLOGIE
(1844–1847)

4. Wirklichkeit, Ideologie und kommunistisches Bewusstsein

Den *Ökonomisch-philosophischen Manuskripten* und den Texten zur Kritik der Hegel'schen Rechtsphilosophie ist gemeinsam, dass sie ihre Kritik mit dem Postulat einer anderen gesellschaftlichen Ordnung verbinden. Aber es bleibt nicht nur unklar, wie dieser andere gesellschaftliche Zustand genau aussieht, sondern auch, wie er eigentlich erreicht werden kann. Als die *Deutsch-Französischen Jahrbücher* Anfang 1844 aufgrund von Finanzierungsschwierigkeiten eingestellt werden müssen, zerbricht die Zusammenarbeit ihrer Herausgeber Marx und Arnold Ruge auch an der Frage des Übergangs in eine andere Gesellschaft. Ruge schreibt in seinen Erinnerungen an die Pariser Jahre, die bereits 1846 erstmals gedruckt wurden, Marx habe ihm erklärt, »er könne mit mir, da ich nur Politiker, er aber Communist sei, nicht weiter gemeinschaftlich arbeiten«. Aus Ruges Sicht hatte Marx damit vom »September 1843 bis zum März 1844« einen bedauernswerten »Fortschritt zum ›crassen Sozialismus‹ zurückgelegt«[1].

Öffentlich wird der Streit der beiden anlässlich einer Auseinandersetzung über den Aufstand der schlesischen Weber im Sommer 1844. In einem anonymen, mit »Ein Preuße« unterzeichneten Beitrag für die Pariser Zeitung *Vorwärts!* sagt Ruge zum einen weitere Elendsrevolten »im sächsischen Erzgebirge [...] in Berlin und andern größern Städten« voraus, »wenn die Proletariatsfrage wiederkehrt«[2]. Zum anderen schätzt er die Revolten selbst aber ausgesprochen negativ ein. Sie sähen »nirgends über ihren Heerd, ihre Fabrik, ihren Distrikt hinaus« und seien deshalb zum Scheitern verurteilt. »Eine Socialrevolution ohne politische Seele (d. h. ohne die organisirende Einsicht von [sic!] Standpunkt des Ganzen aus) ist unmöglich.«[3]

Marx teilt diese negative Einschätzung der Aufstände nicht. In ihnen zeige sich vielmehr ein überlegenes »Bewusstsein über das Wesen des Proletariats«, das sie gegenüber französischen und englischen Revolten auszeichne.[4] Unabhängig von der mehr als zweifelhaften Richtigkeit dieser Beobachtung[5] besteht die Differenz zu Ruge, die Marx in einem als »Kritische Randglossen zu dem Artikel eines Preußen« betitelten Beitrag in zwei Folgenummern des *Vorwärts!* herausarbeiten will, in der Ablehnung dessen, was Ruge den »Standpunkt des Ganzen« genannt hat. Marx argumentiert gegen Ruges Variante dieses »Standpunkts«, die an den Blick vom Feldherrenhügel erinnert, tatsächlich aber die philosophische Bestimmung eines Prinzips der Gesellschaft meint: »Eine *soziale* Revolution befindet sich deswegen auf dem Standpunkt des *Ganzen*, weil sie – fände sie auch nur in *einem* Fabrikdistrikt statt – weil sie eine Protestation des Menschen gegen das entmenschte Leben ist, weil sie vom *Standpunkt* des *einzelnen wirklichen Individuums* ausgeht, weil das *Gemeinwesen*, gegen dessen Trennung von sich das Individuum reagiert, das *wahre* Gemeinwesen des Menschen ist, das *menschliche* Wesen.«[6]

Wie zuvor Hegel wirft Marx damit auch Ruge vor, dass er mit der Forderung nach der Bestimmung eines Prinzips des Ganzen der Gesellschaft eine Politik propagiere, die die Trennung von Gesellschaft und Staat, von Gemeinwesen und Individuum immer aufs Neue bestärke. Zudem trete er den Aufständischen wie ein »*Schulmeister* dieses Ereignisses«[7] gegenüber. An diesen zweiten Vorwurf schließt sich dann an, worauf die stärkste Emphase der Erwiderung liegt: die Betonung der Wirklichkeit der Revolte, die »vom *Standpunkt* des *einzelnen wirklichen Individuums*« ausgeht. Diese Betonung der Wirklichkeit markiert einen Bruch, der das Marx'sche Denken viel stärker prägt, als es der Anlass vermuten lässt.

Im Zeichen der Wirklichkeit wird Marx bis zum Ende seines Lebens bewusst davon absehen, eine kommunistische Gesellschaftsform als Alternative zum Bestehenden zu entwerfen. »Der Communismus ist für uns nicht ein *Zustand*, der hergestellt werden soll, ein Ideal, wonach d[ie] Wirklichkeit sich zu richten haben [wird]. Wir nennen Communismus d[ie] *wirkliche* Bewegung welche d[en] jetzigen Zustand aufhebt. D[ie] Bedingungen dieser Bewegung ergeben sich aus d[er] jezt bestehenden Voraussetzung«[8], heißt es in diesem Sinne in einer Randbemerkung von Marx zu einem mit Friedrich Engels gemeinsam verfassten Manuskript aus dem Konvolut, das im 20. Jahrhundert unter dem übergreifenden Titel *Die deutsche Ideologie*[9] veröffentlicht und berühmt wurde. Welche Bedingungen das sind, steht im Manuskript neben der Bemerkung: »Die soziale Macht, d. h. die vervielfachte Produktionskraft, die durch das in der Theilung der Arbeit bedingte Zusammenwirken der verschiedenen Individuen entsteht, erscheint diesen Individuen, weil das Zusammenwirken selbst nicht freiwillig, sondern naturwüchsig ist, nicht als ihre eigne, vereinte Macht, sondern als eine fremde, außer ihnen stehende Gewalt, von der sie nicht wissen woher & wohin, die sie also nicht beherrschen können, die im Gegentheil nun eine eigenthümliche vom Wollen & Laufen der Menschen unabhängige, ja dies Wollen & Laufen erst dirigirende Reihenfolge von Phasen & Entwicklungsstufen durchlaufen.«[10]

Die Wirklichkeit, auf die Marx in dieser Phase seines Schaffens so vehement abhebt, hat also zwei einander berührende Seiten. Sie umfasst einerseits die *wirklichen* Bedingungen, unter denen die aktuelle Gesellschaft produziert und sich reproduziert (die »›Entfremdung‹, um d[en] Philosophen verständlich zu bleiben«[11], merkt Marx dazu in einer weiteren Randbemerkung an), und andererseits die *wirklichen* Versuche, diese Bedingungen zu überwinden. Beides bringt ihn – einerseits auf der theoretischen und andererseits auf der praktisch-politischen Ebene – in Gegensatz zu rein »philosophisch« bleibenden Erwägungen. Die Verwirklichung der Philosophie kann jetzt nicht mehr anhand des Modells von Plan und Ausführung gefasst werden, denn schließlich ist das »Wollen & Laufen«, sind also die subjektiven Wünsche, Handlungs- und Reflexionsmöglichkeiten aller Menschen (auch der Philosophen) Resultate der gesellschaftlichen Bedingungen und der sie steuernden Dynamiken. Das Bewusstsein wird so als eine historische Tatsache fassbar und kann folglich der Geschichte nicht mehr als unabhängiges, organisierendes Prinzip gegenüberstehen. An die Stelle allgemeiner Überlegungen zum Gattungswesen oder zum zentralen Prinzip einer Gesellschaft müssen daher das Studium der tatsächlichen Verhältnisse und die tatsächliche Organisation proletarischer Gegenkräfte treten.

Dass Marx mit der Philosophie in Konflikt gerät, heißt nicht, dass sein Denken fortan frei von philosophischen Konzepten und den Mitteln der philosophischen Reflexion wäre. Wogegen er sich jedoch wendet, das sind »philosophische« Konstruktionen von Geschichtsverläufen, die rein schablonenhaft vorgehen. Statt die Geschichte auf schematische Weise Ideen und Vorstellungen folgen zu lassen, fragen Marx und Engels in ihrem Manuskript nach der Voraussetzung der Geschichte. Banalerweise ist diese Voraussetzung, »daß die Menschen im Stande sein müssen zu leben, um ›Geschichte machen‹ zu können. Zum Leben aber gehört vor Allem Essen & Trinken, Wohnung, Kleidung & noch einiges Andere. Die erste geschichtliche That ist also die Erzeugung der Mittel zur Befriedigung dieser Bedürfnisse, die Produktion des materiellen Lebens selbst, & zwar ist dies eine geschichtliche That, eine Grundbedingung aller Geschichte, die noch heute, wie vor Jahrtausenden, täglich & stündlich erfüllt werden muß, um die Menschen nur am Leben zu erhalten.«[12]

Wird diese Passage, wie in der Tradition des Marxismus üblich, vor der Folie des Kontrastes von historischem Materialismus – ein Ausdruck der weder in diesem Manuskript noch sonst irgendwo bei Marx selbst auftaucht[13] – und Idealismus gelesen, dann geht leicht unter, dass die Intervention vor allem darin besteht, die Probleme zu beschreiben, vor denen die Konzeption der Geschichte als bewusst herbeigeführte historische Veränderung steht. Die Befreiung im Zuge einer solchen bewussten Veränderung muss – so eine erste Deutung der eben zitierten Passage – auch die Produktion der Voraussetzungen des individuellen wie des gesellschaftlichen Lebens ermöglichen. Ein neues Bewusstsein der eigenen Gesellschaftlichkeit, wie es sich Marx in seinen Manuskripten aus der Zeit der *Deutsch-Französischen Jahrbücher* noch selbst erarbeitet hatte, verändert die Wirklichkeit nicht, solange die tatsächlichen Beziehungen und Verhältnisse, unter denen die Menschen die Mittel zur Befriedigung ihrer Bedürfnisse produzieren, gleich sind. Weshalb es »sich in Wirklichkeit & für den *praktischen* Materialisten, d. h. *Kommunisten*, darum handelt, die bestehende Welt zu revolutioniren, die vorgefundenen Dinge praktisch anzugreifen & zu verändern«[14].

Die Problematisierung von Marx und Engels bleibt jedoch nicht dabei stehen, dass eine Idee zu verwirklichen neben der Änderung des Bewusstseins auch bedeuten muss, die Wirklichkeit zu verändern. Vielmehr entwickeln sie im Zuge dieser Problematisierung ihre These eines Zusammenhanges, wenn nicht sogar einer Abhängigkeit der Bewusstseinsformen von den Verhältnissen. In einer Fragment gebliebenen Zusammenfassung ihrer

Überlegungen schreiben Marx und Engels dazu: »Nicht das Bewußtsein bestimmt das Leben, sondern das Leben bestimmt das Bewusstsein.«[15] Das meint unmittelbar, dass die wirklichen Menschen in ihrem Bewusstsein die Prozesse ihres tatsächlichen Lebens reflektieren. In diesem Sinne gehen die praktischen Beziehungen und Vollzüge dem Denken notwendigerweise voraus. Sie sind das Material des Bewusstseins.

Dass das Leben das Bewusstsein bestimmt, meint aber auch, dass eine gesellschaftliche Kraft, die die Lebensprozesse beherrscht, zugleich das Bewusstsein beherrscht. Das Bewusstsein drückt also immer die gesellschaftlichen Herrschaftsverhältnisse mit aus. Marx und Engels führen so das Thema der Ideologie ein, wobei dieser zweite Zusammenhang von Leben und Bewusstsein erst einmal rein äußerlich gefasst ist: »Die Klasse, die die Mittel zur Produktion zu ihrer Verfügung hat, disponirt damit zugleich über die Mittel zur geistigen Produktion, sodaß ihr damit zugleich im Durchschnitt die Gedanken derer, denen die Mittel zur geistigen Produktion abgehen, unterworfen sind.«[16] Die materiellen Mittel, die eine geistige Tätigkeit und die Verbreitung der Ergebnisse dieser Tätigkeit ermöglichen, konzentrieren sich in den Händen jener, die aufgrund ihrer gesellschaftlichen Stellung auf die herrschende Weise denken und so auch gedacht haben wollen. Das heißt jedoch keineswegs, dass es grundsätzlich unmöglich ist, gegen die »herrschenden Gedanken« zu denken – schließlich haben Marx und Engels selbst den Anspruch, dies in ihrem Manuskript vorzuführen.

Daran anschließend gewinnt die Problematik der Ideologie allerdings eine Tiefe, die sich nicht mehr in der Bemäntelung von Interessen und mehr oder weniger direkten Zensurmaßnahmen erschöpft und für Marx eine Selbstverständigung nötig macht, wie er sie in seinen »Randglossen« von Ruge gefordert hatte.[17] »Die Ideologie überhaupt, namentlich die deutsche«[18] hat nämlich damit zu tun, wie die Revolution und der Blick auf die gesellschaftliche Wirklichkeit der Philosophie so fremd werden konnten, dass die Skepsis gegenüber den proletarischen Aufständen die junghegelianischen Texte beherrscht.[19] Ideologie ist die Trennung des Geistes von der materiellen Tätigkeit ebenso wie die darauf aufbauende Illusion der Herrschaft der Idee. Im Einklang mit der Analyse der Geschichtlichkeit des Bewusstseins ist sie selbst das Ergebnis der Entwicklung jener Bedingungen, unter denen die Menschen ihr Leben produzieren. In den Auseinandersetzungen mit konkurrierenden Junghegelianern wie Bruno Bauer und Max Stirner, die den hier dargestellten Überlegungen vorangehen und den Streit mit Ruge inhaltlich fortführen, geht es darum, dies darzustellen und eine Alternative zu entwickeln.

Die Entwicklung, die zur Trennung von geistiger und körperlicher Arbeit und dann weitergehend zur Ideologie führt, beginnt für Marx und Engels damit, dass in jenem Moment, in dem die Mittel zur Befriedigung der Bedürfnisse produziert werden, neue Bedürfnisse entstehen. Gewissermaßen werden diese gleich mitproduziert. Der Logik dieses Arguments folgend werden in der Geschichte alle Bedürfnisse – einschließlich jener, die in den *Ökonomisch-philosophischen Manuskripten* noch als die »tierischen« im Unterschied zu den »menschlichen« Bedürfnissen verfemt wurden – zu geschichtlich gewordenen Bedürfnissen. Nahrung ist für den Menschen nicht bloß Nährstoff, sondern wird durch ihre Zubereitung ein kulturelles Produkt, sodass beispielsweise bestimmte Nährstoffquellen, etwa tabuisierte Tiere, trotz ihrer physiologischen Eignung als Lebensmittel ausfallen. Und das Gleiche gilt für all die anderen »tierischen« Bedürfnisse wie Kleidung, Sexualität und Wohnen. Auch sie sind längst kulturell geformt und bestimmt.

Unter den geschichtlichen Bedürfnissen sind für die Geschichte, mit der sich Marx und Engels beschäftigen, aber vor allem jene interessant, die selbst wiederum mit der Produktion in Zusammenhang stehen. Sie erzeugen die eigentliche geschichtliche Dynamik, die an die Stelle tritt, an der in den Geschichtskonzeptionen der Junghegelianer die verändernde Kraft der Ideen steht. Die Dynamik besteht darin, dass nicht alle Steigerungen der Fähigkeit zur Produktion mit allen Weisen der gesellschaftlichen Organisation und Reichtumsverteilung vereinbar sind. »Hieraus geht hervor, daß eine bestimmte Produktionsweise oder industrielle Stufe stets mit einer bestimmten Weise des Zusammenwirkens oder gesellschaftlichen Stufe vereinigt ist, u. diese Weise d[es] Zusammenwirkens ist selbst eine ›Productivkraft‹.«[20] Sind effektivere Produktionsmethoden und die Weise des Zusammenwirkens miteinander unverträglich, so das neu vorgeschlagene Geschichtsmodell, entsteht eine Spannung, die die Geschichte in Gang hält.[21]

Die Ideologie geht nun aus dieser geschichtlichen Dynamik hervor, weil die Weise des Zusammenwirkens vor allem darin besteht, die Arbeit in aufeinander verweisende Elemente zu teilen. Erst deren Zusammenspiel ergibt die Produktion des gemeinsamen Lebens. Die so vorgenommene Teilung kann bei der Aufspaltung der Produktion in Bereiche auftreten, die je ein anderes Mittel der Bedürfnisbefriedigung herstellen. Sie betrifft in den hochgradig arbeitsteiligen Gesellschaften aber auch die Produktion eines einzelnen solchen Mittels. Eine solche Arbeitsteilung, das zeigt in der ersten Hälfte des 19. Jahrhunderts ein Blick in die Manufakturen auf schlagende Weise, erhöht die Produktivkraft ungemein. Zehn koordinierte Menschen, die die Einzelarbeiten unter sich aufteilen, können wesentlich mehr produzieren als dieselben zehn Menschen, wenn sie je für sich arbeiten. Und ein Blick in die Fabriken jener Zeit verdeutlicht zudem, dass auch die Spezialisierung auf einzelne Produkte einen enormen Produktivitätsschub mit sich bringt.

Doch die Teilung der Arbeit hat nicht nur Vorteile. Für die Produzierenden bedeutet sie die Festlegung auf eine bestimmte (Teil-)Tätigkeit. Wenn Marx und Engels in diesem Zusammenhang davon sprechen, die Teilung der Arbeit sei »naturwüchsig«, so meinen sie damit, dass in der Arbeitsteilung ökonomische Zwänge und nicht die Einsichten und Neigungen der Individuen dominieren. »Sowie nämlich die Arbeit vertheilt zu werden anfängt, hat jeder einen bestimmten ausschließlichen Kreis der Thätigkeit, der ihm aufgedrängt wird, aus dem er nicht heraus kann; er ist Jäger, Fischer oder Hirt oder kritischer Kritiker, & muß es bleiben, wenn er nicht die Mittel zum Leben verlieren will.«[22] Diese Erfahrung der Fremdbestimmung wird durch die entscheidende Trennung der geistigen von der körperlichen Arbeit auf dem Gebiet der letzteren noch einmal deutlich verstärkt. Sie wirkt aber auch negativ auf die geistigen Tätigkeiten selbst zurück, wie Marx und Engels bemerken:

Die »Theilung der Arbeit wird erst wirklich zur Theilung von dem Augenblick an, wo eine Theilung der materiellen & geistigen Arbeit eintritt. Von diesem Augenblicke an *kann* sich das Bewußtsein wirklich einbilden, etwas Andres als das Bewußtsein der bestehenden Praxis zu sein, wirklich etwas vorzustellen, ohne etwas Wirkliches vorzustellen.«[23] Die Ideologie ist dann ein Beziehungsgeflecht von Ideen, ohne den reflektierten Bezug zur Wirklichkeit. Sie ist zudem die Illusion einer Politik, die auf dem freien Willen zu beruhen scheint, »als ob das Gesetz auf dem Willen & zwar auf dem von seiner realen Basis losgerissenen dem *freien* Willen beruhe«[24]. Es sind also neben den Philosophen, Theoretikern und Priestern vor allem die Juristen und Politiker, die Marx und Engels hier zu den Ideologen zählen.

Was aber heißt das genau für die strategischen Fragen, die das Ziel der gesellschaftlichen Veränderung aufwirft? Nachdem Marx und Engels die aktuellen Produktivkräfte (Maschinen) und Verkehrsmittel (Geld) als »Destruktionskräfte« gebrandmarkt haben, wenden sie sich der schon aus der »Einleitung« von *Zur Kritik der Hegelschen Rechtsphilosophie* bekannten Klasse zu, die von diesen Destruktionskräften hervorgebracht wird und »die alle Lasten der Gesellschaft zu tragen hat ohne ihre Vortheile zu genießen«[25]. Diese Klasse ist nun aber nicht, wie vielleicht zu erwarten wäre, die Quelle neuer gesellschaftlicher Organisationsformen oder neuer Produktivkräfte, sondern von ihr geht »das Bewußtsein über die Nothwendigkeit einer gründlichen Revolution, das kommunistische Bewußtsein aus [...], das sich natürlich auch unter den andern Klassen vermöge der Anschauung der Stellung dieser Klasse bilden kann«[26].

Dass hier wieder die Hervorbringung eines Bewusstseins im Zentrum der Überlegungen steht, scheint auf den ersten Blick eine Revision des gerade erst neu etablierten Geschichtsmodells zu sein, in dessen Mittelpunkt bewusstseinsunabhängige Spannungen bei der gesellschaftlichen Produktion des Lebens stehen. Doch dieser Schein entsteht nur, wenn das neue Geschichtsmodell als ökonomischer Mechanismus interpretiert wird. Worum es Marx und Engels aber geht, ist nicht, die Rolle des Bewusstseins im geschichtlichen Prozess zu bestreiten, sondern vielmehr die Frage, wie ein solches neues Bewusstsein effektiv geschaffen werden kann. Der springende Punkt ist also auch hier die Betonung der Rolle, die die Revolution spielt. Es geht darum, »daß alle Formen & Produkte des Bewußtseins nicht durch geistige Kritik, durch Auflösung ins ›Selbstbewußtsein‹ oder Verwandlungen in ›Spuk‹, ›Gespenster‹, ›Sparren‹ &c sondern nur durch den praktischen Umsturz der realen gesellschaftlichen Verhältnisse aus denen diese idealistischen Flausen hervorgegangen sind, aufgelöst werden können – dass nicht die Kritik, sondern die Revolution die treibende Kraft der Geschichte auch der Religion, Philosophie & sonstigen Theorie ist.«[27]

Wäre das »kommunistische Bewußtsein« nur die Überzeugung, dass die Revolution angesichts der Lage der arbeitenden Klasse geboten oder notwendig ist, dann wirkte die hier vollzogene Abgrenzung zu den politischen Strategien Ruges oder Stirners ausgesprochen forciert. Denn auch die anderen Junghegelianer sehen, wie schon das eingangs zitierte Beispiel Ruges zeigt, durchaus die Notwendigkeit gesellschaftlicher Veränderungen. Und Ruge sieht sogar ausdrücklich die Not des Proletariats, auch wenn er dessen Aufstände für ihren fehlenden gesellschaftlichen Weitblick kritisiert. Aber die Historisierung des Bewusstseins, die Marx und Engels in ihrem Manuskript vornehmen, führt dazu, dass das »kommunistische Bewußtsein« nicht nur die Voraussetzung, sondern zugleich das Resultat der Revolution sein soll. Das heißt, »daß sowohl zur massenhaften Erzeugung dieses kommunistischen Bewusstseins, wie zur Durchsetzung der Sache selbst eine massenhafte Veränderung der Menschen nöthig ist, die nur in einer praktischen Bewegung, in einer *Revolution* vor sich gehen kann«[28]. Die Revolution überwindet also nicht nur die herrschende Klasse, die ein Interesse an der Bewahrung der bestehenden Verhältnisse hat, sie ist auch notwendig, »weil die *stürzende* Klasse nur in einer Revolution dahin kommen kann, sich den ganzen alten Dreck vom Halse zu schaffen & zu einer neuen Begründung der Gesellschaft befähigt zu werd[en]«[29].

Würde es irgendetwas beim Verständnis dieses neuen Geschichtsmodells helfen, dann könnte man es durchaus »dialektisch« nennen. Das Bewusstsein ist ein Resultat der Geschichte, aber es kann auch, wie im Falle des »kommunistischen Bewußtseins«, seinerseits die Geschichte vorantreiben. Hilfreicher ist es aber, sich vor Augen zu führen, dass die Situation, die von Marx und Engels beschrieben wird, darin besteht, dass das immer historisch gewordene und von den Verhältnissen bestimmte Bewusstsein in der Auseinandersetzung mit den Verhältnissen, denen es entstammt, auf die tätige Veränderung dieser Verhältnisse gerichtet sein kann. Die Veränderung schließt dann auch die Veränderung des Bewusstseins in einer Weise mit ein, die nicht genau prognostiziert, sondern nur revolutionär erfahren werden kann. Im Ergebnis muss also gesagt werden, dass »die Umstände ebensosehr die Menschen, wie die Menschen die Umstände machen«[30].

5. Streit unter Brüdern: Gegen Bruno Bauer und Max Stirner

Die vor allem im sogenannten »Konvolut zu Feuerbach« entwickelte Kritikstrategie, die heute unter dem Titel »Historischer Materialismus« bekannt ist, ist das Ergebnis einer Auseinandersetzung mit konkurrierenden Angeboten einer Radikalisierung der junghegelianischen Kritik, die von Bruno Bauer und Max Stirner stammen. Um das Jahr 1845 sind diese beiden Autoren der Gegenstand heftiger Attacken von Marx und Engels, die mit diesen Polemiken ihre Zusammenarbeit beginnen. Die Polemiken selbst erwecken den Eindruck, dass es sich bei Bauer und Stirner um verwirrte Gestalten handelt, denen nur mit Spott und Verachtung begegnet werden kann. Doch bei diesem Urteil ist äußerste Vorsicht geboten. Es drängt sich bei einem zweiten Blick auf die Angelegenheit nämlich durchaus die Frage auf, warum vor allem Marx so viel Energie darauf verwendet, die beiden Seite um Seite, Satz für Satz der Lächerlichkeit preiszugeben. »Die Kritik erscheint so nachdrücklich und redundant, gleichzeitig brillant und lastend, daß man den Eindruck hat, Marx könne nie mehr aufhören, seine Pfeile abzuschießen und tödlich zu verletzen.«[1] Bezogen auf die Auseinandersetzung mit Stirner hat Jacques Derrida die plausible Vermutung geäußert, dass Marx in Stirner etwas erkannt hat, das »ihm zum Verwechseln ähnlich«[2] sieht. Dazu komme noch ein irritierender Wettbewerb darum, wer Hegel besser, das heißt: richtig versteht, um ihn dann auch richtig kritisieren und überwinden zu können, statt in der unwillkürlichen Wiederholung eines bloß halbverstandenen Hegelianismus befangen zu bleiben. Wie sich gleich zeigen wird, trifft beides auch auf die Auseinandersetzung mit Bauer zu.

Bruno Bauer ist neben Marx derjenige Junghegelianer, der Hegels Philosophie mit Abstand am tiefsten durchdrungen hat. Sein erklärtes Ziel ist das kompromisslose Ausbuchstabieren der Konsequenzen der Hegel'schen Philosophie. Hegel selbst sei davor zurückgeschreckt, diese Konsequenzen in aller Deutlichkeit vorzuführen, »besonders da, wo sie unser faktisches, staatliches und kirchliches Leben berühren«[3], heißt es schon 1842 in einem anonymen, Bauer zugeschriebenen Beitrag für die *Rheinische Zeitung*. In den folgenden Jahren geht Bauer noch einen entscheidenden Schritt weiter. Er führt das Moment der Selbsthistorisierung in die Kritik ein, die »begonnen hat, sich zu läutern, sich selbst zu kritisieren und ihre früheren Arbeiten dadurch sicher zu stellen«[4]. Dieser Prozess der Kritik der Kritik sei kein einfaches Zurückkommen auf Halbheiten, Fehler und Missverständnisse, sondern notwendig, wenn sich durch die gesellschaftlichen Veränderungen, die die Kritik angestoßen hat, das Kritisierte verändert. »Als der Bruch eingetreten war, war das Alte, welches sich dem Neuen widersetzte, so wenig mehr wirklich das Alte, als die Katholische Kirche z. B., die sich der Reformation gegenüber bildete, noch die Kirche des Mittelalters war, die eben jenes Princip in ihrem Schooße getragen hatte, das sich als die Reformation selbstständig hinstellte.«[5]

Mit der sich vollziehenden Veränderung der alten Überzeugungen und Institutionen erscheint dann aber die Kritik ebenfalls in einem neuen Licht. Sie habe sich aus den »Formen des Alten [...] heraus entwickelt«[6], schreibt Bauer, und es sei ein »gar zu strenges geschichtliches Gesetz [...], daß ein Princip, indem es sich mit seinem Gegensatze zum erstenmale mißt, sich von ihm herabdrücken lassen [...] solle«[7]. Zusammengenommen heißt das nichts anderes, als dass die Kritik mit ihrem Gegenstand so stark verbunden ist, dass sie von ihm mitbestimmt wird.

Der radikale Ausweg aus der historischen Bestimmt- und Gebundenheit der Kritik ist für Bauer eine neue Form der Reflexion, die keine Grundlagen unhinterfragt akzeptiert. Entsprechend ist es für ihn eine »Inconsequenz«, wenn die Denkrichtungen des 18. Jahrhunderts eine »Substanz [sei es die Materie oder der Geist] auf Einem Gebiete unbefangen voraussetze[n]«[8]. In der Gegenwart gelte es aber, den Liberalismus, die Politik und vor allem »das bedeutenste Erzeugniß der Revolution«, die Masse, »einer neuen Prüfung zu unterwerfen«[9]. Was die Masse, »die getäuschte Menge«, betrifft, teilt Bauer das Ergebnis dieser Prüfung sofort mit: »sie ist der natürliche Gegner der Theorie, die sich über die Tradition des vorigen Jahrhunderts zu erheben versucht«[10]. Um die Masse in »brauchbares Baumaterial« für ein neues gesellschaftliches System zu verwandeln, um sie geistig zu »heben«, »muß man [sie] bekämpfen«,[11] so sein Urteil.

Marx, der – wie sich im vorigen Kapitel zeigte – selbst auch zu dem Schluss kommt, dass die Kritik der Gesellschaft von dieser bestimmt und nur aus ihrer gesellschaftlichen Entstehung heraus zu verstehen sei, Marx, der ebenfalls nach einer radikalen Version der Kritik sucht, die diese Befangenheit, die die Kritik nicht loswerden kann, gleichwohl überschreitet, dieser Marx attackiert Bauers Überlegungen in seinem[12] ersten, 1844 verfassten und 1845 veröffentlichten Buch *Die heilige Familie oder Kritik der kritischen Kritik – Gegen Bruno Bauer & Consorten*[13] von allen Seiten.

So als existiere das prinzipielle Problem, das ihn selbst auch beschäftigt, gar nicht, führt Marx vordergründig die von Bauer vorgenommenen Revisionen von dessen eigenen Standpunkten auf persönliche Defizite und Eitelkeiten zurück. Doch diese Personalisierung ist mit einer analytischen Sprachkritik verwoben, die auf ein tiefer liegendes Problem verweist. Bei Bauer verschwimmen strukturelle Überlegungen zu den Schwierigkeiten des Übens von Kritik und Etappen seiner eigenen theoretischen Entwicklung miteinander, weil das Subjekt seiner Rekonstruktionen in beiden Fällen »die Kritik« ist. Strukturelles und Empirisches im Verhältnis zu abstrakten Begriffen wie »Kritik« korrekt zu bestimmen und auseinanderzuhalten ist seit Platons Einführung der Bezeichnung »Dialektik« die Aufgabe dieser Analysetechnik.[14]

Was bei einer Vernachlässigung der dialektischen Regeln geschehen kann – und seines Erachtens bei Bauer und dessen Anhängern auch tatsächlich vielfach schiefgeht –, führt Marx auf humoristische Weise an der Kategorie »Tier« vor. Während die wirklichen Tiere »etwa der Löwe, der Haifisch, die Schlange, der Stier, das Pferd und der Mops«[15] die Grundlage sind, auf der die Abstraktion das »Tier« gebildet wird, besteht die Gefahr, diese abstrakte Kategorie als eine höhere Wirklichkeit zu deuten und dann »den Löwen, den Haifisch, die Schlange etc. als Verkleidungen, als Inkarnationen *des* ›Tiers‹«[16] anzusehen. Zwar ist der Löwe tatsächlich wie der Mops ein Tier, aber das heißt nicht, dass alles, was für den Mops als Tier gilt, auch für den Löwen richtig ist, oder gar, dass »*der* Mensch vermittelst des Individuums X und des Mopses Herr über *das* ›Tier‹, also auch über die Tiere geworden ist und in dem *Tiere als Mops* den *Löwen als Tier* überwältigt hat«[17]. Wenn Bauer also seine eigenen Irrtümer als unumgängliche Irrwege der Kritik darstellt, dann sieht er sich nicht nur als Löwen und ist – so suggeriert es Marx zumindest – in Wirklichkeit vielleicht nur Mops, er wendet auch ein ungeeignetes Verfahren an, um seinen Punkt zu beweisen.

Allerdings ist die Frage des Verfahrens in diesem Fall nicht ganz so eindeutig beantwortet, wie es aufgrund des humoristischen Effekts scheint. Denn in der Tat sind sowohl Aussagen über abstrakte Gegenstände wie »das Tier« oder »die Kritik« möglich als auch von den wirklichen Tieren bzw. der tatsächlich vollzogenen Kritik abhängig. Die Dialektik besteht als Technik nicht darin, die Verbindung zwischen abstrakten und konkreten Gegenständen aufzulösen, sondern sie so zu regulieren, dass sinnvolle Aussagen und Erkenntnisgewinne durch das Wechselspiel von Abstraktion und Konkretisierung möglich werden. Marx unternimmt deshalb noch einen weiteren Versuch, den Fehler Bauers genauer zu bestimmen.

Ausgangspunkt dieser Überlegung ist Bauers Überwindung der Hegel'schen Philosophie. Marx bemerkt dazu, bei Hegel gebe es eine »doppelte Halbheit«, die Bauer aufhebe. Die »Halbheit« Hegels besteht laut Marx zum einen darin, dass »er die Philosophie für das Dasein des absoluten Geistes erklärt und sich zugleich dagegen verwehrt, das *wirkliche philosophische Individuum* für den *absoluten Geist* zu erklären«[18]. Während Bauer sich selbst als Inkarnation der Kritik präsentiert und so mit ihr verschmilzt, unterscheidet Hegel die eigenen philosophischen Deutungen des absoluten Geistes von diesem selbst. Hegel erklärt weder sich selbst noch die Vorwegnahme der Fortentwicklung seiner Philosophie zum Ideal aller Philosophie, sondern nimmt die Historisierung methodisch ernster als Bauer. Jede Philosophie ist abhängig von ihrer Zeit und kann deshalb nicht absolut sein. Sie ist lediglich ein Vorschlag, die absoluten Bedingungen des Denkens und ihre Beziehung zum eigenen Denken zu erfassen. Diese Hälfte der »doppelten Halbheit« Hegels ist also in Wirklichkeit eine wichtige methodische Einsicht.

Ähnlich verhält es sich auch mit der zweiten Hälfte, die darin bestehen soll, dass Hegel »den absoluten Geist als absoluten

Geist nur zum *Schein* die Geschichte machen läßt. Da der absolute Geist nämlich erst *post festum* im Philosophen als schöpferischer Weltgeist zum *Bewußtsein* kommt, so existiert seine Fabrikation der Geschichte nur im Bewußtsein, in der Meinung und Vorstellung des Philosophen, nur in der spekulativen Einbildung.«[19] Hegel beschreibt den wissenschaftlichen Charakter der Geschichte als Rekonstruktion des Geschehens anhand von Prinzipien, die uns retrospektiv den Gang der Ereignisse verstehen lassen. Die Junghegelianer sind aber nicht in erster Linie an der Rekonstruktion des Geschehenen interessiert, sondern an der Gestaltung der Zukunft. Sie suchen die Kräfte, die im Hier und Jetzt verändernd wirken können. Marx beschreibt daher die von Bauer vorgenommene Veränderung der Hegel'schen Geschichtsphilosophie so, dass dieser »nicht mehr wie der Hegelsche Geist post festum in der Phantasie die Geschichte macht, sondern mit *Bewußtsein* im Gegensatz zu der Masse der übrigen Menschheit die Rolle des *Weltgeistes* spielt, in ein gegenwärtiges *dramatisches* Verhältnis zu ihr tritt und die Geschichte mit Absicht und nach reiflicher Überlegung erfindet und vollzieht«[20].

Auch Marx sucht nach den verändernden Kräften der Geschichte, aber er bemerkt, dass Bauers Lösung einer Fortentwicklung der Prinzipien, die in der Gesellschaft wirken sollen, zur übersteigerten Selbstdeutung eines intellektuellen Maulheldentums führt. Die Kritik an Hegel ist daher nicht die Kritik einer fehlenden Konsequenz. Die implizite Verteidigung Hegels gegen Bauer zeigt vielmehr, dass Hegel nicht auf die Fragen antwortet, die sich den Junghegelianern so drängend stellen. Die Antworten auf diese Fragen sind – wie die Hegel'sche Philosophie der Geschichte selbst zeigt – jenseits einer Analyse von Prinzipien wie »Freiheit« zu suchen. Marx greift hier auf das Hegel'sche Deutungsmuster zurück, dem zufolge sich ein Prinzip wie die Freiheit auch in Handlungen durchsetzen kann, die von ganz anderen Motiven und Triebkräften geleitet sind. Weil Bauer dagegen auf die geistigen Auseinandersetzungen fokussiert bleibt, beschuldigt ihn Marx, ein unverbesserlicher Theologe zu sein. »Der Umgestaltungsakt der Gesellschaft reduziert sich [bei Bauer] auf die *Hirntätigkeit* der kritischen Kritik.«[21]

Wenn Marx jedoch gegen Bauer geltend macht, dass im Kampf gegen den Feudalismus die Aufhebung von Privilegien nur neue Formen sozialer Herrschaft hervorgebracht hat, dass die Aufhebung alter Privilegien der Gewerbe und Zünfte zur Entfaltung der Industrie, die Aufhebung von Handelsprivilegien zur vollen Ausprägung des Marktes, die Aufhebung der Privilegien des feudalen Grundeigentums zur Bodenparzellierung und die Aufhebung des Privilegs der Staatsreligion zur universellen Religion geführt haben, dann sind diese paradoxen Effekte der bürgerlichen Ordnung gute Argumente für jene Revision der Prinzipien der Gesellschaftskritik, die Bauer anstrebt. Und das gilt umso mehr für die zentrale Marx'sche Feststellung, dass sich die Verwirklichung der Freiheit in der bürgerlichen Gesellschaft als eine neue Form von Beherrschung erweist: »[D]as *Sklaventum der bürgerlichen Gesellschaft* ist dem *Schein* nach die größte *Freiheit*, weil die scheinbar vollendete *Unabhängigkeit* des Individuums, welches die zügellose, nicht mehr von allgemeinen Banden und nicht mehr vom Menschen gebundne Bewegung seiner entfremdeten Lebenselemente, wie z. B. des Eigentums, der Industrie, der Religion etc., für seine *eigne* Freiheit nimmt, während sie vielmehr seine vollendete Knechtschaft und Unmenschlichkeit ist. An die Stelle des *Privilegiums* ist hier das *Recht* getreten.«[22]

Obwohl Marx Bauer vorwirft, dieser habe übersehen, in welchem gewaltigen Ausmaß die bürgerlichen Revolutionen zu tatsächlichen Umwälzungen geführt haben, zeigt seine eigene Analyse, in welchem Sinn die Ideen der bürgerlichen Revolution trotz aller unbestreitbaren Veränderung doch nicht über den Zustand hinausführten, »den sie mit Gewalt aufheben wollte«[23]. Anders als Bauer sieht Marx aber die revolutionäre Dynamik noch nicht an ihr Ende gekommen und daher auch nicht die Notwendigkeit, den radikalen kritischen Standpunkt von den Entwicklungen abzulösen, die die bürgerlichen Revolutionen angestoßen haben. »Die revolutionäre Bewegung, welche 1789 [...] begann, [...] hatte die *kommunistische* Idee hervorgetrieben [...]. Diese Idee, konsequent ausgearbeitet, ist die *Idee* des *neuen Weltzustandes.*«[24] Die »kommunistische Idee« ist also nicht das Resultat der Anstrengung eines Bauer zur Verfeinerung und Neubestimmung der Gesellschaftskritik, sondern sie ist das Ergebnis der revolutionären Bewegung selbst.

In der Kritik an Bruno Bauer kündigt sich bereits jenes Wechselspiel von geschichtlicher Dynamik und menschlichem Handeln, von historischer Entwicklung und bewusster Verfolgung von Ideen an, das sich dann auch im sogenannten »Konvolut zu Feuerbach« findet. Dieses komplizierte Modell geschichtlicher Kräfte kann aber auch als Inkonsequenz erscheinen. Marx kritisiert Bauer dafür, die »Kritik« zum Subjekt zu erheben und lässt dann die vage revolutionäre Bewegung, von der nicht ganz klar ist, ob damit die revolutionär gestimmten »wirklichen« Menschen oder der Fortgang der Revolution selbst gemeint ist, eine Idee hervorbringen.

Die Problematik der Marx'schen Geschichtsauffassung wird zudem durch ein Buch grell beleuchtet, das im Oktober 1844, während Marx in Paris gerade an der Fertigstellung der *Heiligen Familie* arbeitet, in Deutschland erscheint. Max Stirners *Der Einzige und sein Eigentum* nimmt die radikalen Strömungen seiner Zeit, insbesondere Bruno Bauer und den Kommunismus, ebenfalls sprachkritisch aufs Korn. Stirner erklärt Staat, Gesellschaft, Mensch: »Das sind alles Ideen.«[25] Als solche wurden sie von

Menschen durch Sprache geschaffen und sind von der Anerkennung der Menschen abhängig. Sie haben aber die Tendenz, zu Prinzipien zu werden, denen sich die Menschen unterwerfen. »*Für eine Idee* leben und schaffen, das sei der Beruf des Menschen, und nach der Treue seiner Erfüllung messe sich sein menschlicher Wert«[26], heiße es bei den »Pfaffen« aller Couleur.

Mit dieser Form der Unterwerfung will Stirner brechen. »Ich [...] stoße [...] die Geister oder Ideen zurück in ihre ›Eitelkeit‹. Sie haben keine Macht mehr über Mich«[27], verkündet er sein Programm des Anerkennungsentzugs für alle sozialen Konstruktionen, die den einzelnen wirklichen Menschen beherrschen. Stirner steht damit für etwas, das zunächst ganz stark nach dem emphatischen Bezug von Marx auf die »Wirklichkeit« und den »wirklichen Menschen« klingt. Für ihn zählt kein Ideal, das es anzustreben gilt, und kein sozialer Zusammenhang, der sich nicht aus den Interessen des je einzelnen Menschen, des leibhaftigen Ichs, ableitet. »Die Geschichte sucht *den* Menschen: er ist aber Ich, Du, Wir. Gesucht als ein mysteriöses *Wesen*, als das Göttliche, erst als *der Gott*, dann als *der Mensch* (die Menschlichkeit, die Humanität und Menschheit), wird er gefunden als der Einzelne, der Endliche, der Einzige.«[28] Religion, Gesellschaft, Recht sind dagegen nur Ausflüsse von Ideen, die es zu bekämpfen gilt.

Damit denkt Stirner die von den Konstruktionen des sozialen Denkens befreite Gesellschaftlichkeit von der Verfolgung individueller Interessen her. »Greif zu und nimm, was Du brauchst! Damit ist der Krieg aller gegen alle erklärt! *Ich* allein bestimme darüber, was ich haben will.«[29] Doch Stirner ist, was diesen allgemeinen Krieg betrifft, keineswegs so pessimistisch wie die Tradition des politischen Denkens seit Hobbes. Zwar ist der Krieg aller gegen alle die Empörung und der Aufstand der Armen, die ihre Lage nicht länger hinnehmen,[30] aber Stirner denkt ihn nicht als Mord und Totschlag oder die Herrschaft der Stärkeren. Vielmehr geht es ihm darum, ein neues Prinzip der Zusammenarbeit zu etablieren. Die Menschen sollen nicht aufgrund äußerer Zwänge oder wegen des Glaubens an ein höheres Gut miteinander kooperieren und füreinander da sein, sondern weil es ihren eigenen Interessen dient. »Es ist keiner für Mich eine Respektsperson, auch der ›Mitmensch‹ nicht, sondern lediglich wie andere Wesen ein *Gegenstand*, für den Ich Teilnahme habe oder auch nicht, ein interessanter oder uninteressanter Gegenstand, ein brauchbares oder ein unbrauchbares Subjekt. Und wenn ich ihn gebrauchen kann, so verständige ich wohl und einige Mich mit ihm, um durch die Übereinkunft *meine Macht* zu verstärken und durch gemeinsame Gewalt mehr zu leisten, als die einzelne bewirken könnte. In dieser Gemeinsamkeit sehe Ich durchaus nichts anderes, als eine Multiplikation meiner Kraft, und nur solange sie *meine* vervielfachte Kraft ist, behalte ich sie bei. So aber ist sie ein – Verein.«[31]

Die kommunistische Position wird von Stirner bei der Rechtfertigung seines Entwurfs immer wieder direkt angegriffen. Kommunismus bedeutet laut Stirner Zwang zu gemeinnütziger Arbeit, weil der Mensch für den Kommunismus nur in seiner gemeinnützigen Arbeit menschlich sei. Außerdem erhebe der Kommunismus die Gesellschaft zum Herrschaftsinstrument, dem die Einzelnen unterworfen sind, weil sie von der Gesellschaft die Mittel ihrer Existenz empfangen, was sie zu Abhängigen macht.[32] Dass hier ein absolutes Herrschaftsverhältnis propagiert werde, könne den Kommunisten selbst nur verborgen bleiben, weil bei ihnen immer noch das christliche Liebesgebot im Hintergrund stehe, das die Menschen auf die Gemeinschaft, ihre Gesetze und Regeln verpflichtet.[33] Das aber erzeuge Bindungen, die über eine frei eingegangene Verbindung, wie sie in Stirners Verein herrschen soll, hinausgehen.

Engels, der von dem Leipziger Verleger Otto Wigand die Andruckbogen von Stirners Buch bekommen hatte, die er sofort las und weitergab, schreibt am 19. November 1844 an Marx, Stirners Ansatz sei ein so auf die Spitze getriebener Utilitarismus à la Bentham, »daß er in seiner Einseitigkeit sich nicht einen Augenblick halten kann, sondern gleich in Kommunismus umschlagen muß. [...] Aber was an dem Prinzip wahr ist, müssen wir auch aufnehmen. Und wahr ist daran allerdings das, daß wir erst eine Sache zu unsrer eignen, egoistischen Sache machen müssen, ehe wir etwas dafür tun können – daß wir also in diesem Sinne, auch abgesehen von etwaigen materiellen Hoffnungen, auch aus Egoismus Kommunisten sind, aus Egoismus Menschen sein wollen, nicht bloße Individuen. [...] ›Der Mensch‹ ist immer eine Spukgestalt, solange er nicht an dem empirischen Menschen seine Basis hat. Kurz, wir müssen vom Empirismus und Materialismus ausgehen, wenn unsre Gedanken und namentlich unser ›Mensch‹ etwas Wahres sein sollen; wir müssen das Allgemeine vom Einzelnen ableiten, nicht aus sich selbst oder aus der Luft à la Hegel.«[34]

Marx teilt dieses Urteil allerdings nicht. Nach der Arbeit an der *Heiligen Familie* beginnt er eine Rezension des Stirner-Buchs für den *Vorwärts!*, der jedoch aufgrund des Drucks der preußischen Behörden in Paris Probleme mit der Polizei bekommen hat. Karl Ludwig Bernays, ein Redakteur, muss wegen formaler Verstöße gegen das Presserecht im Dezember 1844 zwei Monate ins Gefängnis Sainte-Pélagie, und die Erscheinungsweise soll, um solche Verstöße zukünftig zu vermeiden, ab Januar 1845 von zweiwöchentlich auf monatlich umgestellt werden. Für das Probeexemplar der ersten Ausgabe nach der Umstellung der Erscheinungsweise zieht Marx die Zusage seiner Stirner-Rezension zurück, verspricht sie aber für die folgende Woche.[35] Doch bevor der *Vorwärts!* überhaupt erneut erscheinen kann, überschlagen sich die Ereignisse, die Mitarbeiter erhalten Ausweisungsbescheide für Paris und Frankreich, die zwar nach einer Intervention des Herausgebers Heinrich Börnstein bei radikalen Abgeordneten vom französischen Innenminister Tanneguy Duchâtel für jene, die in der Zwischenzeit noch nicht ausgereist sind, zurückgenommen werden, aber nur gegen das Versprechen, den *Vorwärts!* endgültig einzustellen.[36]

Marx, der wohl fürchtet, dass die Ausweisung letztlich doch unabwendbar ist und ihm über kurz oder lang eine gewaltsame Vollstreckung droht, übersiedelt innerhalb weniger Tage von Paris nach Brüssel.[37] Dort wird aus der geplanten Rezension ein von Marx und Engels verfasster Kommentar des Stirner-Buches werden, der dieses Abschnitt für Abschnitt kommentiert und als Druckvorlage über 450 Seiten umfasst haben muss.

Noch bevor Marx und Engels diesen umfangreichen Text verfassen, reisen sie im Sommer des Jahres 1845 zunächst gemeinsam nach Manchester, in das industrielle Zentrum Englands, in dem Engels bereits gelebt und in einer Fabrik, an der sein Vater beteiligt war, gearbeitet hatte. Auf dieser Reise hat Marx vornehmlich ein Ziel: die hervorragenden öffentlichen Bibliotheken Manchesters. Kurz vor seiner Abreise aus Paris hatte er nämlich noch einen Buchvertrag für eine *Kritik der Politik und Nationalökonomie* abgeschlossen und einen Vorschuss erhalten, den er höchstwahrscheinlich für die Reise nach Manchester verwendete.[38]

Marx liest in Manchester vor allem englische ökonomische Literatur und verfertigt ins Deutsche übersetzte Auszüge aus den gelesenen Werken.[39] Besonderes Interesse finden bei ihm die Schriften von Robert Owen, der die bürgerliche Gesellschaft durch eine alternative Ökonomie überwinden will und dazu auch praktische Versuche startet, und eine kleine Schrift des ebenfalls für die Rechte der Arbeiter streitenden John Francis Bray: *La-*

bour's Wrongs and Labour's Remedy. Bray will die Politischen Ökonomen, die aus ihren Prinzipien »klar und überzeugend bewiesen haben, dass unter dem gegenwärtigen System keine Hoffnung für den arbeitenden Menschen besteht – dass er tatsächlich der Leibeigne des Menschen mit Geld ist«, auf ihrem »eigenen Feld« mit »denselben Prinzipien und derselben Argumentationsweise« bekämpfen und zeigen, dass ihre Schlussfolgerungen nur für »bestimmte Umstände«, aber nicht »unter allen Umständen [...] und jedem sozialen System« gültig sind.[40]

Bei aller Kritik an den utopischen Entwürfen Owens und der Art, wie Bray die Politische Ökonomie auf ihrem eigenen Feld besiegen will,[41] findet Marx in der Verknüpfung der Arbeiterbewegung und einer theoretischen Auseinandersetzung mit den Prinzipien der Politischen Ökonomie in England einen »kommunistischen« Ansatz, der ihm vielversprechender und ernsthafter erscheint als Stirners Buch und in seinen praktischen Vorstellungen von Stirners Kommunismuskritik überhaupt nicht erfasst wurde. Doch die Aussicht auf die Publikation einer mit Engels abwechselnd zu verantwortenden Vierteljahresschrift und die anhaltende Diskussion der Stirner'schen Thesen in Deutschland führen dann doch noch zur Ausarbeitung des großen Stirner-Kommentars, in dem Stirner durchgängig als naiver Dummkopf und Sancho Pansa bezeichnet wird.

Letzteres hängt damit zusammen, dass auch gegen Stirner einer der Vorwürfe lautet, er sei wider Willen ein – wenn auch schlechter – Hegelianer. Zwar wolle Stirner die Ideen und die Herrschaft des Geistes bekämpfen, aber sein Kampf bleibe selbst geistig, indem er sich darauf beschränkt, eine Abkehr vom Glauben an die Ideen zu propagieren. Den Ideen »wird der Respekt aufgekündigt [...] und diese permanente Aufkündigung eine Tat tituliert, eine Tat, die umso burlesker erscheint, als er fortwährend nur gegen das Gespenst seiner heiligenden Vorstellung kämpft.

Andererseits, da die Welt trotz seiner Respektskündigung gegen das Heilige heillos mit ihm umspringt, genießt er dagegen die innere Befriedigung, ihr zu erklären, daß er nur nötig habe, zur Macht gegen sie zu kommen, um respektslos mit ihr umzuspringen«[42], kommentiert Marx die Stirner'sche Strategie. Auch Stirner wird also des Maulheldentums bezichtigt.

Schwerer wiegt aber der damit einhergehende Vorwurf, er habe nicht verstanden, dass hinter den sozialen Konstruktionen noch etwas anderes steht als die bloße Anerkennung. Was die sozialen Konstruktionen trägt und ihnen durchaus eine Wirklichkeit verleiht, die nicht bloß eine fantasierte ist, ist Macht. »Indem ihm die *gespenstige* Leibhaftigkeit des Kaisers verschwindet, ist ihm nicht die Leibhaftigkeit, sondern die *Gespensterhaftigkeit* des Kaisers verschwunden, dessen wirkliche Macht er jetzt erst in ihrer Ausdehnung würdigen kann.«[43] Der entscheidende Punkt ist allerdings zu verstehen, worin diese Macht besteht, denn schließlich verfügt ein Kaiser über Macht tatsächlich nur aufgrund der Anerkennung seiner Amtswürde, die es ihm erlaubt, effektive Befehle auszusprechen und Anordnungen zu erlassen.

Es ist in dieser Auseinandersetzung, dass Marx die Bedeutung der Reproduktion des individuellen und gesellschaftlichen Lebens erkennt. Die Macht des Kaisers ist nicht bloß der Respekt, der ihm gezollt wird, sondern eine Weise der gesellschaftlichen Beziehung, in der die Einzelnen ihre individuelle Existenz hervorbringen und hervorbringen müssen, solange sie keine andere Weise des gesellschaftlichen Produzierens finden. Schon in der *Heiligen Familie* schreibt Marx in diesem Sinne: »Das egoistische Individuum der bürgerlichen Gesellschaft mag sich in seiner unsinnlichen Vorstellung und unlebendigen Abstraktion zum *Atom* aufblähen, d. h. zu einem beziehungslosen, selbstgenügsamen, bedürfnislosen, *absolut vollen*, seligen Wesen. Die unselige *sinnliche Wirklichkeit* kümmert sich nicht um seine Einbildung, jeder seiner Sinne zwingt es, an den Sinn der Welt und der Individuen außer ihm zu glauben, und selbst sein *profaner* Magen erinnert es täglich daran, daß die Welt *außer* ihm nicht *leer*, sondern das eigentlich *Erfüllende* ist. Jede seiner Wesenstätigkeiten und Eigenschaften, jeder seiner Lebenstriebe wird zum *Bedürfnis*, zur *Not*, die seine *Selbstsucht* zur Sucht nach andern Dingen und Menschen außer ihm macht.«[44]

Weil die Frage einer alternativen Gesellschaftsweise damit zum Zentrum der Debatte wird, ist es Stirners »Verein«, an dem Marx die Differenz ausweisen muss. Marx unterstellt Stirner in diesem Kontext Ahnungslosigkeit bezüglich der tatsächlichen kommunistischen Organisationsbestrebungen und behauptet zugleich, dass er die dem Kommunismus entlehnten Ideen mit dem »Verein als ›eigne‹ Erfindung desto besser an den Mann zu bringen«[45] versucht. Denn Marx und Engels sind der Überzeugung: »In der wirklichen Gemeinschaft erlangen die Individuen in & durch ihre Association zugleich ihre Freiheit.«[46] Aber mehr noch: Sie können sie auch nur dort erlangen, denn die »Verwandlung der persönlichen Mächte (Verhältnisse) in sachliche durch die Theilung der Arbeit kann nicht dadurch wieder aufgehoben werden, daß man sich die allgemeine Vorstellung davon aus dem Kopfe schlägt, sondern nur dadurch[,] daß die Individuen diese sachlichen Mächte wieder unter sich subsumiren, & die Theilung der Arbeit aufheben. Dies ist ohne die Gemeinschaft nicht möglich.«[47]

Soll die Verwirklichung der Individualität nicht darin bestehen, dass die Arbeitsteilung ganz abgeschafft wird und jedes Individuum auf sich selbst verwiesen ist, was nicht nur angesichts der erreichten Komplexität produktiver Verfahren und Prozesse absurd wäre, dann kann die Aufhebung der Teilung der Arbeit nur darin bestehen, dass die Produktion als ein gemeinschaftlicher, kollektiv geplanter und gesteuerter Prozess verstanden wird.

Das Ergebnis wäre also eine Zunahme an Kooperation, in der im Sinne Stirners das Ich tatsächlich das unumgängliche Zusammenwirken aller Beteiligten als Steigerung seiner Kraft erfährt, statt sich als bloßes Rädchen im Getriebe des vorgegebenen arbeitsteiligen Prozesses zu erleben.

Die Auseinandersetzung mit Stirner ist trotzdem keine ums Copyright oder die Bezeichnung der »Assoziation« als »Verein«. Vielmehr unterstellt Marx, dass Stirner aufgrund seines fehlenden Verständnisses für die Größe und Komplexität der Aufgabe, eine der modernen Gesellschaft angemessene Alternative zur bürgerlichen Produktionsweise zu finden, zwischen der bloßen Apologie des Bestehenden und einem »wehmütigen Blick auf die mittelalterliche Spießbürgerei«[48] hin- und herschwanken muss.

So treffend diese Kritik Stirners im Einzelnen auch ist, Marx ist durch sie das Problem, wie die Freiheit der Einzelnen mit ihrer Gesellschaftlichkeit versöhnt werden kann, nicht losgeworden. Und dieses Problem hat Stirner mit Vehemenz gestellt. Stirner mag wie ein Querulant darauf bestehen, dass er sich nur den Regeln beugt, die er unmittelbar für einsichtig hält und deshalb anerkennt, aber er spricht damit das Problem aus, wie eine Gesellschaft Institutionen hervorbringen kann, die nicht als »sachliche Mächte« Herrschaft über die Menschen ausüben. Marx wird dieses Problem nie frontal angehen, sondern versucht stattdessen, die Mechanismen der bürgerlichen Ordnung als solche »sachlichen Mächte« zu verstehen, die es zu überwinden gilt und die Stirner nicht hinreichend begriffen und deshalb unterschätzt habe.

6. Eine Phänomenologie des Werts: Das besondere Verhältnis zu Proudhon

In der Auseinandersetzung mit den führenden Junghegelianern Ruge, Bauer und Stirner stellt sich Marx auf die Seite der englischen und französischen Nationalökonomen, die mit ihren Analysen versuchen, die Wirklichkeit zu beschreiben und zu verstehen, statt bloße Postulate darüber aufzustellen, was sein soll. Von den Nationalökonomen führt für ihn eine direkte Linie zu den sozialistischen und kommunistischen Bestrebungen, die in England und Frankreich diese Wirklichkeit kritisieren und auf ihre Veränderung drängen. Ganz in diesem Sinne verteidigt Marx in *Die heilige Familie* Pierre-Joseph Proudhon, der sozialistische Kritik und nationalökonomische Analyse miteinander verbindet, gegen Edgar Bauers Darstellung und Kritik von Proudhons berühmtem Buch *Was ist das Eigentum?*. Proudhon ist für Marx, der zu diesem Zeitpunkt noch nicht in Manchester gewesen war, *der* Zertrümmerer der nationalökonomischen Illusionen, dass die Unmenschlichkeit der ökonomischen Gesetze am Ende trotzdem das Beste für die Menschen bewirkt und alle gegenteiligen Phänomene nur Ausflüsse von Unvernunft und Gier sind. »Er hat daher konsequent nicht diese oder jene Art des Privateigentums, wie die übrigen Nationalökonomen, auf partielle Weise, sondern das Privateigentum schlechthin auf universelle Weise als den Verfälscher der nationalökonomischen Verhältnisse dargestellt. Er hat alles geleistet, was die Kritik der Nationalökonomie von nationalökonomischem Standpunkte aus leisten kann.«[1]

Die Einschränkung des Lobes (»von nationalökonomischem Standpunkte aus«) sollte nicht leichtfertig überlesen werden. Trotzdem versichert Marx zu diesem Zeitpunkt, dass Proudhons kritischer Fortschritt »die Nationalökonomie revolutioniert und eine wirkliche Wissenschaft der Nationalökonomie erst möglich macht«[2]. Und selbst dass Proudhon in seiner Darstellung von der Gerechtigkeit als einem – wie Edgar Bauer bemerkt – absoluten Prinzip ausgeht, das in der Geschichte verwirklicht wird, ist für Marx eine bloße Inkonsequenz, denn Proudhon habe längst erkannt, dass sich in der Geschichte die »Verwirklichung eines Prinzips durch seine Verneinung«[3] vollzieht. Ein Prinzip wie die Gerechtigkeit (oder wie sich angesichts der Marx'schen Analyse ihrer Verwirklichung in der bürgerlichen Gesellschaft hinzufügen ließe, wie die Freiheit) sei folglich bloß dem Namen nach von Epoche zu Epoche das gleiche, tatsächlich aber sei die Verwirklichung der Gerechtigkeit jeweils »die *Negation* des historischen positiven Rechts«[4], sprich die Überwindung ihrer vorhergehenden Verwirklichung. Als Franzose aber interessiere sich Proudhon nicht für die sich daraus ergebenden Spitzfindigkeiten bezüglich eines »absoluten« Prinzips, das sich fortwährend verändert und trotzdem als eines angesprochen wird.[5]

Für Edgar Bauer sind Armut und Eigentum zwei Momente eines Ganzen, sodass das eine nicht gegen das andere ausgespielt werden dürfe, sondern beide gemeinsam aufzuheben seien. Dagegen ist laut Marx für die Proudhon'sche Analyse die »durch die Bewegung des Privateigentums erzeugte[...] Armut«[6] ausschlaggebend. Marx schließt daraus, auch für Proudhon sei das Proletariat in der bürgerlichen Gesellschaft »das aufgelöste und sich auflösende Privateigentum [...] die *destruktive* Partei«[7]. Gegen

Bauers Vorwurf, Proudhons Standpunkt sei nicht radikal, den Zustand der bürgerlichen Gesellschaft nicht aufhebend genug, schlussfolgert Marx: »Das Proletariat vollzieht das Urteil, welches das Privateigentum durch die Erzeugung des Proletariats über sich selbst verhängt, wie es das Urteil vollzieht, welches die Lohnarbeit über sich selbst verhängt, indem sie den fremden Reichtum und das eigene Elend erzeugt. Wenn das Proletariat siegt, so ist es dadurch keineswegs zur absoluten Seite der Gesellschaft geworden, denn es siegt nur, indem es sich selbst und sein Gegenteil aufhebt.«[8]

Marx, der nach der Affäre um den *Vorwärts!* und der verfügten Ausweisung Paris Anfang Februar 1845 Hals über Kopf verlassen hat, beantragt am 7. Februar in Brüssel die Genehmigung dafür, mit seiner Familie in Belgien zu wohnen.[9] In Brüssel schreibt er mit Friedrich Engels nicht nur an den Manuskripten zur *Deutschen Ideologie* und plant die Übersetzung und Herausgabe der Werke englischer und französischer Sozialisten in Deutschland, sondern wird auch organisatorisch tätig. Zusammen mit Engels, Philippe Gigot und anderen gründet er ein »Kommunistisches Korrespondenz-Komitee«, das sich in ständigem Austausch mit »deutschen Sozialisten«, die als Korrespondenten in Deutschland, England und Frankreich rekrutiert werden, »sowohl mit der Erörterung wissenschaftlicher Fragen als auch mit der kritischen Übersicht über die populären Schriften und mit der sozialistischen Propaganda, die man mit diesem Mittel in Deutschland betreiben kann, beschäftigen«[10] soll. So zumindest beschreibt Marx den Plan in einem Brief an Proudhon, den er als Korrespondenten in Paris gewinnen will. Zweck des Austauschs sei es, so Marx, bezüglich zutage tretender Meinungsverschiedenheiten »zu einer unparteiischen Kritik« zu gelangen, »sich der *nationalen* Beschränktheit zu entledigen. Und im Augenblick der Aktion ist es sicherlich für jedermann von großem Nutzen, über den Stand der Dinge im Ausland genausogut unterrichtet zu sein wie über den im eigenen Lande.«[11]

Proudhon antwortet rasch und freundlich auf dieses Ansinnen. Er erklärt, gern einer der Endpunkte in diesem »sehr nützlichen« Netzwerk von Korrespondenten zu sein, obgleich er nicht verspreche, viel und oft zu schreiben. Anschließend bringt er jedoch seine Vorbehalte bezüglich dessen zum Ausdruck, was er in dem Marx'schen Brief bloß angedeutet findet. Seine organisatorischen Bemühungen seien zum Erliegen gekommen und er erachte es als seine und die Pflicht eines jeden Sozialisten, gegenwärtig vor allem kritisch und zweifelnd, jedenfalls aber antidogmatisch die Gesetze der Gesellschaft und die Weise ihrer Verwirklichung zu erforschen: »Aber, um Gottes Willen, denken wir nicht daran, das Volk unsererseits zu indoktrinieren, nachdem wir jeden *apriorischen* Dogmatismus zerschlagen haben.«[12] Diese Warnung dürfte Marx nicht nachhaltig verärgert haben. Sie erschließt sich kaum aus dem Anliegen, zu einer unparteiischen Position zu gelangen, und ist deshalb wahrscheinlich auf das Postskriptum des Marx'schen Briefes zurückzuführen. Dort warnte Marx Proudhon vor dem Einfluss Karl Grüns, der ein »literarischer Hochstapler, eine Art Scharlatan« und ein »Schmarotzer« sei. In seiner Antwort schlägt Proudhon diese Vorbehalte gegen Grün in den Wind und nimmt ihn umfangreich in Schutz.

Die Möglichkeit eines Zerwürfnisses scheint allerdings am Horizont auf, wenn Proudhon sich auch gegen die »revolutionäre Tat als Mittel der sozialen Reform« ausspricht und erklärt, »unsere Proletarier dürstet es so sehr nach Wissenschaft, dass man von ihnen sehr schlecht aufgenommen würde, hätte man ihnen nichts als Blut zum Trinken anzubieten«[13]. Proudhon kündigt aber an, den Proletariern mehr zu offerieren. Er stehe im Begriff, ein Buch zu veröffentlichen, in dem er sich das Problem stelle, »*durch eine ökonomische Ordnung (combinaison économique) in die Gesellschaft diejenigen Reichtümer wieder zurückfließen zu lassen, die aus der Gesellschaft durch eine andere ökonomische Ordnung abgeflossen sind.* Anders gesagt, die Politische Ökonomie, die Theorie des Eigentums gegen das Eigentum zu wenden, um hervorzubringen, was ihr anderen deutschen Sozialisten *Gemeinschaft* nennt, und was ich im Augenblick nur *Frei-Gleichheit* nennen will.«[14] Es wird dieses Buch sein, an dem das gerade erst geschlossene Bündnis zerbricht.

Marx erhält die französische Originalausgabe von Proudhons Buch *System der ökonomischen Widersprüche oder Philosophie des Elends* in der Weihnachtswoche des Jahres 1846 und berichtet am 28. Dezember über seinen ersten Leseeindruck in einem sehr ausführlichen Brief an einen russischen Bekannten: »Ich gestehe Ihnen offen, daß ich das Buch im allgemeinen schlecht, ja sehr schlecht finde.«[15]

Die in dem Brief bereits in weiten Zügen skizzierte Kritik erweitert Marx im folgenden Jahr zu einem ebenfalls auf Französisch verfassten und veröffentlichten Buch: *Elend der Philosophie. Antwort auf die Philosophie des Elends von Herrn Proudhon*, in dessen Vorrede sich Marx erstmals selbst als Ökonom bezeichnet. Als Deutschem, was in diesem Kontext nichts anderes als »hegelianischer Philosoph« meint, und Ökonomen gehe es ihm darum, Proudhon sowohl für seine Adaption der deutschen Philosophie, die in Frankreich geschätzt werde, als auch für seine ökonomischen Thesen, für die er in Deutschland Anerkennung erfahre, zu kritisieren.[16]

Hatte es in *Die heilige Familie* noch anerkennend und kritisch zugleich geheißen: »Proudhon hebt die nationalökonomische Entfremdung *innerhalb* der nationalökonomischen Entfremdung auf«[17], wird in *Das Elend der Philosophie* auf der Ebene der ökonomischen Theoriebildung[18] das Scheitern der proudhonschen Fortentwicklung der Nationalökonomie zur Sozialkritik konstatiert. Vor allem hinter David Ricardos Variante, die Marx am meisten schätzt, falle Proudhons Überwindung der Nationalökonomie deutlich zurück.

In den Auseinandersetzungen mit Ruge, Bauer und Stirner war es darum gegangen, die Analyse der wirklichen gesellschaftlichen Verhältnisse, unter denen das menschliche Leben als ein gemeinsames Leben produziert wird, gegen Überlegungen in Stellung zu bringen, die auf rein begrifflicher Ebene verstehen wollten, was eine Realisierung der Freiheit ist und was sie behindert. Angesichts dieser Emphase überrascht es zunächst, dass im Zentrum der ökonomischen Auseinandersetzung mit Proudhon, also im Zentrum der Auseinandersetzung, in der es nun um die Analyse der wirklichen Verhältnisse gehen soll, der Wert der Ware steht.

Der Warenwert ist ein ausgesprochen technisches Konzept, von dem auf den ersten Blick gar nicht ersichtlich ist, was es mit der Realisierung von Freiheit und Gleichheit überhaupt zu tun hat. Die Unklarheit des argumentativen Zusammenhangs verstärkt sich sogar noch, wenn Marx *Das Elend der Philosophie* damit beginnt, die Strategie zu kritisieren, mit der Proudhon die Widersprüche einer Theorie der Wertbestimmung aus Angebot und Nachfrage entwickelt und aus diesen Widersprüchen dann die Gültigkeit der Arbeitswertlehre ableitet, die doch längst – so Marx – von Ricardo auf viel überzeugendere Weise eingeführt und begründet worden sei. Am Ende des jeweiligen Weges lehnen jedenfalls sowohl Marx als auch Proudhon die Bestimmung des Wertes durch die marktförmigen Aushandlungen ab, in denen der Wille zum Verkauf mit einem zahlungskräftigen Bedürfnis vermittelt wird, und kommen stattdessen darin überein, dass zwar nicht der tatsächliche Preis eines Produktes, wohl aber dessen Wert im Regelfall davon abhängt, wie viel Zeit zu seiner Herstellung nötig ist.

Diese Arbeitswertlehre ist das Resultat einer theoretischen Überlegung. Modellhaft wird unterstellt, eine arbeitsteilige Gesellschaft bestehe aus lauter selbständigen Produzenten, die alles, was sie zum Leben brauchen, nur gegen die Produkte ihrer Tätigkeit austauschen können. In einem ersten Schritt lässt sich nun das Tauschäquivalent für das Produkt des Tages eines jeden dieser Produzenten so bestimmen, dass es alles liefern muss, was er an einem Tag zum Leben benötigt. Nur so lässt sich die Arbeitsteilung überhaupt aufrechterhalten, denn andernfalls könnte der einzelne Produzent seine Tätigkeit nicht fortsetzen, weil er zugrunde geht oder sich anderweitig um die Erhaltung der eigenen Existenz kümmern muss. In einem zweiten Schritt lässt sich zu diesem Minimum an Gegenleistungen für die Produktion eines Tages noch hinzufügen, dass – sofern kein Unterschied zwischen den einzelnen Tätigkeiten gemacht wird – diese anhand der Dauer ihrer Verausgabung vergleichbar werden. Ein »gerechter« Tausch, bei dem keine Partei etwas verliert, liegt daher vor, wenn das Produkt eines Arbeitstages, sofern es ein in der Gesellschaft auffindbares Bedürfnis befriedigt, jedem anderen solchen Produkt eines Arbeitstages gleichgesetzt wird. Die Arbeit wird dabei nicht als konkrete Tätigkeit, sondern abstrakt als »Verausgabung von menschlichem Hirn, Nerv, Muskel, Sinnesorgan usw.«[19] gefasst und nur noch zeitlich quantifiziert. Wobei natürlich zumeist Bruchteile oder Vielfache von Arbeitstagen gegeneinander getauscht werden, um im Ergebnis die Vielfalt der fürs Leben nötigen Dinge zu bekommen.

Allerdings ist dieses Modell der Vermittlung von Arbeiten in einer arbeitsteiligen Gesellschaft selbst unter den gemachten Voraussetzungen im Einzelnen wesentlich komplexer. So enthalten die Produkte beispielsweise Rohstoffe, die in die Rechnung ebenso mit einbezogen werden müssen wie andere Voraussetzungen ihrer Herstellung, etwa Werkzeuge und Produktionsanlagen. Zudem werden manche Tätigkeiten gesellschaftlich höher bewertet als andere, was aber in der Modellrechnung durch Gewichtungen aufgefangen werden kann. Eine Stunde zur Herstellung eines Schweizer Präzisionsuhrwerks zählt dann als Vielfaches einer Stunde einfacher, unqualifizierter Tätigkeit. Und schließlich geht es nicht um die tatsächlich verbrauchte Zeit, sondern um die Zeitspanne, die zur Herstellung auf dem gesellschaftlich erreichten Niveau der Produktivität notwendig ist. Der Wert steigt also nicht durch Gemächlichkeit beim Arbeiten.

Was dieses vereinfachte Modell liefert, ist ein Verhältnis, in dem die Produkte in einer Gesellschaft so getauscht werden können, dass eine kontinuierliche Produktion möglich bleibt und keiner der Produzierenden übervorteilt wird. Es entspricht der Vorstellung vom »gerechten Tausch«, das heißt, Gleiches (eine Zeitspanne verausgabter menschlicher Arbeitskraft) wird gegen Gleiches (dieselbe Zeitspanne ebenfalls verausgabter menschlicher Arbeitskraft) getauscht. Der Politischen Ökonomie dient das Modell damit als Orientierungsrahmen, der sich gegen die zufälligen Schwankungen Gültigkeit verschaffen muss, soll die Arbeitsteilung nicht zusammenbrechen, weil sie in einigen Sektoren deutlich unattraktiver ist oder gar das Leben der Produzierenden dort nicht mehr zu erhalten vermag. Deswegen gelten die so bestimmten Werte den Nationalökonomen auch als »natürliche Preise«, um die herum die tatsächlichen Preise schwanken.

Für Proudhon ist diese Gesetzmäßigkeit der Wertbestimmung aber nicht die Beschreibung eines Zustandes, sondern eine zu verwirklichende Norm, die auf die Realisierung von freier Gleichheit zielt. Die »Ungerechtigkeit in den Tauschbeziehungen ist die machtvollste Ursache für Elend, die die Sozialisten aufgedeckt haben und die die Wirtschaftswissenschaftler ganz leise einräumen«[20], schreibt Proudhon. »Jeder Irrtum in der Gerechtigkeit des Tausches ist eine Hinopferung des Arbeiters, eine Transfusion von Blut eines Menschen in den Körper eines anderen. [...] Der Satz, *die Arbeit ist der Ursprung der Verhältnismäßigkeit der Werte*, ist nicht allein wahr, weil er sich aus einer unerschütterlichen Analyse ergibt, vielmehr gibt er das Ziel des Fortschritts an, die Bedingung und Form gesellschaftlichen Wohlstandes, Anfang und Ende der politischen Ökonomie. Aus diesem Satz und seinen Zusätzen, *jedes Produkt ist wert, was es kostet*, und *Produkte werden mit Produkten gekauft*, läßt sich das Dogma der Gleichheit der Lebensbedingungen ableiten.«[21]

Für Proudhon hat dieses Verständnis des Wertgesetzes eine entscheidende Bedeutung, weil er die ökonomische Geschichte als Fortschrittsgeschichte auf dem Weg zur Frei-Gleichheit deutet. Wobei der Fortschritt Erfindungen wie den wertgeleiteten Tausch und Eigentum verbessert, sprich: die Gerechtigkeit des Tausches herstellt und das Eigentum von der Fähigkeit zur unentgeltlichen Aneignung fremder Arbeit trennt, statt Wert und Eigentum samt ihren Freiheitspotenzialen einfach zugunsten einer autoritären Vergemeinschaftung abzuschaffen, wie es laut Proudhon die Kommunisten fordern.[22]

Marx begegnet dem Vorwurf der autoritären Vergemeinschaftung weder durch die Beschreibung eines Modells kommunistischer Gemeinschaft, das Freiheit verwirklicht, noch indem er die Freiheitsspielräume leugnet, die das Eigentum oder das selbstbestimmte Produzieren eröffnen. Er konzentriert sich vielmehr ausschließlich darauf zu zeigen, dass Proudhons Lösung, seine Vision eines Fortschritts nicht funktioniert. Deshalb beschäftigt er sich mit der ökonomischen Frage des Werts. Die Kritik Proudhons ist eine Kritik von dessen Politischer Ökonomie. Eine entscheidende Rolle spielt dabei eine Ware, die in der Wirklichkeit der kapitalistischen Produktionsweise eine besondere

Rolle spielt, im bisherigen Modell der Wertbestimmung aber gar nicht vorkommt: die Arbeit.

Indem die Arbeit als Ware auftritt, entsteht in dem bisherigen Modell eine Konfusion. Der Wert eines Produktes kann weiterhin durch die in ihm enthaltene Arbeitszeit bestimmt werden und scheint nun jedoch zugleich dem »Wert der Arbeit«, die für es verausgabt wurde, zu entsprechen. Mit Ricardo beharrt Marx aber darauf, dass das nicht dasselbe sei. In *Das Elend der Philosophie* wirft er zur Begründung dieser Ablehnung selbst noch Kategorien wie den Tausch- und den Gebrauchswert, das heißt den tatsächlichen Nutzen der Arbeit durcheinander.[23] Im *Kapital* wird es ihm dann aber gelingen, begriffliche Ordnung zu schaffen, indem er nicht mehr von der »Ware Arbeit« oder dem »Wert der Arbeit« (»nur ein irrationeller Ausdruck«[24]) spricht, sondern vom »Wert der Ware Arbeitskraft«. Der Wert der Arbeitskraft als Ware wird durch die Mittel bestimmt, die zu ihrer Erhaltung nötig sind (das heißt durch das Minimum der Gegenleistungen für ein Tagesprodukt). Die Produkte der Arbeit, sprich die Ergebnisse der Verausgabung der Arbeitskraft im Produktionsprozess, haben regelmäßig aber einen höheren Wert. Der Unterschied entsteht durch die Differenz zwischen tatsächlich aufgewandter Arbeitszeit und derjenigen, die für die Erhaltung der Arbeitenden notwendig ist. Die Differenz zwischen beiden ist die Zeit der Produktion des Mehrwerts, der dem Käufer der Arbeitskraft und nicht dem Verkäufer gehört. Der Käufer von Arbeitskraft erwirbt also eine Ware, die im Produktionsprozess einen Wert erzeugen kann, der höher ist als ihr eigener.

Auch Proudhon bemerkt, dass mit dem Ausdruck »Wert der Arbeit« etwas nicht stimmt, doch statt die Widersprüche zu analysieren, mit denen sich Marx im Anschluss an Proudhon beschäftigen wird, und die Rolle zu erklären, die der Ausdruck in der bürgerlichen Politischen Ökonomie spielt, versucht er, dem

Dilemma dadurch zu entgehen, dass er den Verkauf der Ware Arbeitskraft als Verkauf der Arbeitsprodukte interpretiert, so als gäbe es nur noch selbständige Produzenten, frei und gleich, und Lohn, Wert und Preis der Produkte wären eins. Mit anderen Worten, Proudhon kritisiert die kapitalistische Wirklichkeit dafür, dass sie nicht dem vereinfachten Modell entspricht, das den Ausgangspunkt der Überlegungen zur Arbeitswertlehre bildete, und schlägt folgerichtig vor, sich diesem Modell anzunähern.

Die Schwäche dieser Lösung besteht in der Abstraktion, die ihr zugrunde liegt und viele der tatsächlichen Einflüsse auf die Wertgröße ausblendet. So müssten Produktion und Bedarf einander entsprechen, damit die Lösung funktioniert. Denn Produkte, die auf kein Bedürfnis antworten, haben keinen Tauschwert, mögen sie so effektiv und zeitsparend hergestellt worden sein, wie sie wollen. Sie fallen aus der Aufrechnung der gesellschaftlich nützlichen Tätigkeiten heraus.

Damit ein solches Herausfallen vermieden wird und Produktion und Bedarf einander entsprechen, gibt es nur zwei Möglichkeiten. Entweder wird die Produktion dem Bedarf entsprechend geplant oder die Anerkennung der Arbeitsprodukte als nützliche Waren wird unabhängig von ihrem tatsächlichen Nutzen garantiert. Die erste Möglichkeit schließt Marx für die industriellen Gesellschaften aus. »Schon durch die Instrumente, über welche sie verfügt, gezwungen, in beständig größerem Maße zu produzieren, kann die Großindustrie nicht die Nachfrage abwarten. Die Produktion geht der Konsumtion voraus.«[25] Wolle man also unter den Bedingungen der Industrie wieder »die richtigen Proportionen« zwischen Produktion und Nachfrage herstellen, wie es sie in früheren Jahrhunderten, als Handwerksgüter noch produziert werden konnten, nachdem bereits bekannt war, dass sie auch gebraucht werden würden, durchaus gegeben habe, »dann ist man Reaktionär und Utopist in einem«[26].

Bleibt noch die zweite Möglichkeit der garantierten Abnahme der privat und vereinzelt produzierten Güter. Sie ist nur als Eingriff einer gesellschaftlichen Institution vorstellbar, die den Tausch organisiert und kontrolliert. Das aber wäre eine Einrichtung, die Proudhon im Namen der Freiheit gerade verhindern will. »Wenn er [...] darauf Wert legt, seine Theorie nicht als Gesetzgeber zu rechtfertigen«, kommentiert Marx das Scheitern dieser Lösungsvariante, »sondern als Ökonom, so wird er zu beweisen haben, daß die zur Herstellung einer Ware nötige *Zeit* genau ihren *Nützlichkeitsgrad* anzeigt und außerdem ihr Proportionalitätsverhältnis zur Nachfrage und folglich zur Summe des gesellschaftlichen Reichtums feststellt«[27]. Da Arbeitszeit und Nützlichkeit aber nichts miteinander zu tun haben, ist das Unsinn. Und die Epoche beweist zudem schlagend das Gegenteil: »Warum entscheidet das Minimum des Preises in bezug auf das Maximum der Konsumtion? Vielleicht etwa wegen der absoluten Nützlichkeit dieser Gegenstände, wegen der ihnen innewohnenden Nützlichkeit, wegen ihrer Nützlichkeit, insofern sie auf die nützlichste Art den Bedürfnissen des Arbeiters als Mensch und nicht des Menschen als Arbeiter entsprechen? Nein – sondern weil in einer auf das Elend begründeten Gesellschaft die *elendesten* Produkte das naturnotwendige Vorrecht haben, dem Gebrauch der großen Masse zu dienen.«[28]

Allerdings beschränkt sich Marx nicht darauf, die Differenz zwischen der tatsächlichen Nützlichkeit des Produkts und den Motiven der Produktion hervorzuheben. Ihn beschäftigt ausgehend von Proudhons Entwurf der Verwirklichung von Freiheit und Gleichheit, warum »ein Tausch gleicher Arbeitsstunden«[29] mit dem individuellen Tausch der Produkte prinzipiell unvereinbar ist. Der Streit zwischen autoritärer Vergemeinschaftung der Produktion und der Organisation eines gerechten Austauschs zwischen freien Produzenten hat sich für Marx an diesem Punkt längst in die Frage verwandelt, was die kapitalistische Produktionsweise im Kern ausmacht. Marx glaubt, »der individuelle Austausch [entspricht] einer bestimmten Produktionsweise, welche selbst wieder dem Klassengegensatz entspricht; somit kein individueller Austausch ohne Klassengegensatz«[30]. Privatproduktion, kapitalistische Aneignung des Mehrwerts und marktförmiger Warentausch bilden also eine Einheit.

Marx versucht, die Plausibilität dieser These anhand der Analyse des Verhältnisses von Wert und Geld deutlich zu machen. Proudhons Vorschlag läuft darauf hinaus, das Geld durch Zettel zu ersetzen, auf denen die geleisteten Arbeitsstunden vermerkt sind, und die Preise der Waren ebenfalls durch die Arbeitsstunden auszudrücken, die zu ihrer Herstellung nötig waren. Marx fragt nun zunächst, was mit Arbeitsstunden geschehen soll, die ein Teil der Produzenten mehr geleistet hat als die anderen, deren Produkte sie zur Befriedigung ihrer Bedürfnisse aber benötigen würden. Da die Stundenzettel in festen Verhältnissen zu den produzierten Waren stehen, bleibt den Fleißigen nichts anderes übrig, als ihre überzähligen Stunden sinnlos anzusammeln oder sie – was naheliegender erscheint – abzubummeln. »Was hat uns nun der Austausch gleicher Arbeitsmengen gebracht? Überproduktion, Entwertung, Überarbeit, gefolgt von Stockung, endlich ökonomische Verhältnisse, wie wir sie in der gegenwärtigen Gesellschaft bestehen sehen.«[31] Der Ausweg aus diesem Dilemma sei einzig und allein die Übereinkunft der Produzenten, wie lang ihr Arbeitstag sein soll – also ein erster Schritt zu jener Vergemeinschaftung, die Proudhon nicht will und die Marx für unerlässlich hält.

Doch selbst wenn die Produzenten im Vorhinein koordinieren, wie viel von welchen Produkten insgesamt und wie viel davon von jedem einzelnen Erzeuger an einem Tag hergestellt werden soll, bleibt ein gravierendes Problem der privat betriebenen Produktion bestehen. Und dieses Problem wird zeigen, worin der unaufhebbare Unterschied zwischen Preisen und Werten besteht.

Für Proudhon ist das Geld, insbesondere in Form von geprägten Münzen, nur ein erster Schritt zu der allgemeinen Einsicht, dass sich jede Ware als Arbeitsprodukt, das sie ist, universell gegen alle anderen Waren bzw. Arbeitsprodukte austauscht. Die Stundenzettel sollen diesen universellen Austausch nur vereinfachen. Doch Marx beharrt darauf, dass Gold und Silber als Geld nicht einfach Waren unter anderen Waren sind, die nur aufgrund eines historischen Zufalls eine privilegierte Stellung einnehmen. »Alles das wäre schön und gut«, heißt es dazu, »bestände nicht der kleine Übelstand, daß gerade Gold und Silber in ihrer Eigenschaft als Münze (als Wertzeichen) von allen Waren die einzigen sind, die nicht durch ihre Produktionskosten bestimmt werden; und das ist so sehr richtig, daß sie in der Zirkulation durch Papier ersetzt werden können. [...] Gold und Silber sind stets austauschbar, weil sie die besondere Funktion haben, als universelles Tauschmittel zu dienen, und keineswegs, weil sie in einer der Gesamtheit der Güter proportionellen Menge vorhanden sind; oder, um es noch besser auszudrücken, sie sind stets proportionell, weil sie von allen Waren allein als Geld, als universelles Tauschmittel dienen, in welchem Verhältnis auch immer ihre Menge zur Gesamtheit der Güter stehe.«[32] Ohne ein solches universelles Tauschmittel ist aber eine Tauschökonomie rein praktisch gar nicht möglich.

Zehn Jahre später, 1857, aufs Neue mit Proudhons Thesen und Entwürfen beschäftigt, hebt Marx in den *Grundrissen der Kritik der politischen Ökonomie* – seinem ersten großen Manuskript zu jenen Überlegungen, aus denen nach weiteren zehn Jahren *Das Kapital* hervorgehen sollte[33] – deshalb hervor, dass auch die Arbeitsstundenzettel als alternatives universelles Tauschmittel nichts anderes als eine Art Geld sind. Auch durch sie werden –

anders als von Proudhon gedacht – Werte und Preise nur scheinbar miteinander identifiziert, denn im Ergebnis ihrer Einführung treten die ökonomischen Widersprüche im Tauschsystem, die zuvor, »nur verhüllt, in den Geldpreisen ausgedrückt«[34] wurden, plötzlich offen zutage und »Ware a, die Vergegenständlichung von 3 Stunden Arbeitszeit, ist = 2 Arbeitsstundenzettel; Ware b, die Vergegenständlichung ditto von 3 Arbeitsstunden, ist = 4 Arbeitsstundenzettel«[35].

Dieses Durcheinander stellt sich ein, weil man mit dem Geld, »seien es auch nur Stundenzettel, [...] Akkumulation dieses Geldes voraussetzen [muss] und Kontrakte, Obligationen, fixe Lasten etc., die unter der Form dieses Geldes eingegangen«[36] werden. Die durch Sparen, sprich die Aufschiebung des Austauschs, Verträge mit Erfüllungsfristen und dergleichen mehr eingeführte Zeitlichkeit der Austauschverhältnisse untergräbt aber deren Gleichförmigkeit. Die Menge einer bestimmten Ware entspricht nämlich nur so lange einem festen Betrag an Arbeitszeit, wie die Produktivität gleichbleibt. Da nur die Zeit miteinander verglichen wird, entspricht bei sich verändernder Produktivität eine Stunde Arbeitszeit zu verschiedenen Zeitpunkten verschiedenen Warenmengen. Und das heißt dann umgekehrt, dass eine Ware, egal wie viel Zeit ihre Produktion erfordert hat, jeweils nur zum aktuellen Stand der durchschnittlichen Produktivität getauscht werden kann. Verdoppelt sich die Produktivität bei der Herstellung einer Ware, sind aufbewahrte Exemplare dieses Produkts plötzlich deutlich weniger und tendenziell nur noch die Hälfte an Arbeitsstunden wert.

Produktivitätsunterschiede zu unterschiedlichen Zeiten oder an unterschiedlichen Orten stellen für das Arbeitsstundengeld also ein erhebliches Problem dar, weil sie spekulative Gewinne durch die Ausnutzung dieser Differenzen erlauben und so sowohl das zugrunde liegende Gerechtigkeitsideal unterlaufen als auch den Reichtum der Nichtarbeiter ermöglichen. Solche Differenzen werden dadurch verstärkt, dass die durchschnittliche Produktivität überhaupt erst durch die Tauschakte ermittelt wird. Denn nicht nur entwickelt sich die gesellschaftliche Produktivität, sie schwankt auch aufgrund von äußeren und inneren Bedingungen der Arbeitenden. Ein tatsächlicher Arbeitstag ist nicht gleich jedem anderen oder gar gleich ihrem idealen Durchschnitt. Aber: »Der Stundenzettel repräsentierte im Gegensatz zu allen Waren eine ideale Arbeitszeit, die sich bald gegen mehr, bald gegen weniger der wirklichen austauschte und in dem Zettel eine abgesonderte, eigne Existenz erhielte, die dieser wirklichen Ungleichheit entspräche. Das allgemeine Äquivalent, Zirkulationsmittel und Maß der Waren träte ihnen wieder gegenüber individualisiert, eignen Gesetzen folgend, entfremdet, d. h. mit allen Eigenschaften des jetzigen Geldes, ohne seine Dienste zu leisten.«[37] Für Marx wird so klar, dass das Geld für die Tauschökonomie eine unverzichtbare Rolle spielt. Weil »die Werte als Preise an einem andren Maßstab als ihrem eignen gemessen werden«[38], schafft sich das bürgerliche Austauschsystem »notwendig ein besonderes Äquivalent für alle Werte«[39]. »Preis im Unterschied vom Wert ist notwendig *Geldpreis.*«[40]

Zusammengefasst heißt das, die Proudhon'sche Lösung kann ihr Ziel, durch den Produktenaustausch eine gerechte Arbeitsteilung zu erreichen, nicht verwirklichen. Sie muss scheitern und den Zustand der bürgerlichen Ökonomie reproduzieren, weil sie ihn nicht radikal genug durchschaut hat. Proudhon sieht einfach nicht, wie sich die »allgemeine Frage über das Verhältnis der Zirkulation«, das heißt der Weise, in der die gesellschaftliche Verteilung produzierter Güter erfolgt, »zu den übrigen Produktionsverhältnissen«[41] verhält. Und weil er diesen Zusammenhang nicht erkennt, will er in ihm das Gute retten und nur das Schlechte ablegen. Für Marx offenbart sich in der Auseinandersetzung mit Proudhon dagegen ein Zusammenhang zwischen Produktions- und Zirkulationsverhältnissen, gegen den partielle Änderungen grundsätzlich ohnmächtig bleiben. Der Gegensatz zwischen Marx und Proudhon ist damit für Marx zugleich theoretischer und politischer Natur. Die radikale Politik folgt aus der rigorosen Analyse. Und Proudhon steht für ein ökonomisches Denken, das nicht rigoros genug die Zusammenhänge erfasst und deshalb die notwendige Revolution der Gesamtverhältnisse nicht will. Er, »der die Privatproduktion bestehn lassen, *aber* den Austausch der Privatprodukte *organisieren*, der die *Ware* will, aber das *Geld* nicht will«, soll deshalb »in der Grundlage kaputtgemacht« werden, wie es in einem Brief von 1859 heißt. Und weiter: »Der Kommunismus muß sich vor allem dieses ›falschen Bruders‹ entledigen.«[42]

Nach der Marx'schen Attacke auf Proudhon in *Das Elend der Philosophie* kommen die zunächst angestrebte Korrespondenz und der direkte Austausch nicht mehr zustande. Das überrascht kaum, zumal nicht jedes Marx'sche Argument in diesem Pamphlet wirklich einsichtig ist. Aber Marx, der die *Kritik der Hegelschen Rechtsphilosophie* nicht geschrieben hat, um eine Polemik gegen Bruno Bauer zu schreiben, der die zweibändige *Kritik der Politik und Nationalökonomie* nicht schreibt, um die Auseinandersetzung erst mit Stirner und schließlich mit Proudhon zu führen, findet in der Auseinandersetzung mit letzterem schließlich das Thema der Kritik der Politischen Ökonomie. Auch wenn ihn Proudhons Lösungen nicht überzeugen, entnimmt er bei ihm doch die konkrete Idee, wie die Kritik der gesellschaftlichen Verhältnisse aus der Kritik der Nationalökonomie zu entwickeln ist und diese – mit den Worten Brays, der in *Das Elend der Philosophie* ausführlich als der bessere, aber ebenso scheiternde Proudhon zitiert wird[43] – »auf ihrem eigenen Feld« zu schlagen. Und wenn der gescholtene Karl Grün die Aufgabe der Proudhon'schen *Philosophie des Elends* in der Einführung zu seiner schon 1847 erschienenen deutschen Übersetzung des Buches in Anlehnung an Hegels *Phänomenologie des Geistes* als eine »*Phänomenologie des Werthes*« beschreibt,[44] dann zeigt sich noch eine weitere Parallele zu Proudhons Projekt. Auch Marx wird die Analyse der ökonomischen Verhältnisse mit der Analyse der Bewusstseinsformen verbinden, die diese Verhältnisse hervorbringen, und sich dabei – wie sich noch zeigen wird[45] – ebenfalls Hegel'scher Instrumente der Reflexion bedienen.

So sehr Marx in den Auseinandersetzungen der Jahre 1844 bis 1848 für sich selbst theoretische Einsichten gewonnen haben mag, die er ohne die Autoren, an denen er sich so vehement abarbeitet, wohl gar nicht hätte gewinnen können, persönlich hinterlassen seine Polemiken verbrannte Erde. Moses Heß, ein Freund in jenen Jahren, der die Proudhon-Kritik als Aushängeschild der kommunistischen Bewegung empfiehlt, resümiert 1850 das Problem für sich ganz persönlich in einem Briefentwurf: »Schade, jammerschade, dass das Selbstgefühl dieses unbestreitbar genialsten Mannes unserer Partei sich nicht mit der Anerkennung begnügt, die ihm verdientermassen von all denen, welche seine Leistungen kennen und zu würdigen verstehen, gezollt wird, sondern eine persönliche Unterwerfung zu fordern scheint, zu der ich wenigstens mich nie einem einzelnen gegenüber herablassen werde!«[46]

III. GESCHICHTE (1848–1871)

7. Revolution, Klassenkampf, Geschichte

In der Auseinandersetzung mit Proudhon findet Marx das wissenschaftliche Thema seines Lebens: die Verbindung der Kritik der ökonomischen Verhältnisse mit der Analyse der grundlegenden Kategorien der kapitalistischen Ökonomie. Dass aber bis zum Erscheinen des ersten Bandes des Marx'schen Hauptwerks *Das Kapital* noch einmal zwanzig Jahre vergehen sollten, hängt nicht nur mit der Vielzahl der theoretischen Fragen zusammen, die dieses Thema mit einschließt. Es hat zunächst damit zu tun, dass Revolutionen wie jene europaweite, die sich Ende 1847 bereits ankündigte, für Marx immer viel wichtiger waren als die Arbeit an seinem ökonomischen Werk. Zu den Vorboten der Revolution von 1848 zählte einer der einflussreichsten Marx'schen Texte, wiederum gemeinsam mit Engels verfasst,[1] der zunächst naturgemäß anonym – oder besser gesagt im Namen der gesamten kommunistischen Bewegung – erschien: das *Manifest der kommunistischen Partei.*

Mitte des 19. Jahrhunderts war allerdings eine Partei noch nicht das, was heute darunter verstanden wird. Eine kommunistische Partei im heutigen Sinne gab es damals nicht. Parteien waren viel losere Bewegungen, die durch gemeinsame politische Grundüberzeugungen miteinander verbunden waren.[2] Hinter dem *Manifest der kommunistischen Partei* stand als Organisation der im Geheimen agierende *Bund der Kommunisten*, der am 9. Juni 1847 aus dem *Bund der Gerechten* hervorgegangen war.[3]

Marx war dem *Bund* am 23. Januar 1847 beigetreten, und am 5. August 1847 wurde aus dem *Brüsseler Kommunistischen Korrespondenz-Komitee* eine »Gemeinde« des *Bundes.*[4] Nach außen wirkte der geheime Bund durch offizielle Arbeitervereine. In Brüssel war das der *Deutsche Arbeiterverein.* Zudem engagierte sich Marx auch noch in der international zusammengesetzten *Association démocratique*, deren Vizepräsident er war.

Neben neuen Statuten sollte der *Bund* bei seiner Umbenennung in *Bund der Kommunisten* auch ein Dokument erhalten, das seine grundlegenden Prinzipien erläutert. Dieser entsprechend der christlichen Terminologie, an der sich der *Bund* in seiner Organisation zunächst unter anderem orientiert hatte, »Glaubensbekenntnis« genannte Text war offenbar nicht leicht zu erstellen. Ein erster Entwurf wurde verworfen, eine Verbesserung von Moses Heß ebenfalls, woraufhin Friedrich Engels für den zweiten Bundeskongress Anfang Dezember 1847 »Grundsätze des Kommunismus« entwarf und schließlich auf dem Kongress Marx mit der Abfassung des *Manifests* beauftragt wurde.[5] Schon anderthalb Monate später, am 24. Januar 1848, mahnte die Londoner Zentralbehörde des *Bundes* brieflich mit einigem Nachdruck die Abgabe des Marx'schen Manuskripts bei der Brüsseler Gemeinde an.[6] Und tatsächlich erschien das *Manifest* in London bereits Ende Februar oder Anfang März, während fast zeitgleich in Paris die Revolution ausbrach und ihm zusätzliche Aktualität und Bedeutung verlieh.

Dass das *Manifest der kommunistischen Partei* nicht *Manifest des Bundes der Kommunisten* heißt, hat auch mit seinem Anspruch zu tun. Das *Manifest* bestimmt die kommunistische Position ganz generell und nicht bloß als Standpunkt einer besonderen Organisation. Es will erklären, was es heißt, ein wirklicher Kommunist zu sein, sowohl positiv als auch in Abgrenzung zu anderen sozialistischen und kommunistischen Positionen seiner Zeit.

Das *Manifest* ist dabei aber erklärtermaßen kein revolutionärer Plan, auch wenn es unverblümt das kommunistische Interesse am »gewaltsamen Umsturz aller bisherigen Gesellschaftsordnung«[7] erklärt. Die Bewegung der Kommunisten ist in ihm nämlich nicht die bestimmende Kraft der heraufziehenden Revolutionen. Vielmehr gelte, »die Kommunisten unterstützen überall jede revolutionäre Bewegung gegen die bestehenden gesellschaftlichen und politischen Zustände«.[8]

Damit richtet sich das *Manifest* vor allem gegen Gesellschaftskonstruktionen in utopischen Entwürfen, deren Anhänger »alle politische, namentlich alle revolutionäre Aktion« verwürfen und stattdessen auf die Verwirklichung der rationalen Gesellschaft setzten, die dem von ihren genialen Anführern entworfenen Plan entsprechen sollte. »[S]ie wollen ihr Ziel auf friedlichem Wege erreichen und versuchen, durch kleine, natürlich fehlschlagende Experimente, durch die Macht des Beispiels dem neuen gesellschaftlichen Evangelium Bahn zu brechen. [...] Sie treten daher mit Erbitterung aller politischen Bewegung der Arbeiter entgegen, die nur aus blindem Unglauben an das neue Evangelium hervorgehen konnte.«[9]

Für die Autoren des *Manifests* ist eine solche Vorstellung geschichtlicher Veränderung, die von der Suche »nach einer sozialen [sprich: Gesellschafts-]Wissenschaft, nach sozialen Gesetzen« geprägt ist, aber nur aus einer anfänglichen Phase der historischen Schwäche heraus zu verstehen, in der der Gegensatz von Bourgeoisie und Proletariat zwar schon vorhanden, dieses aber für die »gesellschaftliche Tätigkeit« der Neubegründung der sozialen Ordnung noch nicht organisiert genug war. Sollte gesellschaftliche Veränderung in dieser anfänglichen Entwicklungsphase überhaupt gedacht werden, dann musste – so die Analyse im *Manifest* – »an die Stelle der geschichtlichen Bedingungen der Befreiung phantastische, an die Stelle der allmählich vor sich gehenden Organisation des Proletariats zur Klasse eine eigens ausgeheckte Organisation der Gesellschaft« treten.[10]

Demgegenüber lautet der Auftaktsatz des ersten Kapitels im *Manifest*, das die Situation der proletarischen Kämpfe von 1848 zu beschreiben beansprucht: »Die Geschichte aller bisherigen Gesellschaft ist die Geschichte von Klassenkämpfen.«[11] Vom Ende des *Manifests* her gelesen zielt dieser Satz vor allem auf die »geschichtliche Selbsttätigkeit« des Proletariats, seine »ihm eigentümliche politische Bewegung« ab.[12] Barbara Kirchner und Dietmar Dath haben daraus sogar den Schluss gezogen, der Satz sei keine Beschreibung von Geschichte als etwas Bekanntem (»die Abfolge von Haupt- und Staatsaktionen eben, die man im Geschichtsunterricht lernen kann – Kriege, Krönungen, Landnahmen, Völkerwanderungen«), sondern die »Bestimmung von etwas, das man vorhat«.[13] Diese Interpretation schießt zwar etwas über das Ziel hinaus, aber richtig ist, dass »Geschichte« im *Manifest* nicht jede Abfolge von Ereignissen und auch nicht jeden Prozess gesellschaftlicher Veränderung meint, sondern auf einen grundlegenden Konflikt gesellschaftlicher Gruppen um die Produktion und Aneignung des gesellschaftlichen Reichtums zurückgeführt wird. Ein solcher Konflikt lasse sich in allen bisherigen Gesellschaften ausmachen. Geschichte ist die Geschichte dieses Konflikts, der entweder »mit einer revolutionären Umgestaltung der ganzen Gesellschaft endete oder mit dem gemeinsamen Untergang der kämpfenden Klassen«[14], aber niemals innerhalb der Gesellschaft beigelegt werden konnte.

Behauptet wird das mit Blick auf die bürgerliche Standardgeschichte des 19. Jahrhunderts und deren Epocheneinteilung in Antike (insbesondere die römische), Mittelalter und die Gegenwart seit der bürgerlichen Revolution. »Die aus dem Untergang der feudalen Gesellschaft hervorgegangene moderne bürgerliche Gesellschaft hat die Klassengegensätze nicht aufgehoben. Sie hat nur neue Klassen, neue Bedingungen der Unterdrückung, neue Gestaltungen des Kampfes an die Stelle der alten gesetzt.«[15] Aus diesem vorläufigen Schluss der groben geschichtlichen Skizze ergeben sich nun zwei Konsequenzen: die Frage nach den Besonderheiten, die der Konflikt in seinem gegenwärtigen Stadium zeigt, und das Ziel, diesen immer wiederkehrenden Konflikt, der sich in der bürgerlichen Gesellschaft auf die Opposition zweier Klassen zugespitzt habe, endlich zu überwinden, statt ihn erneut bloß zu transformieren.

Folgt man der historischen Darstellung im *Manifest*, so entwickelte sich die Bourgeoisie keineswegs allein aus Klassenkämpfen. Sie war das Ergebnis ganz verschiedener Ereignisse und Dynamiken. So habe die Entdeckung Amerikas zu einem erweiterten Handel und neuen Märkten geführt, für die es nicht genügend Produktionskapazitäten gab. Nur aufgrund dieser neuen Märkte haben erst die Manufakturen über die Zunftbetriebe und hat dann die Industrie über die Manufakturen gesiegt, als diese den Bedarf an ihren Erzeugnissen nicht mehr decken konnten. Die durch die erhöhte Nachfrage attraktive Produktion sei bei ihrer Durchsetzung aber notwendigerweise immer auch von politischen Kämpfen für die Freiheiten, die die neuen Produktions- und Handelsformen erforderten, begleitet gewesen, bis schließlich die bürgerliche Produktionsweise und Herrschaft gleichermaßen etabliert worden seien und nun ihre Bedingungen immer wieder selbst schaffen konnten. »Die Bourgeoisie kann nicht existieren, ohne die Produktionsinstrumente, also die Produktionsverhältnisse, also sämtliche gesellschaftlichen Verhältnisse fortwährend zu revolutionieren. [...] Alle festen eingerosteten Verhältnisse mit ihrem Gefolge von altehrwürdigen Vorstellungen und Anschauungen werden aufgelöst, alle neugebildeten veralten, ehe sie verknöchern können. [...] Das Bedürfnis nach einem stets ausgedehnteren Absatz für ihre Produkte jagt die Bourgeoisie über die ganze Erdkugel. Überall muß sie sich einnisten, überall anbauen, überall Verbindungen herstellen.«[16]

Es ist für Marx und Engels die beständig umwälzende, sich beständig ausbreitende Produktionsweise der bürgerlichen Epoche, die den Erdball in einen Weltmarkt und die Geschichte seiner Regionen in eine wahrhaft zusammenhängende Weltgeschichte verwandelt. Diese Weltgeschichte, in der die Kolonialisierung Asiens und Amerikas eine entscheidende Rolle spielt, kennt im *Manifest* nur einen hauptsächlichen Akteur: die europäische Bourgeoisie, die ihr Zivilisationsprojekt verfolgt. »Die Bourgeoisie reißt [...] auch die barbarischsten Nationen in die Zivilisation.«[17]

Zehn Jahre später, inzwischen Londoner Korrespondent und Leitartikler der Zeitungsfamilie *New-York Tribune*, deren Blätter zusammengenommen zu den weltweit einflussreichsten Zeitungen ihrer Zeit gehörten,[18] wird Marx die zivilisatorischen Errungenschaften des britischen Kolonialregimes in Zweifel ziehen. »Um diese Herrschaft zu charakterisieren, genügt die Feststellung, daß die Folter einen organischen Bestandteil ihrer Finanzpolitik bildete«[19], heißt es in einem Bericht über indische Aufstände. Und ein Leitartikel über die britischen Folterpraktiken in Indien mündet in der rhetorischen Frage, »ob ein Volk nicht zu dem Versuch berechtigt ist, die fremden Eroberer, die ihre Untertanen derart mißhandelt haben, hinauszujagen«.[20] Am radikalsten wird Marx (zusammen mit seinem Koautor Engels) aber 1882 im Vorwort zur zweiten russischen Ausgabe des *Manifests* mit der historischen Rolle der Bourgeoisie brechen. Es zeige die Beschränktheit der proletarischen Bewegung von 1847, dass weder Russland noch Nordamerika im *Manifest* eine Rolle spielten. In Russland stünde »rasch aufblühendem kapitalistischen Schwindel [...] eine wenn auch stark untergrabene Form des uralten Gemeinbesitzes am Boden«[21] gegenüber. Auf die selbst gestellte

Frage, ob diese Form des Gemeinbesitzes für einen gesellschaftlichen Fortschritt »vorher denselben Auflösungsprozeß durchlaufen [muss], der die geschichtliche Entwicklung des Westens ausmacht«, erwidern die Autoren: »Die einzige Antwort hierauf, die heutzutage möglich, ist die: Wird die russische Revolution das Signal einer proletarischen Revolution im Westen, so daß beide einander ergänzen, so kann das jetzige russische Gemeineigentum am Boden zum Ausgangspunkt einer kommunistischen Entwicklung dienen.«[22]

Im *Manifest* aber, das für die während seiner Abfassung zwar noch nicht vorhergesehene, aber schon ersehnte Revolution von 1848 geschrieben wurde, liegen die Widersprüche des Kapitalismus nicht im Verhältnis zu den Menschen in den Kolonien oder in gesellschaftlichen Alternativen, die sich auf anderen historischen Pfaden herausgebildet haben mögen. Hier produziert der Kapitalismus seinen eigenen Untergang, indem das krisenanfällige ökonomische System immer wieder zeitweise zusammenbricht. »In den Krisen bricht eine gesellschaftliche Epidemie aus, welche allen früheren Epochen als ein Widersinn erschienen wäre – die Epidemie der Überproduktion. Die Gesellschaft findet sich plötzlich in einen Zustand momentaner Barbarei zurückversetzt; eine Hungersnot, ein allgemeiner Verwüstungskrieg scheinen ihr alle Lebensmittel abgeschnitten zu haben; die Industrie, der Handel scheinen vernichtet, und warum? Weil sie zuviel Zivilisation, zuviel Lebensmittel, zuviel Industrie, zuviel Handel besitzt.«[23]

Doch damit aus solchen Krisen politische Umstürze, Revolutionen werden, bedarf es einer Klasse, die für eine andere Weise der gesellschaftlichen Produktion eintritt. Das Proletariat ist im *Manifest* nicht nur die aus der bürgerlichen Gesellschaft ausgestoßene Klasse, die kein Eigentum und keine Sicherheiten hat. Das Proletariat als politische Kraft und Totengräber des Kapitalismus ist jetzt das Ergebnis der kapitalistischen Ökonomie selbst, die es hervor- und in immer größeren Produktionseinheiten zusammenbringt, die es in politische Zusammenhänge drängt, um Lohnforderungen und Verbesserungen der Arbeitsbedingungen durchzusetzen, und es seine Kraft in der Produktion erfahren lässt.[24] Zudem sei das Proletariat als politische und organisierte Klasse auch noch das Ergebnis der bürgerlichen Politik, die sich auf es stützen muss, wenn die Bourgeoisie ihre Interessen als die allgemeinen Interessen des Volkes gegen die 1848 in Europa noch vielfach herrschenden feudalen Kräfte durchsetzen will. Die Politik des Bürgertums »selbst führt also dem Proletariat ihre eigenen Bildungselemente, d. h. Waffen gegen sich selbst, zu«[25]. Zwar gibt es – wie Marx und Engels schon 1848 nicht umhinkommen zu bemerken – mit der allgemeinen Konkurrenz, die auch die Arbeitenden erfasst, ein Moment der bürgerlichen Ordnung, das die Organisation des Proletariats immer wieder untergräbt, doch die Hoffnung des *Manifests* ist, dass die Tendenzen zur Assoziation stärker sind.

Die Suggestionskraft, die der Text erzeugen soll, ergibt sich aus der Verbindung von geschichtlicher Analyse und Prognose. Wie bei Hegel die Geschichte der Freiheit, ist auch die Geschichte der Klassenkämpfe die Begründung für ein politisches Projekt. Deshalb wissen die Kommunisten des *Manifests* auch, welche politischen Positionen sie in den Klassenkämpfen ihrer Zeit zu unterstützen haben. »In allen diesen Bewegungen heben sie die Eigentumsfrage, welche mehr oder minder entwickelte Form sie auch angenommen haben möge, als die Grundfrage der Bewegung hervor.«[26] Denn das private Eigentum an den Mitteln der Produktion verwandelt diese in eine »monopolisierbare gesellschaftliche Macht«, in die Möglichkeit, sich »fremde Arbeit zu unterjochen«.[27]

Dem Einwand Proudhons, dass mit dem Eigentum auch »die Grundlage aller persönlichen Freiheit, Tätigkeit und Selbständigkeit«[28] abgeschafft werde, begegnet das *Manifest* mit einer das Problem eher kaschierenden Argumentation. Es gehe gar nicht darum, das Eigentum schlechthin, sondern nur darum, das bürgerliche Eigentum abzuschaffen, von dem das Proletariat und mithin die Mehrheit der Gesellschaft ohnehin ausgeschlossen sei. Zudem meine die bürgerliche Freiheit nur »den freien Handel, den freien Kauf und Verkauf«[29]. Für diese Freiheit sei der Preis der Ausbeutung in der Tat zu hoch. Aneignung ohne Unterjochung, sprich die Realisierung einer anderen als der bürgerlichen Freiheit ist das ausgegebene Ziel. Keine ewige Wahrheit, keine bürgerliche Moral, Religion oder Philosophie, keine bürgerliche Familie und kein Vaterland soll der so angestrebten Befreiung im Weg stehen.

Das Proletariat soll also »seine politische Herrschaft dazu benutzen, der Bourgeoisie nach und nach alles Kapital zu entreißen, alle Produktionsinstrumente in den Händen des Staats, d. h. des als herrschende Klasse organisierten Proletariats, zu zentralisieren«[30]. Es soll zu diesem Zweck ausdrücklich eine Despotie errichten. Das sich so in aller Offenheit und Schärfe stellende Freiheitsproblem wird aber sogleich für gelöst erklärt. Denn die revolutionäre Despotie sei darauf ausgerichtet, die Klassenunterschiede aufzuheben, und da hier die Klassenkämpfe mit den politischen Auseinandersetzungen identifiziert werden, soll sie dazu führen, die Politik überhaupt und damit auch sich selbst und den Staat abzuschaffen. »Wenn das Proletariat im Kampfe gegen die Bourgeoisie sich notwendig zur Klasse vereint, durch eine Revolution sich zur herrschenden Klasse macht und als herrschende Klasse gewaltsam die alten Produktionsverhältnisse aufhebt, so hebt es mit diesen Produktionsverhältnissen die Existenzbedingungen des Klassengegensatzes, der Klassen überhaupt, und damit seine eigene Herrschaft als Klasse auf.«[31] Das ist die Lösung der Geschichte, insofern sie eine Geschichte der Klassenkämpfe ist.

Aus der Konstruktion der Geschichte im *Manifest* ergeben sich zwei klar voneinander geschiedene Perspektiven auf die Geschehnisse der Gegenwart. Die eine Perspektive geht von den Erwartungen, Hoffnungen und dem kommunistischen Projekt einer Aufhebung der Klassenkämpfe aus. Die andere Perspektive entspricht der Wahrnehmung des Proletariats als Quelle geschichtlicher Selbsttätigkeit und eigentümlicher politischer Bewegung. Beide Perspektiven, die prognostische und die analytische, wird Marx beibehalten.

1848 kehrt Marx im Zuge der Revolution nach Köln zurück.[32] Er wird Chefredakteur der revolutionär gestimmten *Neuen Rheinischen Zeitung* und versucht die preußische Staatsbürgerschaft wiederzuerlangen, aus der er auf eigenen Wunsch im Herbst des Jahres 1845 entlassen worden war, um in Brüssel vor einer Verfolgung durch die preußischen Behörden wie in Paris sicher zu sein. War sein damaliges Entlassungsgesuch vom preußischen Innenministerium befürwortet worden, so blieb ihm die Wiedereinbürgerung jetzt und für den Rest seines Lebens von ebendieser Stelle verwehrt.[33] Trotzdem konnte Marx aufgrund der revolutionären Lage zunächst in Köln leben und arbeiten.

Der Schwerpunkt der *Neuen Rheinischen Zeitung*, die sich nach ihrer ersten Ausgabe im Juni 1848 rasch als die einzige in ganz Deutschland gelesene radikaldemokratische Tageszeitung etablierte,[34] lag aber – anders als es das *Manifest* zunächst vermuten lässt – nicht auf Berichten über die Lage und Kämpfe des Proletariats. In der *Zeitung des Arbeiter-Vereines zu Köln* hieß es wegen der Verständnisschwierigkeiten, die die Texte den Arbeitern bereiteten, sogar: »Die Neue Rheinische Zeitung braucht einen Dolmetscher.«[35]

Das Hauptaugenmerk der Redaktion lag neben Berichten zu Aufständen und nationalen Befreiungsbewegungen in ganz Europa auf Nachrichten zur Entwicklung der politischen Verhältnisse zwischen König, Regierung, Armee und Parlament, die durch eine Teilung der Souveränität zwischen König und Volk höchst umstritten waren.[36] Für Marx war nämlich, wie es am Ende des *Manifests* heißt, die Revolution in Deutschland zunächst einmal keine proletarische, sondern eine bürgerliche Revolution, die aufgrund des historischen Entwicklungstands des deutschen Proletariats »nur das unmittelbare Vorspiel einer proletarischen Revolution sein kann«.[37] Doch die deutsche bürgerliche Revolution von 1848 sollte eine ganz andere Wendung nehmen. Statt zu einer Radikalisierung oder auch nur dem entschiedenen Griff der demokratischen Kräfte nach der Macht im Staate führte sie lediglich zu einem Kompromiss mit der Monarchie.

Die konsolidierte Staatsmacht reagierte auf proletarische und radikaldemokratische Versuche mit Repression. Fast die gesamte Redaktion der *Neuen Rheinischen Zeitung* – jedoch nicht ihr Chefredakteur Marx – war nach der Verhängung des Belagerungszustands in Köln am 26. September 1848 von Verhaftungen bedroht. Die Zeitung musste vorübergehend ihr Erscheinen einstellen und erholte sich auch nach einer Lockerung der Verhältnisse Anfang 1849 nicht mehr von diesem Schlag. Marx wird als Ausländer erst am 4. Mai 1849 aus Hamburg und dann am 11. Mai aus Preußen nach Paris ausgewiesen.[38] Obwohl er sich in Paris unter falschem Namen aufhält, wird der Staatenlose mit seiner Familie schon am 16. August desselben Jahres auch dort endgültig zur Ausreise aufgefordert und siedelt noch vor Ende August nach London über,[39] wohin auch andere Exilanten des *Bundes*[40] ausgereist waren.

Doch Marx hat mit Deutschland und vor allem mit der gescheiterten Revolution noch nicht abgeschlossen. Von London aus führt er gemeinsam mit Engels die *Neue Rheinische Zeitung* mit dem Zusatztitel *Politisch-Ökonomische Revue* als monatliche Zeitschrift in der Hoffnung fort, »ihre allmähliche Verwandlung in eine 14tägige- und Wochenschrift und, je nach den Verhältnissen, wieder in eine tägliche Zeitung«[41] zustande zu bringen. Obwohl dieses Vorhaben innerhalb eines Jahres endgültig scheitert, ist die *Revue* bedeutsam, weil sie vor allem der Analyse der Niederlage der Revolution dient, wobei besonders die Auseinandersetzungen mit Frankreich Bekanntheit erlangt haben, die nach Marx' Tod von Engels als *Klassenkämpfe in Frankreich 1848 bis 1850* erneut veröffentlicht wurden. Hier und in *Der 18te Brumaire des Louis Bonaparte*, einer für die New Yorker Zeitschrift *Die Revolution* von 1852 verfassten, dann aber wegen Finanzierungsschwierigkeiten[42] erst 1869 veröffentlichten Analyse derselben Geschehnisse bis 1851, schreibt Marx die Geschichte des Scheiterns der Revolution, sodass die Emphase der Prognose, die den Rahmen des *Manifests* bildete, in den Hintergrund tritt.

Wo das *Manifest* ein einfaches Bild zeichnet, um Orientierung zu bieten, suchen die Texte, die die Niederlage der Revolution reflektieren, Ordnung in dem Material der geschichtlichen Ereignisse, die scheinbar keiner Entwicklungslogik folgen oder der Logik des *Manifests* geradezu widersprechen. Trotzdem ist für Marx auch in diesen Analysen Geschichte eine Geschichte von Klassenkämpfen. Aber diese Klassenkämpfe folgen keinem einfachen Schema, und auch die Klassen sind keine einheitlich agierenden Blöcke, sondern spalten sich in Interessengruppen, die sich gegenseitig bekämpfen, unterschiedliche Ziele und Strategien verfolgen, Bündnisse miteinander und mit Teilen der anderen Klassen eingehen, jedoch als Klasse nur zusammenkommen, wenn sie in der Stunde der Not ihr gemeinsames Interesse erkennen. Dass diese Geschichte eine Geschichte von Klassenkämpfen ist, heißt also nur, dass in ihr nicht hehre Ideale, Selbstauskünfte der Protagonisten oder historisch vorbestimmte Entwicklungsstufen, sondern Interessen ausschlaggebend sind.

Der methodische Zugang zum Handeln der geschichtlichen Akteure über deren Interessen erweist sich in den Untersuchungen aber als ausgesprochen komplex. Denn die Handelnden sind sich weder über ihre Interessen noch über die Mittel, diese zu erreichen, von vornherein im Klaren. Der berühmte Satz: »*Die Revolutionen sind die Lokomotiven der Geschichte*«[43], gehört in diesen Kontext. Er bezieht sich auf die Erfahrungen – an der Stelle, an der sich das Zitat findet, sind es jene der französischen Bauernklasse – bezüglich der eigenen Interessen, die das Übergewicht der einen oder anderen Klasse oder Fraktion mit sich bringt.

Die Bauern, immerhin die stärkste Wählergruppe, geraten aber immer erst in den Blick, wenn die Republik ihrem Ende entgegengeht, weil die Bauern antirepublikanische Kräfte unterstützen. Und auch das Proletariat, das die Revolution im Februar 1848 eröffnet, erfährt bereits im Juni eine so entscheidende Niederlage, dass es »in den *Hintergrund* der revolutionären Bühne« gerät. »Es versucht sich jedesmal wieder vorzudrängen, sobald die Bewegung einen neuen Anlauf zu nehmen scheint, aber mit immer schwächerem Kraftaufwand und stets geringerem Resultat«[44], wie es im *18ten Brumaire* heißt. Doch mit Blick auf die gewonnenen Erfahrungen glaubt Marx in den *Klassenkämpfen* in der schnellen Niederlage des Proletariats auch durchaus Positives zu erkennen. Die bürgerliche Republik sei so von Anfang an gezwungen gewesen, »in ihrer reinen Gestalt herauszutreten als der Staat, dessen eingestandener Zweck ist, die Herrschaft des Kapitals, die Sklaverei der Arbeit zu verewigen«.[45] Durch die Niederlage des Proletariats würden zudem die ihm nächsten unteren Klassen, die durch Hypotheken auf ihr Land bedrohten Bauern und das durch Schulden erdrückte Kleinbürgertum, in ihren Auseinandersetzungen mit der Bourgeoisie auf die Seite des Proletariats gedrängt. Und schließlich sei der Konflikt zugleich zu einem europäischen geworden, weil durch den Sieg der reaktionären Kräfte auch die nationalen Unabhängigkeitsbestrebungen geschwächt worden seien. »Erst durch die Juniniederlage also wurden alle Bedingungen geschaffen, innerhalb deren Frankreich die *Initiative* der europäischen Revolution ergreifen kann. Erst in das Blut der *Juniinsurgenten* getaucht, wurde die Trikolore zur Fahne der europäischen Revolution – zur *roten Fahne*!«[46]

In den Texten werden nun die so gerahmten Ereignisse zur Vorgeschichte der sozialen Revolution, das heißt zur Geschichte des Scheiterns der demokratischen Revolution, die die bürgerliche Republik zum Ziel hat. In dieser Vorgeschichte erlebt das Proletariat das Scheitern seiner Verbündeten, und diese erleben das Scheitern ihrer freiheitlichen und sozialen Ideale. Denn die demokratische Revolution steht für Marx vor einem grundlegenden Problem. Die politischen Freiheiten, die sie erkämpft, bedrohen die Herrschaft der Bourgeoisie, die sie errichten soll. »Die Klassen, deren gesellschaftliche Sklaverei sie verewigen soll, Proletariat, Bauern, Kleinbürger, setzt sie durch das allgemeine Stimmrecht in den Besitz der politischen Macht. Und der Klasse, deren alte gesellschaftliche Macht sie sanktioniert, der Bourgeoisie, entzieht sie die politischen Garantien dieser Macht. [...] Von den einen verlangt sie, daß sie von der politischen Emanzipation nicht zur sozialen fort-, von den anderen, daß sie von der sozialen Restauration nicht zur politischen zurückgehen.«[47]

Dieser Konflikt spaltet gemäß der Marx'schen Beobachtung nun aber auch die Bourgeoisie, deren innere Auseinandersetzungen sich im Gegensatz von Legislative und Exekutive, aber auch in verschiedenen politischen Programmen offenbaren. In den

Jahren, die auf 1848 folgen, erweist sich so unter der Drohung der sozialen Revolution die Exekutive, die Ruhe, Ordnung und Sicherheit zu garantieren verspricht, als die Gewinnerin der Situation. Zu ihren Gunsten verzichtete am Ende sogar die Bourgeoisie auf ihre konstitutionellen politischen Rechte. »Die parlamentarische Republik [...] sah sich in ihrem Kampfe wider die Revolution gezwungen, mit den Repressivmaßregeln die Mittel und die Zentralisation der Regierungsgewalt zu verstärken. Alle Umwälzungen vervollkommneten diese Maschine statt sie zu brechen. Die Parteien, die abwechselnd um die Herrschaft rangen, betrachteten die Besitznahme dieses ungeheueren Staatsgebäudes als die Hauptbeute des Siegers.«[48] Aber wie der Aufstieg Louis Bonapartes vom Präsidenten zum Kaiser Napoleon III. zeigt: »Die Staatsmaschine hat sich der bürgerlichen Gesellschaft gegenüber so befestigt, daß an ihrer Spitze der Chef der Gesellschaft [...] genügt, ein aus der Fremde herbeigelaufener Glücksritter«[49].

Für Marx ist das nicht das Ende der Geschichte, denn nun muss der Diktator die Widersprüche der Klassen ausgleichen. »Aber er kann keiner geben, ohne der andern zu nehmen.«[50] Das erneute Aufleben der Revolution ist daher für Marx nur eine Frage der Zeit. Durch die Erfahrungen von 1848 ff. hat sich jedoch sein Revolutionsbild gewandelt. Das idealisierte Bild der bürgerlichen Revolution kann nicht mehr als heroische Blaupause dienen. Überhaupt gibt es kein historisches Vorbild für die bevorstehende soziale Revolution, denn historische Vorbilder verschleiern notwendigerweise den Inhalt der Revolution. Das kam den bürgerlichen Revolutionen, die sich an antiken oder biblischen Vorbildern orientierten, entgegen, weil – so Marx – in ihnen die Fiktion der Einheit des Volkes dazu dienen musste, im Kampf gegen das Ancien Régime die heraufdämmernden neuen Widersprüche unter den Revolutionären zu überdecken.

Die »soziale Revolution des neunzehnten Jahrhunderts« müsse sich dagegen über die Ziele und Interessen, die sich in ihr verwirklichen sollen, vollkommen klar werden, bevor sie erfolgreich sein kann. Sie »kann ihre Poesie nicht aus der Vergangenheit schöpfen, sondern nur aus der Zukunft. Sie kann nicht mit sich selbst beginnen, bevor sie allen Aberglauben an die Vergangenheit abgestreift hat.«[51]

Nun ist diese Transparenz der Ziele und Interessen keineswegs gegeben. Marx konzipiert die soziale, auch proletarische genannte Revolution deshalb nicht als einmaligen Aufstand oder als Umsturz, der rasch Erfolge bringt. Die Niederlage der Revolution reflektierend, entwickelt er stattdessen ein neues Revolutionsmodell: »Proletarische Revolutionen [...] kritisieren beständig sich selbst, unterbrechen sich fortwährend in ihrem eignen Lauf, kommen auf das scheinbar Vollbrachte zurück, um es wieder von neuem anzufangen, verhöhnen grausam-gründlich die Halbheiten, Schwächen und Erbärmlichkeiten ihrer ersten Versuche, scheinen ihren Gegner nur niederzuwerfen, damit er neue Kräfte aus der Erde sauge und sich riesenhafter ihnen gegenüber wieder aufrichte, schrecken stets von neuem zurück vor der unbestimmten Ungeheuerlichkeit ihrer eignen Zwecke, bis die Situation geschaffen ist, die jede Umkehr unmöglich macht, und die Verhältnisse selbst rufen: Hic Rhodus, hic salta! Hier ist die Rose, hier tanze!«[52]

8. Geschichte: Struktur und Krise

Hegel baut seine Geschichtsphilosophie und seine Theorie der Freiheit auf den grundlegenden Ausgangsbefund, dass die Menschen ihre Geschichte selbst machen. Es mag ihnen zunächst nicht bewusst sein, aber die Erkenntnis, dass sie die Geschichte nur selbst machen können, ist für Hegel einer der entscheidenden Motoren der Geschichte im modernen Sinn, der ein Handeln meint, das bewusst auf die Veränderung der Gesellschaft zielt. Marx kommt am Ende seiner Reflexion der Niederlage der Revolution von 1848, im ersten Abschnitt des *18ten Brumaire*, auf diese Einsicht, die für Hegel so fundamental ist, zurück, um die Probleme der geschichtlichen Verwirklichung des Ideals in sie einzuschreiben: »Die Menschen machen ihre eigene Geschichte, aber sie machen sie nicht aus freien Stücken, nicht unter selbstgewählten, sondern unter unmittelbar vorgefundenen, gegebenen und überlieferten Umständen. Die Tradition aller toten Geschlechter lastet wie ein Alp auf dem Gehirne der Lebenden.«[1]

Auch wenn der unmittelbare Kontext, in dem sich dieses Zitat findet, auf die Notwendigkeit zuläuft, die soziale Revolution nicht als Wiederholung einer längst vergangenen Geschichte zu inszenieren, sondern sich über die Bedingungen und Ziele der Befreiung klar zu werden, muss das damit aufgerissene Problem genereller verstanden werden. Es ist nicht nur ein Mangel an Fantasie, der durch Rückgriffe auf Traditionen überspielt wird. Die »unmittelbar vorgefundenen, gegebenen und überlieferten

Umstände« sind ganz im Sinne der wirklichen Bedingungen der Produktion des individuellen und gesellschaftlichen Lebens zu deuten, die Marx immer so demonstrativ betonte. Die Geschichte wird also auch unter den konkreten Bedingungen dieser Produktion gemacht.

Im »Vorwort« der im Juni 1859 veröffentlichten Schrift *Zur Kritik der Politischen Ökonomie* wird Marx diese Zusammenhänge abgekürzt und stark zugespitzt als Summe seiner Überlegungen seit 1845 darstellen. Dieser kurze Text hat das Verständnis der Marx'schen Auffassung von Geschichte und Gesellschaft stärker geprägt als irgendein anderer. Und er hat zu Deutungen Anlass gegeben, die den Satz, dass die Menschen ihre Geschichte selbst machen, nicht erläutern oder komplizieren, sondern geradewegs dementieren. Das legt den Schluss nahe, es hätte sich in den sieben Jahren zwischen dem *18ten Brumaire* und diesem berühmten »Vorwort« ein radikaler Wandel der Marx'schen Geschichtsauffassung ereignet. Doch gegen einen solchen Wandel sprechen die Texte, die in dieser Periode entstanden.

Weitgehend unbeachtet ist bis heute geblieben, dass Marx im Jahrzehnt von 1852 bis 1862 ein intensives Studium der europäischen und weltweiten Geschichte betrieb, das kein Anzeichen eines vereinfachten, stark schematischen Geschichtsbilds erkennen lässt, wie es aus dem »Vorwort« immer wieder herausgelesen wurde. Marx war in der Zeit von 1852 bis 1862 Londoner Korrespondent der weltweit einflussreichen Zeitungsgruppe *New-York Tribune* mit einer Gesamtauflage von zeitweise 200 000 und mehr Exemplaren, die unter anderem von Abraham Lincoln gelesen und in Debatten des britischen Unterhauses zitiert wurde.[2] Für ihn war dabei immer noch kennzeichnend, was Arnold Ruge in den Pariser Jahren an Ludwig Feuerbach geschrieben hatte: Marx ist »eine eigene Natur, die ganz zum Gelehrten und Schriftsteller geeignet, aber zum Journalisten vollständig verdorben ist. Er liest sehr viel; er arbeitet mit ungemeiner Intensivität und hat ein kritisches Talent, das bisweilen in Übermuth ausartende Dialektik wird, aber er vollendet nichts, er bricht überall ab und stürzt sich immer von neuem in ein endloses Büchermeer.«[3] Zwar stellte Marx (vor allem anfangs von Engels tatkräftig unterstützt) in den 1850er Jahren die zumeist anonym veröffentlichten Leitartikel und Beiträge für die *Tribune* und zahlreiche andere Zeitungen fertig – schon weil er mit dem zunächst einen, dann zwei dafür gezahlten Pfund Sterling pro Artikel[4] seinen kärglichen Lebensunterhalt fristen musste –, aber im Büchermeer versinkt er immer noch, wie die Exzerptbände aus jenen Jahren beweisen.[5] Doch »gerade sein scheinbar fanatischer Perfektionismus, sein Niezufriedensein mit den eigenen Manuskripten und seine Fluchten in immer neue Wissensgebiete erhöhten bereits für die Zeitgenossen seine Anziehungskraft«[6], bemerkt dazu Jürgen Herres. In diesem Sinne war Marx ein ausgesprochen erfolgreicher, wenn auch kein reicher Journalist.

Marx berichtete für die *Tribune* über ganz Europa, aber auch über die Kolonialkriege und Aufstände in China und Indien sowie über Russland. Grundlage seiner Artikel waren die in London verfügbaren Nachrichten. Marx reiste also nicht als Reporter zu den Schauplätzen der Ereignisse, von denen er berichtete. Stattdessen las und exzerpierte er historische Darstellungen zur Einordnung und Bewertung der in London eintreffenden Meldungen aus Europa und der Welt, wobei er sich besonders für die Sozialstrukturen und ihre Entwicklung sowie für die verschiedenen Eigentumssysteme interessiert und die reine Militärberichterstattung mit Vorliebe ganz an Engels abgibt. Doch seine umfangreichen Studien bleiben – bis heute nur teilweise veröffentlicht – für lange Zeit ein Eisberg, dessen sichtbarer Teil in Form von identifizierten Artikeln noch dazu vom Schnee der damals aktuellen Meldungen und Entwicklungen bedeckt ist.

Als Marx im Jahre 1857 zum ersten Mal beginnt, seine ökonomischen Studien in ein großes Manuskript zusammenzufassen, um ein entsprechendes Buch vorzubereiten, geschieht das nicht unbeeinflusst von seinen historischen Studien. Allerdings ergibt sich hier sogleich ein Problem, denn die Politische Ökonomie, mit der sich Marx befasst, ist selbst keine historische Wissenschaft. In ihr geht es um das systematische Funktionieren einer ökonomischen Struktur. Zwar sind auch die Prozesse in einer solchen Struktur zeitlich gegliedert, aber sie haben aus dieser Perspektive keine Geschichte. So wie der Kreislauf des biologischen Lebens zwar aus Prozessen des Werdens und Vergehens besteht, aber die Artformen, die solche Prozesse beschreiben, zunächst als stabile, die zeitlichen Abläufe zusammenfassende Gegenstände des Wissens erscheinen, so besteht auch die Ökonomie aus Anbau-, Produktions- und Verteilungszyklen, die aber in einer beständigen Struktur zusammenspielen. Für Marx geht es nun darum, die Analyse dieser Strukturen, zu der sich die Notwendigkeit in der Auseinandersetzung mit Proudhon ergeben hatte, mit der geschichtlichen Dynamik seines Interesses an einer anderen Gesellschaft, an einer anderen ökonomischen Struktur zusammenzubringen.

Marx legt dar, dass das Problem der Ungeschichtlichkeit nicht nur methodisch in der Politischen Ökonomie angelegt ist, sondern tatsächlich ihrem Gegenstand entspringt: »Die Bedingungen und Voraussetzungen des *Werdens*, des *Entstehns* des Kapitals unterstellen eben, daß es noch nicht ist, sondern erst *wird*; sie verschwinden also mit dem wirklichen Kapital, mit dem Kapital, das selbst, von seiner Wirklichkeit ausgehend, die Bedingungen seiner Verwirklichung setzt. [...] Es geht nicht mehr von Voraussetzungen aus, um zu werden, sondern ist selbst vorausgesetzt und, von sich ausgehend, schafft [es] die Voraussetzungen seiner Erhaltung und [seines] Wachstums selbst.«[7] Doch zugleich ist es

Marx wichtig zu betonen, dass diese Ungeschichtlichkeit selbst geschichtlich erzeugt worden ist. Einer der wesentlichen Kritikpunkte an der Politischen Ökonomie ist daher, dass sie die innere Ungeschichtlichkeit ihres Gegenstandes mit der Gültigkeit ihrer Theoreme für alle historischen Epochen verwechselt. Die Ungeschichtlichkeit aller funktionsfähigen, das heißt sich selbst erhaltenden ökonomischen Systeme ist eine je gewordene. »Andrerseits«, schreibt Marx deshalb, »was viel wichtiger für uns ist, zeigt unsre Methode die Punkte, wo die historische Betrachtung hereintreten muß oder wo die bürgerliche Ökonomie als bloß historische Gestalt des Produktionsprozesses über sich hinausweist«[8]. Dieses Über-sich-Hinausweisen versteht Marx einmal im Sinne des Blicks zurück auf die Entstehungsbedingungen des Kapitalismus, zum anderen aber auch in Hinsicht auf den Vorschein einer nachkapitalistischen Gesellschaft.

Die Kritik der Politischen Ökonomie blickt folglich in zweierlei Weise auf die Geschichte. Sie erkennt in den historischen Epochen Voraussetzungen der ökonomischen Gegenwart und sie sieht in ihr alternative – in der Regel nicht bessere, aber durchaus unabhängige – Weisen der Vergesellschaftung.

Mit der ersten Blickrichtung ist die Gegenwart der »Schlüssel für das Verständnis der Vergangenheit«[9]. »Keineswegs aber«, wie Marx in einer methodischen »Einleitung« zu seinem Vorhaben einer methodischen Kritik der Politischen Ökonomie aus jener Zeit hinzufügt, »in der Art der Ökonomen, die alle historischen Unterschiede verwischen und in allen Gesellschaftsformen die bürgerlichen sehen.«[10] Doch selbst wenn derartige methodische Kurzschlüsse vermieden werden, ergibt sich aus dieser Perspektive leicht eine Auffassung der Geschichte als Höherentwicklung, die vergessen lässt, dass hier das historische Material auf einen schon bekannten Endzustand hin geordnet und bewertet wurde. »Die bürgerliche Gesellschaft ist die entwickeltste und mannigfaltigste historische Organisation der Produktion«[11], schreibt Marx entsprechend. In ihr ist damit entfaltet, worauf die ökonomischen Formen der anderen Gesellschaften nur hindeuten, und nur deshalb können diese mithilfe jener verstanden werden – ganz so wie sich die organischen Ausprägungen in niederen mithilfe der höheren Tierarten deuten lassen sollen. »Die Anatomie des Menschen ist ein Schlüssel zur Anatomie des Affen. Die Andeutungen auf Höhres in den untergeordnetren Tierarten können dagegen nur verstanden werden, wenn das Höhere selbst schon bekannt ist.«[12]

Wird ein solches Entwicklungsschema nicht als bloße Rekonstruktion eines historischen Gewordenseins, sondern als notwendiger Entwicklungsgang verstanden, offenbart sich seine ganze Problematik. Denn nun scheint es so, als ob verschiedene historische Epochen über die Welt verteilt in einer einzigen Zeit koexistieren könnten. Die westlichen Länder sind auf dem historischen Zeitstrahl bereits am weitesten vorangeschritten, während andere Regionen sich erst in einer Art Mittelalter oder sogar noch in der vorgeschichtlichen Zeit befinden – »auf der Ebene der Geschichte insgesamt wird so die Gegenwart bestimmter Völker zur Zukunft von anderen Völkern«[13], analysiert Peter Osborne dieses Geschichtsverständnis. Den Menschen, deren Zukunft so schon existiert, wird damit aber die Möglichkeit genommen, ihre Geschichte selbst zu machen. Sie können die bereits feststehende Entwicklungslogik höchstens schneller oder langsamer nachvollziehen.

Die in einer solchen geografischen Verteilung verschiedener Entwicklungsstufen einer einheitlichen Geschichte enthaltene Prognose zukünftiger geschichtlicher Verläufe ist etwas vollkommen anderes als die Rekonstruktion einer geschichtlichen Entwicklung, die bereits stattgefunden hat. Sie setzt schlicht voraus, dass es nur einen einzigen geschichtlichen Entwicklungspfad geben kann. In der Geschichte des Marxismus hat die Unmöglichkeit der Wiederholung der westeuropäischen Entwicklung in anderen Erdteilen in der zweiten Hälfte des 20. Jahrhunderts zur Entstehung der Theorien des Postkolonialismus geführt, die eigene Perspektiven der Befreiung für die Länder des globalen Südens suchen.[14] Ausgehend von diesen Interventionen ist auch das Interesse an jenen Stellen im Marx'schen Werk erstarkt, die eine andere »wahrhaft multilineare Geschichtstheorie« nahelegen.[15]

In den sogenannten *Grundrissen der Kritik der politischen Ökonomie*, jenem ersten großen ökonomietheoretischen Manuskript aus dem Jahr 1857/58, sind solche geschichtlichen Betrachtungen vor allem in einem Abschnitt zu finden, der die Eigentums- und die damit korrespondierenden Vergesellschaftungsformen jenseits des Kapitalismus diskutiert. Da gibt es zum einen jene Gesellschaften, in denen der Boden als Voraussetzung jeder Produktion dem Gemeinwesen gehört und die Einzelnen bloß in ihrer Eigenschaft als Mitglieder der Gesellschaft produzieren. Die gesellschaftlichen Regeln und Bedingungen für das Produzieren erscheinen dabei als seine »natürlichen oder *göttlichen* Voraussetzungen«[16]. Diese nur grob beschriebene Form differenziert sich historisch ganz verschieden aus. Sie umfasst nomadische Gesellschaften, das, was Marx als »orientalischen Despotismus«[17] bezeichnet, aber auch slawische Gemeinwesen oder vorkolumbianische Gesellschaften Lateinamerikas.

Eine zweite Form des Eigentums, die Marx beschreibt, ist die »klassisch antike« – »hier ist der Boden okkupiert von der Gemeinde, römischer Boden: ein Teil bleibt der Gemeinde als solcher im Unterschied von den Gemeindegliedern [...]; der andre Teil wird verteilt und jede Parzelle des Bodens ist dadurch römisch, daß sie das Privateigentum, die Domäne eines Römers, sein ihm gehöriger Anteil an dem Laboratorium ist; er ist aber auch nur Römer, insofern er dies souveräne Recht über seinen

Teil der römischen Erde besitzt.«[18] Das Zentrum dieser Eigentumsform ist die Stadt als Zusammenschluss ihrer Mitglieder. Sie bildet das dauerhaft bestehende Gemeinwesen. Sie zu schützen, sind alle ihre Mitglieder verpflichtet. Und darin unterscheidet sie sich von der dritten Form, die Marx die »germanische« nennt. »Das Eigentum des einzelnen erscheint [in seiner germanischen Form] nicht vermittelt durch die Gemeinde, sondern das Dasein der Gemeinde und des Gemeindeeigentums als vermittelt, d. h. als Beziehung der selbständigen Subjekte aufeinander.«[19] Doch auch in dieser Form, in der die einzelnen Haushalte die größte Unabhängigkeit von der Gesellschaft haben, gilt: »Das Verhalten zur Erde als Eigentum ist immer vermittelt durch die Okkupation, friedliche oder gewaltsame, von Grund und Boden durch den Stamm, die Gemeinde in irgendeiner mehr oder minder naturwüchsigen oder schon historisch entwickeltern Form. Das Individuum kann hier nie in der Punktualität auftreten, in der es als bloßer freier Arbeiter erscheint. [...] Seine Beziehung zu den objektiven Bedingungen der Arbeit ist vermittelt durch sein Dasein als Gemeindeglied; andrerseits ist das wirkliche Dasein der Gemeinde bestimmt durch die bestimmte Form seines Eigentums an den objektiven Bedingungen der Arbeit.«[20]

Doch so sehr Marx diese Formen als selbständige Grundformen der Vermittlung von Individuum und Gesellschaft anerkennt, die jeweils eigene regionale und historische Entwicklungen aufweisen, verwirft er sie doch alle als Modelle für eine postkapitalistische Gesellschaft. Der Grund dafür liegt in dem, was diese Gesellschaften stabil macht. »Am zähsten und längsten hält sich notwendig die asiatische Form. Es liegt dies in ihrer Voraussetzung; daß der einzelne nicht der Gemeinde gegenüber selbständig wird«[21]. Die Stabilität kollidiert hier – aber auch in den anderen genannten Formen – also mit der Verwirklichung der Freiheit ebenso wie mit dem damit verbundenen

Ziel der umfassenden Entfaltung menschlicher Potenziale. »Die Individuen können groß erscheinen. Aber an freie und volle Entwicklung, weder des Individuums, noch der Gesellschaft nicht hier zu denken, da solche Entwicklung mit dem ursprünglichen Verhältnis im Widerspruch steht.«[22]

Selbst hier, wo Marx die Vielfalt der gesellschaftlichen Grundformen diskutiert und ihre reichhaltige geschichtliche Ausdifferenzierung anerkennt, bewahrt er sich von der Hegel'schen Fortschrittsgeschichte also immer noch ein geschichtliches Ziel, nach dem er die einzelnen Gesellschaftsformen beurteilen kann: die volle Entwicklung des Individuums und der Gesellschaft. Dieses Ziel erscheint nun aber nicht mehr als Fixpunkt, auf den eine ebenso unaufhaltsame wie klar strukturierte Bewegung gerichtet ist, sondern als ein Ziel, das sich denjenigen stellt, die Freiheit und damit die Entfaltung der menschlichen Potenziale verwirklichen wollen. Die Mängel des Kapitalismus zu überwinden kann daher nicht bedeuten, in einen Zustand der Despotie oder in die »germanische Freiheit« zu verfallen, sondern muss die in der bürgerlichen Gesellschaft gewonnenen Freiheits- und Entwicklungspotenziale überbieten. Die Formen, in denen diese Potenziale in der bürgerlichen Gesellschaft schon realisiert sind, sind nun gerade die vorgefundenen Bedingungen, unter denen die Menschen heute ihre Geschichte, das heißt: die soziale oder proletarische Revolution, die sich mühsam aus diesen Formen herausarbeiten soll, selbst machen müssen.

Die *Grundrisse*, die neben den Überlegungen zu den historischen Formen des Eigentums hauptsächlich seine bürgerliche Seinsweise: das Kapital als Geld und in seinem Verhältnis zur Arbeit, als Quelle von Zins und Profit sowie den Prozess seiner Reproduktion und Verwandlung in mehr Kapital, analysieren, erschienen Marx im März 1858 als hinreichende Grundlage für die schon so lange geplante Veröffentlichung seiner ökonomischen Hauptschrift. Er schloss dazu einen Vertrag mit dem Berliner Verleger Franz Duncker, der vorsah, dass *Zur Kritik der Politischen Ökonomie* in einzelnen Heften als Fortsetzung erscheinen sollte. Zur Veröffentlichung gelangte dann aber nur das erste dieser vereinbarten Hefte im Jahre 1859. Marx hatte zuvor die vereinbarten Abgabetermine seit Mai 1858 bis in den Januar hinein verstreichen lassen. Das schließlich abgeschickte Manuskript war dreimal so dick wie vereinbart und enthielt »obgleich sein Titel: ›Das Kapital im allgemeinen‹ [...] noch *nichts* vom Kapital, sondern nur die zwei Kapitel: 1. *Ware*, 2. *Geld oder die einfache Zirkulation.*«[23] Anschließend war Marx mit seinem Verleger äußerst unzufrieden, der zunächst rund ein halbes Jahr brauchte, um das Werk zu veröffentlichen und das dringend benötigte Honorar zu zahlen, und nach der Publikation das Buch auch nur unzureichend bewarb. Trotzdem plante Marx zumindest das zweite Heft noch im selben Verlag zu veröffentlichen, um so wenigstens den durch die ersten beiden Kapitel vorbereiteten Abschnitt über das Kapital im vorgesehenen Zusammenhang publizieren zu können, geriet dann aber in eine ganz anders geartete langwierige öffentliche Auseinandersetzung mit Carl Vogt über beider jeweilige Rolle in der revolutionären Bewegung seit 1848,[24] die das Unternehmen so lange aufschob, dass Marx selbst danach ein Neuanfang sinnvoller erschien.

Das erschienene Heft machte aber ohnehin auf eine ganz andere Weise Furore, als es Marx, der darin vor allem eine Abrechnung mit Proudhon sah,[25] geplant hatte. So heißt es in einem Brief von Jenny Marx an Friedrich Engels, es sei in Deutschland einer Verschwörung des Schweigens zum Opfer gefallen, »die nur unterbrochen wurde durch ein paar elende belletristische Feuilletonartikel, die sich nur auf die Vorrede und nicht auf den Inhalt des Buchs bezogen«[26].

Allerdings hat es dieses schon erwähnte »Vorwort« von nur reichlich vier Seiten auch tatsächlich in sich. In ihm stellt Marx die ökonomischen Überlegungen des Buches in den Zusammenhang seines Denkens seit den ersten Auseinandersetzungen mit Hegel. Er wiederholt hier seine Thesen, »daß Rechtsverhältnisse wie Staatsformen weder aus sich selbst zu begreifen sind noch aus der sogenannten allgemeinen Entwicklung des menschlichen Geistes, sondern vielmehr in den materiellen Lebensverhältnissen wurzeln«[27] und dass es »nicht das Bewusstsein der Menschen [ist], das ihr Sein, sondern umgekehrt ihr gesellschaftliches Sein, das ihr Bewußtsein bestimmt«[28]. Doch eingebunden sind diese Thesen nun in ein Schema, das die materiellen Bedingungen und Formen des Produzierens zu den gesellschaftlichen Formen in Beziehung setzt, in denen die Menschen einander begegnen und ihre Verhältnisse erfassen. »In der gesellschaftlichen Produktion ihres Lebens gehen die Menschen bestimmte, notwendige, von ihrem Willen unabhängige Verhältnisse ein, Produktionsverhältnisse, die einer bestimmten Entwicklungsstufe ihrer materiellen Produktivkräfte entsprechen. Die Gesamtheit dieser Produktionsverhältnisse bildet die ökonomische Struktur der Gesellschaft, die reale Basis, worauf sich ein juristischer und politischer Überbau erhebt, und welcher bestimmte gesellschaftliche Bewußtseinsformen entsprechen. Die Produktionsweise des materiellen Lebens bedingt den sozialen, politischen und geistigen Lebensprozeß überhaupt.«[29]

Das hier scheinbar nahegelegte Ableitungsverhältnis, dem zufolge die Basis den Überbau bestimmt, der vollkommen von ihr abhängig ist, ist der Ankerpunkt jener Interpretationen des Marx'schen Geschichtsverständnisses, die im Widerspruch zu der Auffassung stehen, dass die Menschen ihre Geschichte überhaupt in irgendeinem Sinne selbst machen. Diese klare Unterscheidung von Basis und Überbau verwirrt sich aber schon auf der nächsten Seite, wo von den »Produktionsverhältnissen oder, was nur ein juristischer Ausdruck dafür ist, [...] den Eigentumsverhältnissen«[30] die Rede ist. Die Eigentumsverhältnisse gehören folglich zur Basis, insofern sie Produktionsverhältnisse sind, und zum Überbau, insofern es sich bei ihnen um einen juristischen Ausdruck dieser Verhältnisse handelt. Marx selbst interessiert sich aber gar nicht für die Feinheiten solcher Bedingungs- und Einwirkungsverhältnisse. Für ihn ist eine geschichtstheoretische Implikation der Trennung von Basis und Überbau viel wichtiger. Das Funktionieren der gesellschaftlichen Reproduktion erfordert, dass Produktivkräfte und juristische Verhältnisse weitgehend miteinander harmonieren, sodass sie tatsächlich ein einheitliches Produktionsverhältnis ausmachen.

Für die geschichtliche Dynamik ist entscheidend, dass die Produktivkräfte und Produktionsverhältnisse auch in Spannung zueinander oder gar in Widerspruch miteinander geraten können. Diese Widersprüche seien es, aus denen heraus soziale Umwälzungen allein verstanden werden könnten. »Sowenig man das, was ein Individuum ist, nach dem beurteilt, was es sich selbst dünkt, ebensowenig kann man eine solche Umwälzungsepoche aus ihrem Bewußtsein beurteilen, sondern muß vielmehr dies Bewußtsein aus den Widersprüchen des materiellen Lebens, aus dem vorhandenen Konflikt zwischen gesellschaftlichen Produktivkräften und Produktionsverhältnissen erklären.«[31]

Wie schon in den Manuskripten zur *Deutschen Ideologie* ist es allzu leicht, diese Sätze als einen platten Ökonomismus zu interpretieren, der die Geschichte allein aus ökonomischen Veränderungen ableitet. Hieß es im *Elend der Philosophie* an einer Stelle doch sogar wörtlich: »Die Handmühle ergibt eine Gesellschaft mit Feudalherren, die Dampfmühle eine Gesellschaft mit industriellen Kapitalisten.«[32] Dagegen lässt sich dann leicht ins Feld führen, dass historisch die bürgerliche Revolution in England einer Periode einschneidender technologischer Umwälzungen vorausging, statt umgekehrt auf sie zu folgen, was im Übrigen auch viel besser zum im *Kommunistischen Manifest* beschriebenen Zwang der bürgerlichen Verhältnisse passt, »die Produktionsverhältnisse, also sämtliche gesellschaftlichen Verhältnisse fortwährend zu revolutionieren«[33].

Auch hier ist die Marx'sche These also schwächer, als sie zunächst klingt. Nicht jede Produktivkraftentwicklung führt zur Umwälzung der sozialen Verhältnisse. Aber die Entwicklung und Nutzung bestimmter Produktivkräfte ist nicht mit allen gesellschaftlichen Verhältnissen vereinbar.[34] So verlange die Industrialisierung ein Heer an ungebundenen Arbeitskräften, die von persönlichen Herrschaftsverhältnissen ebenso wie von den Regeln und Regulierungen einer Zunftordnung und den Mitteln zur Produktion ihrer Lebensmittel auf eigene Faust frei sind. Eine feudale Ordnung kann ein solches Heer an Arbeitskräften weder hervorbringen noch ertragen. In Übereinstimmung mit der Darstellung der historischen Entwicklung der Bourgeoisie im *Manifest* lautet die These also, dass es die Möglichkeit zur Steigerung der Produktion gewesen ist, die die bürgerliche Klasse die zugleich politischen und ökonomischen Fesseln der feudalen und zünftigen Ordnung spüren und gegen diese rebellieren ließ. Genauso, heißt es später im *Kapital*, wird die Entwicklung der Produktivkräfte im Kapitalismus ein Maß an Konzentration, Zentralisierung und gemeinsamer Koordination der Arbeit erreichen, »wo sie unverträglich werden mit ihrer kapitalistischen Hülle. Sie wird gesprengt. Die Stunde des kapitalistischen Privateigentums schlägt. Die Expropriateurs werden expropriiert.«[35]

Ganz unabhängig davon, dass sich diese letzte Prognose nicht erfüllt hat, weil sie das immanente organisatorische Potenzial des Kapitalismus erheblich unterschätzte, zeigt schon das Beispiel der bürgerlichen Revolutionen, dass hier kein schematisch vorhersagbarer geschichtlicher Automatismus beschrieben wird, sondern eine ausgesprochen starke Motivation für geschichtliche Auseinandersetzungen um eine andere politische Ordnung. Marx' Beharren auf den materiellen Verhältnissen, die eine Revolution gewährleisten muss, offenbart dabei einen entscheidenden Punkt, der den Erfolg bürgerlicher Revolutionen erst möglich machte. In ihnen ging es nicht bloß um politische Fragen, sondern um ein anderes Modell des Produzierens, das in Ansätzen bereits existierte. Die Durchsetzung dieses Modells machte den Bruch mit der herrschenden Ordnung unumgänglich. Hätte diese es in sich integrieren können, wären entscheidende Motivationen für die politische Revolution weggefallen.

Vor diesem Hintergrund wird dann auch der folgende Satz aus dem Vorwort von *Zur Kritik der Politischen Ökonomie* verständlich: »Eine Gesellschaftsformation geht nie unter, bevor alle Produktivkräfte entwickelt sind, für die sie weit genug ist, und neue höhere Produktionsverhältnisse treten nie an die Stelle, bevor die materiellen Existenzbedingungen derselben im Schoß der alten Gesellschaft selbst ausgebrütet worden sind.«[36] Dieser Satz gilt für den Übergang vom Feudalismus zum Kapitalismus, und er beansprucht auch Gültigkeit für die kommende Revolution, weil die weitere Entwicklung der Produktivkräfte im Kapitalismus bereits den Übergang zu einer bewusst gesellschaftlichen Produktionsweise nahelege.

Doch so entgegenkommend man die Marx'schen Ansätze einer Geschichte der Klassenkämpfe und einer aus dem Widerspruch von Produktivkräften und Produktionsverhältnissen hervorgehenden geschichtlichen Dynamik auch lesen mag, zwischen beiden bleibt eine unauflösliche Spannung bestehen. Die eine setzt auf die Motivation der ausgestoßenen Klasse, die Herrschaft der Bourgeoisie zu stürzen, die andere sieht die Motivation zum Umsturz aus ökonomischen Entwicklungspotenzialen hervorgehen, die der Kapitalismus nicht nutzen kann. Für Marx ist die Differenz zwischen beiden Perspektiven kein Problem, weil er glaubt, dass beide Dynamiken bereits in seiner Zeit auf den Punkt zusteuern, der die Revolution ausbrechen lässt. Die Frage, ob die Produktivkraftentwicklung bereits hinreichend sei oder das Elend noch groß genug, stellt sich so für Marx nicht. Beide Dynamiken tragen für ihn zum selben Ergebnis bei, statt miteinander im Widerspruch zu stehen.

9. Gegen den Staat: Die »ursprüngliche Akkumulation« und die Kommune

Die Feststellung: »Die Geschichte aller bisherigen Gesellschaft ist die Geschichte von Klassenkämpfen«, und der Grundsatz, dass das Bewusstsein einer Umwälzungsepoche »aus dem vorhandenen Konflikt zwischen gesellschaftlichen Produktivkräften und Produktionsverhältnissen« erklärt werden muss, sind die zwei Innovationen, die Marx in die Theorie der Geschichte eingeführt hat. Mit ihnen identifiziert er Subjekte und Kräfte, die die Geschichte bewegen. Die Klassen und die ökonomischen Widersprüche treten in dieser Geschichtstheorie an die Stelle der traditionell dafür verantwortlich gemachten Herrscher, seien sie Heerführer oder Gesetzgeber, aber auch an die Stelle der vulgärhegelianisch verstandenen Idee, die bereits eine Modernisierung des traditionellen Geschichtsbildes darstellte.

Mit den Königen und historischen Heroen gerät aber auch der Staat aus dem Blick, der in der bürgerlichen Ordnung als eigenständiger Akteur eine neue Rolle zu spielen begonnen hat. Die grundsätzliche Negation des Staates findet sich, wie wir schon sahen, bei Marx bereits in der 1843 geschriebenen *Kritik des Hegelschen Staatsrechts*: »Als wäre nicht das Volk der wirkliche Staat. Der Staat ist ein Abstraktum. Das Volk allein ist das Konkretum.«[1] Dass Marx sich selbst von solchen theoretischen Vorentscheidungen nicht abhängig macht, hat sich ebenfalls schon gezeigt. So endet der *18te Brumaire* mit der Beschreibung des Staates als Maschine, die in den Auseinandersetzungen der Klassen und Fraktionen eine eigenständige Rolle gewinnt.

Wie eng die Entwicklung der kapitalistischen Ökonomie historisch an staatliches Handeln gebunden war, wird sich im Marx'schen Werk erst zeigen, wenn sein Autor selbst auf den geschichtlichen Prozess ihrer Herausbildung zurückkommt. In den *Grundrissen* stellt Marx das Problem der historischen Voraussetzungen der kapitalistischen Produktionsweise bloß, denn es sei »nicht nötig, um die Gesetze der bürgerlichen Ökonomie zu entwickeln, die *wirkliche Geschichte der Produktionsverhältnisse* zu schreiben«[2]. Wichtig sei nur zu sehen, dass es historische Besonderheiten des Kapitalismus gebe, die nicht aus dieser Produktionsweise selbst erklärt werden können. Daraus folge nämlich, dass es die bürgerlichen Formen der Ökonomie nicht schon immer – mehr oder minder von politischen Einflussnahmen überdeckt – gegeben hat und dass es sie daher auch nicht immer geben muss.

Das historisch Besondere am Kapital sei nun, dass es sich durch den Ankauf freier Lohnarbeit reproduziert und vermehrt, sodass am Ende auf der Seite des Kapitals die Aneignung jener Mehr- oder Surplusarbeit erfolgt, deren Tauschäquivalente nicht zur Erhaltung der Arbeitskräfte nötig sind, während auf der anderen Seite Arbeitskräfte verbleiben, die nichts zu verkaufen haben als ihre Arbeitskraft, aber auch frei sind, diese Arbeitskraft zu verkaufen.

In den *Grundrissen* schreibt Marx deshalb, es gelte, das Zustandekommen der folgenden vier Umstände zu erklären: »1. auf der einen Seite das Vorhandensein des lebendigen Arbeitsvermögens als bloß *subjektiver* Existenz, getrennt von den Momenten seiner objektiven Wirklichkeit; getrennt daher ebensosehr von den *Bedingungen* der lebendigen Arbeit wie von den *Existenzmitteln*, *Lebensmitteln*, Selbsterhaltungsmitteln des lebendigen *Arbeits-*

vermögens-, die lebendige Möglichkeit der Arbeit auf der einen Seite in dieser völligen Abstraktion; 2. der auf der andren Seite befindliche Wert oder vergegenständlichte Arbeit muß eine Akkumulation von Gebrauchswerten sein, hinreichend groß, um die gegenständlichen Bedingungen zu liefern nicht bloß zur Produktion der Produkte oder Werte, nötig um das lebendige Arbeitsvermögen zu reproduzieren oder zu erhalten, sondern um Surplusarbeit zu absorbieren – das objektive Material für sie herzugeben; 3. freies Austauschverhältnis – Geldzirkulation – zwischen beiden Seiten; auf den Tauschwerten begründete – nicht auf Herrschafts- und Knechtschaftsverhältnis gegründete Beziehung zwischen den Extremen; d. h. also Produktion, die nicht unmittelbar dem Produzenten die Lebensmittel liefert, sondern durch den Austausch vermittelt ist und sich ebensowenig unmittelbar der fremden Arbeit bemächtigen kann, sondern sie vom Arbeiter selbst kaufen muß, eintauschen muß; endlich 4. muß die eine Seite – die die gegenständlichen Bedingungen der Arbeit in Form von selbständigen, für sich seienden Werten darstellt – als *Wert* auftreten und Wertsetzung, Selbstverwertung, Geldschaffen als letzten Zweck betrachten – nicht unmittelbaren Genuß oder Schaffen von Gebrauchswert.«[3]

Den vierten Punkt erläutert Marx dann noch näher, um die kapitalistische Lohnarbeit von früheren Formen der Dienst- und Lohnverhältnisse zu unterscheiden. Der aufgebrachte Lohn ist nämlich nur dann Teil des sich selbst reproduzierenden Kapitals, wenn die aufgebrachte Arbeit – sei es unmittelbar als eine Dienstleistung oder in Form ihres Produkts – nicht vom Käufer einfach konsumiert werden soll, sondern das Produkt als Ware produziert wird. Denn auch schon in früheren Gesellschaftsformen wurden von Herrschern und Herren Dienste und Güter konsumiert, deren Produzenten aus Mitteln erhalten wurden, die sich die Herrscher und Herren als Mehrprodukt zuvor angeeignet hatten. Aber diese »unproduktive«[4] Arbeit dient selbst nicht der Produktion von Mehrwert. Im Kapitalismus, wo es sie auch gibt, ist sie Verbrauch von Kapital im Unterschied zu dessen Reproduktion und Vermehrung.[5]

Die historischen Bedingungen, die geschaffen werden müssen, damit der Kapitalismus sich durchsetzen kann, lassen sich als zwei Pole zusammenfassen. Auf der einen Seite muss die private Verfügungsgewalt über die Mittel zur Produktion und die Erhaltung der Arbeitskräfte hergestellt werden, auf der anderen Seite muss aber das Subjekt der Arbeitskraft in einen arbeitswilligen »freien Arbeiter« verwandelt werden, »frei in dem Doppelsinn, daß er als freie Person über seine Arbeitskraft als seine Ware verfügt, dass er andrerseits andre Waren nicht zu verkaufen hat, los und ledig, frei ist von allen zur Verwirklichung seiner Arbeitskraft nötigen Sachen«[6].

Die Herausbildung dieser beiden Pole, das heißt mit anderen Worten »der historische Scheidungsprozeß von Produzent und Produktionsmittel«[7], ist unter der Überschrift »Die sogenannte ursprüngliche Akkumulation« der Gegenstand des 24. Kapitels im ersten – und einzigen zu Marx' Lebzeiten erschienenen – Band des *Kapitals*. Die in den *Grundrissen* geschilderte Schwierigkeit, dass die Beschreibung der ökonomischen Zusammenhänge und Gesetzmäßigkeiten eine ahistorische Form hat, schlägt sich im *Kapital* insofern nieder, als das 24. Kapitel eine eigenständige, in den Rest der Argumentation lediglich eingeschobene Struktur hat.[8]

Marx beschreibt also in »Die sogenannte ursprüngliche Akkumulation« nicht nur, wie auf der einen Seite die Reichtümer an Produktionsmitteln akkumuliert, sprich: angehäuft wurden, sondern auch, wie auf der anderen Seite eine Klasse doppelt freier Lohnarbeiter erzeugt wurde. Seine Schilderungen beziehen sich dabei auf England seit dem Wechsel vom 15. zum 16. Jahrhundert. Dort habe sich der Prozess nämlich auf einmalig radikale Weise vollzogen. »[D]ieses Land spielt daher notwendigerweise die Hauptrolle in unserer Skizze«, schreibt Marx zur Wahl seines Gegenstands in der französischen Ausgabe. »Aber in allen anderen Ländern Westeuropas vollzieht sich dieselbe Bewegung, auch wenn sich mit der Umgebung die lokale Färbung wandelt, sie sich in einen engeren Kreis zusammenzieht, sie einen weniger stark ausgeprägten Charakter zeigt oder sie sich in einer anderen Reihenfolge vollzieht.«[9]

Die Realgeschichte der Herausbildung der kapitalistischen Ökonomie in England ist dabei für Marx auch deshalb so ergiebig, weil sie im größtmöglichen Kontrast zu jener idyllischen Fabel steht, die in der Politischen Ökonomie seit John Locke gängig war und behauptete, dass einerseits »eine fleißige, intelligente und vor allem sparsame Elite« die Grundlage ihrer ökonomischen Macht mühsam erarbeitet habe, während andererseits »faulenzende, ihr alles und mehr verjubelnde Lumpen« mehr und mehr in die Verlegenheit gerieten, von anderen in der Erhaltung ihres Lebens abhängig zu sein.[10] »In der Tat sind die Methoden der ursprünglichen Akkumulation alles andre, nur nicht idyllisch«[11], leitet Marx den historischen Bericht ein, der vor allem eine Geschichte von Raub, Vertreibung, Mord und Gewalt ist.

Am Beginn der Geschichte steht das »Aufblühn der flandrischen Wollmanufaktur und [das] entsprechende Steigen der Wollpreise. Den alten Feudaladel hatten die großen Feudalkriege verschlungen, der neue war ein Kind seiner Zeit, für welche Geld die Macht aller Mächte. Verwandlung von Ackerland in Schafweide ward also sein Losungswort.«[12] Die Folgen sind verheerend, denn das Land, das zuvor Familien ernährte, ernährt nun bloß noch Schafe, obwohl seine Bewohner nach feudalem Recht einen Anspruch haben, auf ihm und von ihm zu leben. Dieser Anspruch wird durch das feudale Recht der Grundherren eigentlich nicht aufgehoben. Doch die staatlichen Bemühungen seit Heinrich VII., durch Gesetze der Vertreibung Einhalt zu gebieten, werden in den kommenden 150 Jahren den Prozess nicht aufhalten. Befördern werden ihn die Auflösung der Kirchengüter im Zuge der Reformation und die Privatisierung von Staatsgütern während der Glorious Revolution, die stillschweigend auch die Nutzungsrechte der Armen an diesen Gütern aufheben. Die Vertreibung erreicht ihren Höhepunkt, als im 18. Jahrhundert die Gesetzgebung die Seiten wechselt und die Einhegung von Gemeindeland, das heißt seine Privatisierung, ermöglicht. Während an die Stelle der freien Bauern, die das Bild im 15. Jahrhundert prägten, nun »kleinere Pächter auf einjährige Kündigung [traten], eine servile und von der Willkür der Landlords abhängige Rotte, half, neben dem Raub der Staatsdomänen, namentlich der systematisch betriebne Diebstahl des Gemeindeeigentums jene großen Pachten anschwellen [zu lassen], die man im 18. Jahrhundert Kapital-Pachten oder Kaufmanns-Pachten nannte, und das Landvolk als Proletariat für die Industrie ›frei[zu]setzen‹«[13]. Ein großer Teil derer, die doch noch auf dem Land blieben, wurde dann im 19. Jahrhundert gewaltsam in die Städte getrieben. Marx schildert das Beispiel Schottlands, wo jahrhundertealte Formen des Claneigentums brutal aufgelöst wurden.

Hatte die staatliche Gesetzgebung – wenn auch erfolglos – zunächst die Aneignung feudaler Güter noch aufzuhalten versucht, wirkte sie an der grausamen Formung der ausgestoßenen Masse zu einem arbeitswilligen Proletariat von Anfang an mit. Marx zitiert die Gesetze, welche Folterungen, Brandmarkungen, Versklavungen, Verstümmelungen und die Ermordung für alle vorsahen, die, vertrieben vom Land, das ihre Lebensgrundlage gewesen war, nun bettelnd und stehlend umherziehen mussten. Wer von diesen Elenden überhaupt konnte, war also gezwungen, jede Arbeit zu jeder Bedingung anzunehmen. Um diese Abhängigkeit der Arbeitenden zu erhalten, gab es in England bis 1813 strenge Gesetze, die Maximallöhne festlegten und es Arbeitenden bis 1825 bei drakonischer Strafe verboten, sich zusammenzuschließen, um ihre Interessen zu vertreten.

Für die Entstehung des Kapitalismus sind »die gewaltsame Schöpfung vogelfreier Proletarier« und »die blutige Disziplin, welche sie in Lohnarbeiter verwandelt«, die entscheidenden Voraussetzungen.[14] Die eigentlichen Kapitalisten entstehen aber aus einer kleinen Gruppe von Pächtern, die aus dieser Entwicklung ihren Vorteil ziehen können, weil sie noch über lang laufende Pachtverträge von 99 Jahren verfügen. Ihre Pachten bleiben für diese Zeit stabil, während die Preise für die Produkte steigen, und die Vertreibungen liefern ihnen die Arbeitskräfte, die sie benötigen. Aus diesen Pächtern entwickeln sich später die Manufakturherren und dann die industriellen Kapitalisten.

Wie schon der Anfang der Geschichte zeigt, ist aber die historische Entwicklung des Kapitalismus nicht als Geschichte in einem Land zu erzählen. Marx kommt daher auf die bereits im *Manifest* erwähnten äußeren Bedingungen einer steigenden Nachfrage nach Manufaktur- und Industrieprodukten zurück, deren Herausbildungsprozess der inneren Gewaltgeschichte an Brutalität in nichts nachsteht. »Die Entdeckung der Gold- und Silberländer in Amerika, die Ausrottung, Versklavung und Vergrabung der eingebornen Bevölkerung in die Bergwerke, die beginnende Eroberung und Ausplünderung von Ostindien, die Verwandlung von Afrika in ein Geheg zur Handelsjagd auf Schwarzhäute bezeichnen die Morgenröte der kapitalistischen Produktionsära. Diese idyllischen Prozesse sind Hauptmomente der ursprünglichen Akkumulation. [...] Diese Methoden beruhn zum Teil auf brutalster Gewalt, z. B. das Kolonialsystem. Alle aber benutzten die Staatsmacht, die konzentrierte und organisierte Gewalt der Gesellschaft, um den Verwandlungsprozeß der feudalen in die kapitalistische Produktionsweise treibhausmäßig zu fördern und die Übergänge abzukürzen. Die Gewalt ist der Geburtshelfer jeder alten Gesellschaft, die mit einer neuen schwanger geht. Sie selbst ist eine ökonomische Potenz.«[15]

Der Schlussabschnitt des 24. Kapitels beschwört die Einbettung des Kapitalismus in die Geschichte nicht mit Blick auf seine Entstehung, sondern hinsichtlich seines Untergangs. Die historische Enteignung der Produzenten, die den Kapitalismus erst ermöglichte, soll »mit der Notwendigkeit eines Naturprozesses ihre eigne Negation« erzeugen. »Es ist Negation der Negation. Diese stellt nicht das Privateigentum wieder her, wohl aber das individuelle Eigentum auf Grundlage der Errungenschaft der kapitalistischen Ära: der Kooperation und des Gemeinbesitzes der Erde und der durch die Arbeit selbst produzierten Produktionsmittel.«[16]

Der historische Ausblick auf das Ende des Kapitalismus macht also deutlich, dass das Privateigentum in eine kollektive Verfügungsweise, in »Gemeinbesitz« überführt werden soll – auch wenn die Details, was Gemeinbesitz eigentlich meint und wie eine kollektive Verfügungsgewalt aussehen kann, nicht ausgeführt werden. Die Frage, was aus dem Staat werden soll, dessen Gewalt nicht nur die Geburtshelferin der bürgerlichen Gesellschaft gewesen ist, sondern der seine relative Eigenständigkeit nach der Revolution von 1848 schon bewiesen hatte, wird in den ökonomischen Schriften hingegen nicht thematisiert. Zwar sah der Plan, den sich Marx für *Zur Kritik der Politischen Ökonomie* zurechtgelegt hatte, insgesamt sechs Bücher vor, von denen das »Kapital« nur das erste sein sollte und für deren viertes der Titel »Staat« vorgesehen war,[17] aber nicht nur hat Marx diesen Plan nicht verwirklicht, die in den umfangreichen *Londoner Exzerptheften* zur Politischen Ökonomie enthaltenen Stellen zum Staat deuten zudem darauf hin, dass in einem solchen Buch am ehesten der Einfluss des Staates auf die kapitalistische Ökonomie – von der Gesetzgebung über die Interventionen in den internationalen Handel, militärische Auseinandersetzungen und den Aufbau des Kolonialsystems bis zum System der Staatsverschuldung, dem Zentralbank- und Währungssystem – im Zentrum gestanden hätte, also Themen, die dann in die drei Bände des *Kapitals* Eingang fanden, ohne dass Auskunft darüber gegeben wird, was das für den Staat in einer postkapitalistischen Produktionsweise für Konsequenzen hat.[18]

Neben seinen ökonomischen und journalistischen Arbeiten hat Marx in London jedoch auch wieder begonnen, sich politisch zu engagieren. Und aus diesem politischen Engagement geht eine Schrift hervor, die das Schicksal des Staates näher beleuchtet. Der *Bund der Kommunisten* hatte sich nach der gescheiterten Revolution von 1848 gespalten und war 1852, als in Köln ein großer Prozess gegen viele seiner Mitglieder wegen versuchten Hochverrats stattfand, aufgelöst worden. In einem Brief von 1860, also aus der Zeit, in der die Auseinandersetzung mit Carl Vogt stattfand, schreibt Marx: »Ich bemerke d'abord [vorab], daß, nachdem der ›Bund‹ auf *meinen Antrag* im November 1852 aufgelöst wurde, ich *nie* mehr irgendeiner *geheimen* oder *öffentlichen* Gesellschaft angehört habe oder angehöre; daß also die *Partei* in diesem ganz ephemeren Sinne für mich seit 8 Jahren zu existieren aufgehört hat.«[19] In einem tieferen als diesem flüchtigen Sinne der Mitgliedschaft in einer Organisation, von dem es in dem Brief auch heißt, dass Marx als »*Kritiker*«, der er eigentlich sei, »wahrhaftig genug an den 1849–52 gemachten Erfahrungen« mit dem *Bund* hatte, geht für ihn die »Geschichte der Partei, die aus dem Boden der modernen Gesellschaft überall naturwüchsig sich bildet«, aber auch 1860 weiter.[20] Als viereinhalb Jahre später in London eine Versammlung mit einer Delegation französischer Arbeiter stattfindet, auf der ein »Plan für ein besseres Verstehen unter den Völkern«[21] besprochen werden soll, ist Marx »als stumme Figur«[22] auf dem Podium dabei.

Vorangegangen waren dieser Versammlung proletarische Unterstützungskampagnen für einen polnischen Aufstand gegen die zaristische Herrschaft, und die Einladung trug als Motto ein Zitat des Guerilleros und Kämpfers für die Einigung Italiens Giuseppe Garibaldi. Ergebnis der Versammlung war die Gründung der *Internationalen Arbeiterassoziation* (später auch die *Erste Internationale* genannt), für die die »stumme Figur« Marx die Inauguraladresse und die vorläufigen Statuten schrieb. Die *Internationale* kämpfte in England für die Einführung des allgemeinen Männerwahlrechts und veranstaltete jährlich einen internationalen Kongress mit vielen Beteiligten aus Frankreich.

Vor diesem Hintergrund war es selbstverständlich, dass sich die *Internationale* 1871 auch zur Pariser Kommune und ihrer Niederlage äußern musste. Marx, der auch nach der Gründung federführend in der *Assoziation* tätig war und nach dem Erscheinen des ersten Bandes des *Kapitals* seine Energien vor allem in die organisatorische Arbeit steckte, verfasste die entsprechende »Adresse des Generalrats der Internationalen Arbeiterassoziation« unter dem Titel *Der Bürgerkrieg in Frankreich*. In diesem Text, zu dem auch zwei umfangreiche Entwürfe überliefert sind, greift er das Thema des Staates wieder auf.

Der Text der veröffentlichten Adresse, die zwei Entwürfe sind inhaltlich jeweils etwas anders gewichtet, feiert die Gründung der Kommune im Kontext des von Frankreich verlorenen Deutsch-Französischen Kriegs als Rettungstat und Revolution, obwohl Marx in einer Resolution des Generalrats der *Internationale* den Aufstand sieben Monate vor seinem Ausbruch noch als »verzweifelte Torheit« abgelehnt hatte, »wo der Feind fast schon an die Tore von Paris pocht«[23]. Marx will vor allem die Handlungen der Kommunarden rechtfertigen. Während die alte Regierung, die sich nach Versailles zurückgezogen hatte, Frankreich an Preußen ausgeliefert, sich selbst bereichert und die Kommunarden grausam bekämpft habe, hätten diese sich lediglich verteidigt und, solange es irgend ging, sogar Großmut gegen besiegte Gegner walten lassen. Bewaffnete Auseinandersetzungen mit Demonstranten, die Erschießung von 64 Geiseln und die Brandlegungen bei der Rückeroberung von Paris durch die Versailler Truppen, die für die Dämonisierung der Kommunarden herangezogen würden, müssten vor diesem Hintergrund verstanden werden:

»Die Mäßigung der Kommune, während zweimonatlicher unbestrittner Herrschaft, findet ihresgleichen nur in dem Heldenmut ihrer Verteidigung. [...] Das Paris der Arbeiter hat im Akt seiner heroischen Selbstopferung Gebäude und Monumente mit in die Flammen gezogen. Wenn die Beherrscher des Proletariats seinen lebendigen Leib in Stücke reißen, dürfen sie nicht länger darauf rechnen, triumphierend in die unangetasteten Mauern ihrer Wohnsitze wieder einzuziehn. [...] Als Thiers [...] schon vom Anfang des Kampfes an die menschliche Sitte des Erschießens der kommunalistischen Gefangnen in Kraft setzte, blieb der Kommune nichts übrig, zum Schutz des Lebens dieser Gefangnen, als zur preußischen Sitte des Geiselngreifens ihre Zuflucht zu nehmen. Das Leben der Geiseln war aber und abermals verwirkt durch das anhaltende Erschießen von Gefangnen durch die Versailler«[24], schreibt Marx zusammenfassend.

Gleichzeitig wird die Pariser Kommune in die Geschichte jener Ereignisse eingeordnet, die Marx in *Die Klassenkämpfe in Frankreich 1848 bis 1850* und im *18ten Brumaire* geschildert hatte. Die Kommune sei in diesem Kontext die Verwirklichung der immer wieder geforderten »sozialen Republik« und damit der vollkommene Gegensatz zum Kaiserreich Napoleons III. mit seinem verselbständigten Staatsapparat. »Der Imperialismus«, wie Marx das Kaiserreich angelehnt an den französischen Ausdruck »Empire« nennt, »ist die prostituierteste und zugleich die schließliche [sprich: abschließende] Form jener Staatsmacht, die von der entstehenden bürgerlichen Gesellschaft ins Leben gerufen war als das Werkzeug ihrer eignen Befreiung vom Feudalismus und die die vollentwickelte Bourgeoisgesellschaft verwandelt hatte in ein Werkzeug zur Knechtung der Arbeit durch das Kapital.«[25]

Es ist die Verwandlung des Staates aus einem Befreiungs- in ein Unterdrückungsinstrument, die Marx zu der Überzeugung führt, die soziale Revolution müsse dieses Werkzeug nicht erobern, sondern zerstören. Denn »das Proletariat kann nicht, wie es die herrschenden Klassen und ihre verschiedenen konkurrierenden Fraktionen nach ihrem Sieg getan haben, den bestehenden Staatskörper einfach in Besitz nehmen und diese fertige Staatsmaschine für seine eigenen Zwecke in Bewegung setzen. Die erste Bedingung für die Erhaltung seiner politischen Macht ist, diese herkömmliche Arbeitsmaschinerie umzuwandeln und als ein Werkzeug der Klassenherrschaft zu zerstören. Diese ungeheure Regierungsmaschine, die den eigentlichen Gesellschaftskörper wie eine Boa constrictor mit dem allgegenwärtigen Netz einer stehenden Armee, einer hierarchischen Bürokratie, einer willfährigen Polizei, der Geistlichkeit und eines servilen Richterstands umklammert, [...] [d]as politische Werkzeug ihrer Versklavung kann [der Arbeiterklasse] nicht als politisches Werkzeug ihrer Befreiung dienen«[26], wie es im zweiten Entwurf zum *Bürgerkrieg in Frankreich* heißt.

Wie schon der junge Marx in der *Kritik des Hegelschen Staatsrechts* lehnt auch der späte Marx den Staat als eine Sphäre ab, die sich der Gesellschaft gegenüberstellt und sie beherrscht. Doch während in der *Kritik des Hegelschen Staatsrechts* offenblieb, wie das Funktionieren der Gesellschaft ohne den Staat gedacht wird, sieht Marx 1871 in der Kommune ein erstes Beispiel für eine solche nicht-staatliche Ordnung, in der die Gesellschaft die staatlichen Regierungsfunktionen für sich zurückgewinnen soll.

»Die größte Maßregel der Kommune ist ihr eignes Dasein, ihr Arbeiten und Handeln unter unerhört schwierigen Umständen!«[27] Diese »Regierung des Volkes durch das Volk«[28] zeichnet sich für Marx durch die Nähe zwischen den Funktionsträgern und der Bevölkerung aus. Die Armee wird zu einer Nationalgarde. Die Bildung liegt in lokaler Verantwortung, und der Einfluss von Staat und Kirche auf Schule und Wissenschaft soll aufgehoben werden. Verwaltungspositionen und Richterstellen werden in jeder einzelnen Kommune durch allgemeine Wahlen besetzt. Die Gewählten müssen sich jederzeit vollständig ihren lokalen Wählern verantworten und können auch abgewählt werden. Damit soll die »Beseitigung der Täuschung [einhergehen], daß Verwaltung und politische Leitung Geheimnisse wären, transzendente Funktionen, die nur den Händen einer ausgebildeten Kaste – Staatsparasiten, hochbezahlten Sykophanten und Sinekuristen in den höheren Stellungen anvertraut werden könnten, die die Gebildeten der Massen aufsaugen und sie in den unteren Stellen der Hierarchie gegen [die Massen] selbst kehren«[29].

Die Auflösung von Armee, Beamtenschaft und Staatskirche – Priester müssen ausschließlich von ihren Gemeinden unterhalten werden – ist für Marx nicht zuletzt auch eine ungeheure finanzielle Entlastung der arbeitenden Klassen, zumal in der Pariser Kommune »der öffentliche Dienst für *Arbeiterlohn* besorgt werden«[30] musste. Trotz der damit einhergehenden Entprofessionalisierung und Reduktion der Beamtenschaft glaubt sich Marx sicher, dem – von ihm selbst etwa gegen Stirner und Proudhon erhobenen – Vorwurf begegnen zu können, das Modell der Kommune sei eine Rückkehr zum Modell der freien Städte des

Mittelalters. Weder gehe es wie im Mittelalter darum, mehr Rechte gegen eine Zentralgewalt zu fordern, die es ja schließlich aufzulösen gelte, noch stehe die angestrebte Lokalisierung im Gegensatz zur Zentralisierung moderner gesellschaftlicher und ökonomischer Verhältnisse. »Die wenigen, aber wichtigen Funktionen, welche dann noch für eine Zentralregierung übrigblieben, sollten nicht, wie dies absichtlich gefälscht worden, abgeschafft, sondern an kommunale, d.h. streng verantwortliche Beamte übertragen werden. Die Einheit der Nation sollte nicht gebrochen, sondern im Gegenteil organisiert werden durch die Kommunalverfassung; sie sollte eine Wirklichkeit werden durch die Vernichtung jener Staatsmacht, welche sich für die Verkörperung dieser Einheit ausgab, aber unabhängig und überlegen sein wollte gegenüber der Nation, an deren Körper sie doch nur ein Schmarotzerauswuchs war.«[31]

Obgleich gescheitert, ist die Pariser Kommune für Marx damit ein Geschichtszeichen, dass eine Gesellschaft ohne Staat und die Überwindung der bürgerlichen Ordnung möglich sind. Auch wenn sie in diesem Verständnis nur ein Anfang langer Kämpfe sein kann, einer ganzen »Reihe geschichtlicher Prozesse [...], durch welche die Menschen wie die Umstände gänzlich umgewandelt werden«[32], wird sie doch, so heißt es am Ende der verabschiedeten Adresse, »ewig gefeiert werden als der ruhmvolle Vorbote einer neuen Gesellschaft«[33].

Die Geschichte wird bei Marx, so lässt sich in der Zusammenschau all der Texte, die er in London zu diesem Thema verfasste, sagen, von Menschen gemacht. Sie ist das Ergebnis von Kämpfen, die ihre kollektiven Subjekte formen. Grundlegende gesellschaftliche Konflikte sind ihr Motor. Und zu diesen Konflikten gehören in einigen Texten vor allem die Missverhältnisse zwischen den ökonomischen Formen und den produktiven Potenzialen einer Gesellschaft. Doch diese Missverhältnisse sind für Marx, der sie nicht nur als gegeben ansah, sondern auch der Überzeugung war, sie hätten sich in der kapitalistischen Ökonomie bereits bis zur Unvereinbarkeit zugespitzt, kein Hindernis auf dem Weg in eine neue Gesellschaft. Deren Gestalt kann indes nicht als utopischer Entwurf vorgedacht werden, sondern muss sich im geschichtlichen Prozess revolutionärer Umstürze erst finden.

IV. ÖKONOMIE
(1847–1867)

10. Was ist eine Wissenschaft?

Ende des Jahres 1857 begründet Marx in einem Brief die Wiederaufnahme des Plans, ein großes ökonomisches Buch zu schreiben, mit dem Ausbruch der ersten Weltwirtschaftskrise, die im August in New York begonnen hatte und sich schnell nach Europa ausbreitete. »Die gegenwärtige kommerzielle Krise hat mich dazu angespornt, mich nun ernsthaft an die Ausarbeitung meiner Grundzüge der Ökonomie zu geben, auch etwas über die gegenwärtige Krisis zu präparieren.«[1] Genau genommen handelt es sich dabei um zwei Pläne. Die »Ausarbeitung meiner Grundzüge der Ökonomie« mündet in der Abfassung der *Grundrisse*. Der zweite Plan, »etwas über die gegenwärtige Krisis zu präparieren«, bleibt in einer Materialsammlung zur Entwicklung der Märkte von November 1857 bis Anfang 1858 stecken.[2] Marx kommentiert die Krise aber in mehreren Artikeln für die *New-York Tribune*.

Die ökonomische Krise bleibt für ihn allerdings kein bloßes Objekt theoretischer Studien. Sie betrifft ihn auch ganz persönlich, denn die *Tribune* kürzt ihm aufgrund der schlechten wirtschaftlichen Lage das Honorar. Wenn in den Marx'schen Briefen in den folgenden Jahren von »Krise« die Rede ist, dann ist oft auch die persönliche existenzielle Krise sich aufhäufender Schulden gemeint. »Abgesehn von den kleinen Gefahren (ich bin z.B. diese Woche mit Absperren von Gas und Wasser bedroht), haben sich alle größeren Forderungen akkumuliert, wovon ein bedeutender Teil nicht länger parierbar ist. So Haus, Schule etc.«[3], heißt es in einem Brief, als die Wirtschaftskrise 1859 zu Ende geht.

Doch so drückend das durch die Krise herbeigeführte persönliche Elend ist, für Marx und Engels ist die Krise, deren unausweichlichen Ausbruch Marx Jahr um Jahr aufs Neue prognostiziert hatte, an ihrem Beginn zunächst einmal mit revolutionären Hoffnungen verbunden. Die ökonomische Theorie soll daher nicht bloß zu ihrem Verständnis dienen, sie soll vielmehr deutlich machen, was der Kapitalismus ist, den es in der Krise zu bekämpfen gilt. Es mag für Marx in diesem Kontext ein zusätzlicher Anlass gewesen sein, dass er 1857 glaubte, »Proudhon gibt jetzt zu Paris eine ›ökonomische Bibel‹ heraus. Destruam et aedificabo.[4] Den ersten Teil hat er, wie er sagt, ausgeführt in der ›Philosophie de la misere‹. Den zweiten wird er jetzt ›enthüllen‹.«[5]

Die Marx'sche Antwort auf Proudhons *Philosophie des Elends* hatte 1847 zwei Teile gehabt. Der erste Teil bestand in der Zurückweisung des Ideals eines gerechten Tauschs, das Proudhon aus der Arbeitswertlehre entwickeln wollte,[6] der zweite Teil aber setzte sich mit der Methode der Proudhon'schen Überlegungen auseinander. Proudhons ökonomische Theorie war von mehreren Grundüberzeugungen geleitet, mit denen er sich sowohl von den Ökonomen seiner Zeit als auch von den Sozialisten und Kommunisten mit ihren ökonomischen Forderungen absetzen wollte. Die erste dieser Grundüberzeugungen war, dass die Politische Ökonomie in die Geschichte einzubetten sei. Eine solche Einbettung unterscheidet Proudhon vom Rest der Ökonomen, die die Ökonomie als ein funktionierendes System rekonstruieren wollten. Darüber hinaus glaubte Proudhon, dass es sich bei der Geschichte, in die die Ökonomie einzubetten sei, sowohl um die Real- als auch um die Ideengeschichte handle. Denn man habe, »nicht ohne Überraschung, erkannt, daß die Geschichte der Philosophie im Grunde das gleiche war, wie die Philosophie der Geschichte« und dass beide »wiederum nichts anderes waren als die Inszenierung der Auffassungen der Metaphysik, welche die ganze Philosophie ist. Wenn man nun den Stoff der allgemeinen Geschichte in eine gewisse Anzahl von Gebieten aufteilt, wie Mathematik, Naturgeschichte, Sozialökonomie usw., so wird man finden, daß jede dieser Abteilungen auch die Metaphysik enthält [...] dergestalt, daß die gesamte Philosophie am Grunde jeder natürlichen bzw. wirtschaftlichen Erscheinungsform liegt«.[7]

Gegen die Sozialisten und Kommunisten schlussfolgerte Proudhon daraus, dass der kapitalistischen Ökonomie nicht mit vorgefertigten Forderungen zu begegnen sei, sondern ihre geschichtliche Entwicklung aus der Entwicklung ihrer Widersprüche begriffen werden müsse. »Ich für meinen Teil [...] werde [...] die politische Ökonomie als Verwahrerin der geheimen Gedanken der Menschheit befragen, werde [...] die Tatsachen nach der Reihe ihrer Entstehung zum Sprechen bringen und werde, ohne Eigenes hinzuzutun, ihre Zeugnisse wiedergeben. Dies wird eine zugleich siegreiche und jämmerliche Geschichte sein, in der die Personen Ideen, die Episoden Theorien und die Daten Formeln sein werden.«[8] Angetrieben wird diese Geschichte von den inneren Widersprüchen der ökonomischen Theorien und Formeln, die zugleich gesellschaftliche Widersprüche sind. Es ist für Proudhon eine Frage des Glaubens, dass diese Geschichte einmal an ein Ende kommen wird, dass es einen Fortschritt gibt, der letztlich zur Auflösung aller Widersprüche führt. In diesem Sinne korrespondiert dann auch die Vernunft, wie sie in den religiösen Überzeugungen enthalten ist, mit den ebenso realen wie theoretischen Problemen der Ökonomie.

Marx beginnt 1847 den methodischen Teil seiner Attacke auf Proudhon an der Stelle, an der dieser doch noch einen Unterschied zwischen Theorie und Geschichte einführt. Proudhon »erinnert« seine Leser am Ende eines Paragrafen daran, »daß wir ganz und gar keine Geschichte nach der Ordnung der Zeit, sondern nach der Aufeinanderfolge der Ideen schreiben. Die ökonomischen Phasen bzw. Kategorien treten in ihrer Manifestation bald gleichzeitig, bald zeitverschoben auf; und daher rührt die außerordentliche Schwierigkeit, die die Wirtschaftswissenschaftler zu allen Zeiten gehabt haben, ihre Vorstellungen zu systematisieren«[9]. Zwar beteuert Proudhon anschließend sofort, dass es trotzdem eine Logik der Theorieentwicklung gebe, die sein Buch zugleich historisch und philosophisch mache, aber für Marx ist in diesen Grundannahmen ein Verständnis der Geschichte ausgesprochen, wie er es bei den Junghegelianern so vehement bekämpft hatte. Gegen diese, wie jetzt gegen Proudhon, betont Marx, dass die ökonomischen Kategorien »nur die theoretischen Ausdrücke, die Abstraktionen der gesellschaftlichen Produktionsverhältnisse« sind, die die »Menschen [...] gemäß ihrer materiellen Produktivität gestalten«[10].

Proudhon ist also für Marx ein Hegelianer, der die Politische Ökonomie als Wissenschaft betreiben will. Aber er ist für Marx ein schlechter Hegelianer. Denn er lässt nicht nur die Ideen die Geschichte regieren, er missversteht auch die dialektische Aufhebung der Widersprüche. »Für Herrn Proudhon hat jede ökonomische Kategorie zwei Seiten, eine gute und eine schlechte. [...] Er wird das *Problem* stellen: die gute Seite dieser ökonomischen Kategorie zu erhalten und die schlechte auszumerzen. [...] Was [jedoch] die dialektische Bewegung ausmacht, ist gerade das Nebeneinanderbestehen der beiden entgegengesetzten Seiten, ihr Widerstreit und ihr Aufgehen in eine neue Kategorie. Sowie man sich nur das Problem stellt, die schlechte Seite auszumerzen, schneidet man die dialektische Bewegung entzwei. Es ist nicht die Kategorie mehr, die sich hier selbst, infolge ihrer widerspruchsvollen Natur, setzt und entgegensetzt; es ist vielmehr Herr Proudhon, der zwischen den beiden Seiten sich hin- und herzerrt, zerarbeitet und abquält.«[11]

Der zentrale Punkt dieser Kritik besteht darin, dass Proudhon das Versprechen, in seiner Darstellung nichts »Eigenes hinzuzutun«, gar nicht einlöst. Was im geschichtlichen Verlauf als »gut« bewahrt und was als »schlecht« überwunden werden soll, ergibt sich bei ihm aus dem höheren Ziel der ökonomischen Entwicklung. War bei Hegel das erkannte Ziel der Geschichte die Verwirklichung der Freiheit, so ist bei Proudhon das Ziel der ökonomischen Entwicklung die Verwirklichung der Gerechtigkeit, die als Tendenz zur »Gleichheit der Lebensbedingungen und der Vermögen«[12] verstanden wird.

Marx gesteht Proudhon durchaus zu, »die Tendenz zur Gleichheit ist unserem Jahrhundert eigen«[13]. Aber er kann weder die Gerechtigkeit noch die Gleichheit als Schlüssel zum Verständnis der ökonomischen Institutionen vergangener Epochen akzeptieren. Proudhon sitzt also in den Augen von Marx einem Anachronismus auf »und verkennt die historische Bewegung, mittelst derer die aufeinanderfolgenden Generationen die von den ihnen vorhergehenden Generationen erreichten Resultate umformten«[14]. Doch Proudhon verfehle damit nicht nur das Ziel, die Geschichte zu rekonstruieren, sondern es gelinge ihm auch keine Darstellung der ökonomischen Zusammenhänge. »Der [...] Übelstand bei dieser Methode ist der, daß Herr Proudhon, sobald er eine einzelne dieser Phasen getrennt untersuchen will, er sie nicht erklären kann, ohne auf die anderen gesellschaftlichen Verhältnisse zurückzukommen, obwohl er diese Verhältnisse noch nicht vermittelst seiner dialektischen Bewegung hat entstehen lassen.«[15]

Das Fazit dieser methodischen Kritik von 1847 ist, dass Proudhon die wirklichen Verhältnisse verfehlt, weil er ihnen mit äußeren Kriterien – wie Gerechtigkeit und Gleichheit – beizukommen versucht, statt sie wie angekündigt in ihrer tatsächlichen Entstehung nachzuvollziehen und ihre inneren, aus ihnen selbst entstehenden Widersprüche zu analysieren.

Bevor Marx im August 1857 sein erstes eignes großes ökonomisches Manuskript beginnt, schreibt er methodische Vorüberlegungen nieder. Dabei bildet die zehn Jahre zurückliegende Auseinandersetzung mit Proudhon, der im Text immer wieder erwähnt wird – namentlich am Anfang und gegen Ende und in der Mitte mal als »Gegner der Ökonomen«, mal als »Hegelianer« –, den beständigen Hintergrund. Doch während Marx 1847 nachzuweisen versuchte, dass der Ansatz Proudhons nicht tragfähig ist, geht es ihm in der mit »Einleitung« überschriebenen Überlegung darum, einen eigenen, gangbaren Weg zu finden.

Es stellen sich ihm nun insbesondere die Fragen des Anfangs und der anschließenden Entwicklung der ökonomischen Kategorien, die Proudhon für ihn so wenig überzeugend gelöst hatte. Er sieht, dass es sich bei den Naturzustandskonstruktionen des 18. Jahrhunderts – einem klassischen Ausgangspunkt in der Politischen Ökonomie – bloß um Naturalisierungen der bürgerlichen Individualisierung handelt, während in der vorhergegangenen Geschichte »das Individuum, daher auch das produzierende Individuum, als unselbständig, einem größren Ganzen angehörig«[16] angesehen werden müsse. Das Individuum bietet sich mithin nicht als Ausgangspunkt an. In ihm stecken bereits viele der Voraussetzungen, die es erst zu erläutern gilt, denn es ist selbst Produkt gesellschaftlicher Verhältnisse und nicht ihr Ursprung.

Ein zweiter klassischer Ausgangspunkt der Politischen Ökonomie sind die Gesetze der Produktion, die unabhängig von den

Verhältnissen, in denen diese organisiert ist, eingehalten werden müssen. 1857 weist Marx diesen Punkt nicht rundheraus zurück. Einige »Bestimmungen werden der modernsten Epoche mit der ältesten gemeinsam sein. Es wird sich keine Produktion ohne sie denken lassen«[17]. Doch sieht Marx mit den abstrakten Verallgemeinerungen, die durch solche Vergleiche gewonnen werden, auch ein Vergessen dessen einhergehen, was die Unterschiede der ökonomischen Epochen ausmacht. »In diesem Vergessen liegt z. B. die ganze Weisheit der modernen Ökonomen, die die Ewigkeit und Harmonie der bestehenden sozialen Verhältnisse beweisen. Z. B. Keine Produktion möglich ohne ein Produktionsinstrument, wäre dies Instrument auch nur die Hand. Keine möglich ohne vergangne, aufgehäufte Arbeit, wäre diese Arbeit auch nur die Fertigkeit, die in der Hand des Wilden durch wiederholte Übung angesammelt und konzentriert ist. Das Kapital ist unter andrem auch Produktionsinstrument, auch vergangne, objektivierte Arbeit. Also ist das Kapital ein allgemeines, ewiges Naturverhältnis; d. h., wenn ich grade das Spezifische weglasse, was ›Produktionsinstrument‹, ›aufgehäufte Arbeit‹ erst zum Kapital macht.«[18]

Wird aber die Spezifik der kapitalistischen oder einer anderen historischen Form der Produktion in den Blick genommen, dann zeigt sich schnell, dass die Produktion über sich hinausweist. Sie hängt ab von der Verteilung (»Distribution«) der Produktionsmittel und Produzenten, ohne die sie nicht möglich wäre. Und sie erzeugt ihrerseits die Bedingungen und Verhältnisse, unter denen das Produkt wieder verteilt wird. Sie macht den Eigentümer der Produktionsmittel zum Eigentümer der Produkte und die Verkäufer der Arbeitskraft zu bloßen Lohnempfängern. Und selbst der Austausch der solchermaßen zugeordneten Produkte, ihre Zirkulation als Waren, die gegen Geld getauscht werden, setzt beispielsweise die arbeitsteilige Produktion voraus, ohne die gar kein Grund zum Kauf und Verkauf von Waren bestehen würde.

Auch das Verhältnis von Produktion und Konsumtion ist von deren wechselseitiger Durchdringung gekennzeichnet. Einerseits ist die Konsumtion der Name für die Bedürfnisse, die die Produktion antreiben, andererseits erzeugt die Produktion selbst solche Bedürfnisse. Sie bringt die Konsumtion in jenem Sinn hervor, dass ihre Produkte das Bedürfnis nach ihnen erst erzeugen – das 19. Jahrhundert kannte beispielsweise kein Bedürfnis nach Radios, Flugreisen und unzählig vielen anderen Dingen, die sich heutige Menschen ganz selbstverständlich wünschen. Und als »produktive Konsumtion« bereits produzierter Rohstoffe, Maschinen, Hilfsmittel usw. ist die Produktion selbst ganz unmittelbar eine Abteilung der gesamten Konsumtion.

Statt die Produktion als Ausgangspunkt einer ökonomietheoretischen Systematik auszuweisen, führen all diese Überlegungen Marx dazu, »nicht, daß Produktion, Distribution, Austausch, Konsumtion identisch sind, sondern daß sie alle Glieder einer Totalität bilden, Unterschiede innerhalb einer Einheit. [...] Es findet Wechselwirkung zwischen den verschiednen Momenten statt. Dies der Fall bei jedem organischen Ganzen.«[19]

Doch indem klassische Ausgangspunkte der Politischen Ökonomie wie das Individuum oder die Produktion zurückgewiesen werden, ist das Problem des Anfangs und der Entwicklung der ökonomischen Kategorien nicht gelöst. Marx kehrt deshalb noch einmal zur Frage der allgemeinen Bestimmungen oder »einfachen Begriffe« zurück, die jede historische Form der Produktion bestimmen sollen. Die konkreten Begriffe sind als Ausgangspunkt ungeeignet, denn sie erweisen sich immer als komplexe Zusammensetzungen, die zunächst erläutert werden müssten. So wäre der konkrete Ausgangspunkt »Bevölkerung« eines gegebenen Landes nur »eine Abstraktion, wenn ich z.B. die Klassen, aus denen sie besteht, weglasse. Diese Klassen sind wieder ein leeres Wort, wenn ich die Elemente nicht kenne, auf denen sie beruhn. Z. B. Lohnarbeit, Kapital etc. Diese unterstellen Austausch, Teilung der Arbeit, Preise etc. Kapital z. B. ohne Lohnarbeit ist nichts, ohne Wert, Geld, Preis etc.«[20]

Die »einfachen Begriffe« hingegen sind immer »bestimmende abstrakte, allgemeine Beziehungen, wie Teilung der Arbeit, Geld, Wert etc.«[21]. Sie werden analytisch aus dem organischen Ganzen gewonnen, zu dessen Beschreibung sie dienen sollen. Diese Analyse ist für Marx kein Fehler. Sie ist aber nur der halbe Weg. Die Politische Ökonomie als Wissenschaft muss von diesen einzelnen Momenten wieder systematisch zu den komplexen Verhältnissen, die sie beschreiben will, aufsteigen. Dieses Aufsteigen sei, schreibt Marx, »offenbar die wissenschaftlich richtige Methode. Das Konkrete ist konkret, weil es die Zusammenfassung vieler Bestimmungen ist, also Einheit des Mannigfaltigen.«[22]

Und Marx verschweigt auch nicht, dass es eine Methode ist, die sich schon bei Hegel findet. »Hegel fängt die Rechtsphilosophie richtig mit dem Besitz an, als der einfachsten rechtlichen Beziehung des Subjekts.«[23] Der Unterschied zu Hegel sei nur, dass dieser laut Marx geglaubt habe, damit sei auch »das Reale [...] Resultat des sich in sich zusammenfassenden, in sich vertiefenden und aus sich selbst sich bewegenden Denkens [...], während die Methode, vom Abstrakten zum Konkreten aufzusteigen, nur die Art für das Denken ist, sich das Konkrete anzueignen, es als ein geistig Konkretes zu reproduzieren. Keineswegs aber der Entstehungsprozeß des Konkreten selbst.«[24]

Die hier eingeführte Differenz zwischen dem Konkreten als »Realem« und als »geistig Konkretem« ist immer wieder von Neuem ausbuchstabiert worden. In Lenins »dialektischem Materialismus« schrumpft sie auf den Satz zusammen: »[Die] Natur«, sprich: das Reale, »ist unendlich, aber sie existiert unendlich, und eben diese einzig kategorische, einzig bedingungslose Anerkennung ihrer *Existenz* außerhalb des Bewußtseins und außerhalb der Empfindung des Menschen unterscheidet den dialektischen Materialismus vom relativistischen Agnostizismus und vom Idealismus.«[25] Der »relativistische Agnostizismus« behauptet dabei laut Lenin, dass sich die Natur aufgrund ihrer Unendlichkeit gar nicht angemessen fassen lasse, weshalb auch nichts mit Bestimmtheit über sie auszusagen sei, und der »Idealismus« identifiziert sie mit dem geistig Konkreten.

Die »Natur« (an anderen Stellen verwendet Lenin dafür auch den Begriff »Materie«), an deren Existenz die Differenz der Marx'schen und der Hegel'schen Position hängen soll, ist aber selbst ein vollkommen abstrakter Begriff. Und alle Bestimmungen, die daraus etwas Konkretes machen, sind uns bei Lenin immer nur in Form von – vorläufigen – physikalischen Theorien und damit als geistig Konkretes gegeben. Die einzige Funktion, die Begriffe wie »Materie« oder »Natur« in einem solchen Zusammenhang haben, besteht darin, die Möglichkeit anderer Theorien offenzuhalten, die die »Materie« in abweichender Weise »widerspiegeln«.

Hegel erreicht allerdings einen ganz ähnlichen Effekt, wenn er die Wahrheit als Übereinstimmung von Begriff und Gegenstand fasst. Auch Hegel kennt also die Differenz zwischen Beschreibungsleistung und Beschreibungsanspruch einer Theorie, ohne dafür den Bereich des Erkennens durch eine für uns unerreichbare Welt »hinter« den menschlichen Wahrnehmungen ergänzen zu müssen. Tatsächlich werden Theorien schon deshalb verworfen, weil in der Erfassung der Tatsachen, die sie beschreiben sollen, Unstimmigkeiten auftreten. Gegen Lenins Position ließe sich deshalb mit Hegel fragen, was diese demonstrativ beschworene Existenz der Materie oder Natur für uns ändert, wenn wir uns doch nur mit Theorien in der Welt zurechtfinden können und aufgrund widersprüchlicher Theorien oder von Unstimmigkeiten zwischen Theorien und Wahrnehmungen theoretische Alternativen suchen.

Anders als Lenin hat Louis Althusser die Differenz von »Realem« und »geistig Konkretem« – er spricht vom »realen Objekt« und vom »Objekt der Erkenntnis« – rekonstruiert, indem er darauf beharrt, dass sich beide in ihrer Entstehung unterscheiden. Das »reale Objekt« entsteht historisch, das »Objekt der Erkenntnis« innertheoretisch. »Während sich die Produktion eines realen Objekts, einer bestimmten konkret-realen Totalität (zum Beispiel einer gegebenen historischen Nation) ganz und gar innerhalb des Realen vollzieht – und sich gemäß der realen Ordnung der *realen* Genese (der Ordnung der Abfolge der Momente einer historischen Genese) verwirklicht, vollzieht sich der Produktionsprozess des Objekts der Erkenntnis ganz und gar innerhalb der Erkenntnis und wird gemäß *einer anderen Ordnung* verwirklicht, in welcher die gedachten Kategorien, welche die realen Kategorien reproduzieren, *nicht denselben* Platz einnehmen, der ihnen in der Ordnung der realen historischen Genese zukommt, sondern ihnen werden gänzlich davon verschiedene Orte zugewiesen, welche ihnen aufgrund ihrer Funktion im Prozess der Produktion des Objekts der Erkenntnis zukommen.«[26]

Doch auch das löst das Problem, das sich angesichts des Lenin'schen Materialismus stellte, nicht. Althusser behauptet zwar einen radikalen Schnitt zwischen beiden Gegenstandsarten, aber dieser Schnitt ist so radikal, dass er in der Folge nur noch die Bedingungen der Produktion von Erkenntnissen untersuchen kann. Das reale Objekt und seine Entstehung bleiben auch bei ihm für die Theoriebildung völlig funktionslos.

Vor dem Hintergrund der Auseinandersetzung mit Proudhons Gleichsetzung von Real- und Ideengeschichte hilft die Althusser'sche Unterscheidung aber vielleicht doch weiter. Sie markiert zumindest das richtige Feld der Auseinandersetzung.

Die Marx'sche Bemerkung muss jedoch etwas weniger ambitioniert gelesen werden. Marx vollzieht in seiner methodischen Vorüberlegung nämlich tatsächlich die Trennung zwischen der Weise, in der sich die ökonomische Ordnung des Kapitalismus historisch herausgebildet hat, und der Weise, in der diese Ordnung theoretisch aus ihren analytischen Bestandteilen zusammengesetzt wird. Damit verabschiedet er sich vom Paradigma Proudhons, wonach historische Entwicklung und die Entwicklung der Kategorien aufeinander bezogen sein müssen. Marx gibt nicht nur keine »Geschichte nach der Ordnung der Zeit«, er fasst auch die Kategorien nicht historisch auf, sondern als Momente eines »organischen Ganzen«. »Es wäre also untubar und falsch, die ökonomischen Kategorien in der Folge aufeinander folgen zu lassen, in der sie historisch die bestimmenden waren. Vielmehr ist ihre Reihenfolge bestimmt durch die Beziehung, die sie in der modernen bürgerlichen Gesellschaft aufeinander haben und die gerade das umgekehrte von dem ist, was als ihre naturgemäße erscheint oder der Reihe der historischen Entwicklung entspricht.«[27]

Mehr noch, hatte die Methode Proudhons nahegelegt, dass die historische Entwicklung für das Verständnis der ökonomischen Kategorien wichtig ist, kehrt Marx dieses Verhältnis jetzt um. In der kapitalistischen Ökonomie erhalten selbst die abstraktesten Kategorien, die zur Beschreibung historischer Gesellschaftsformen benutzt werden, erst ihre wahrhafte Bedeutung. »Hier [...] wird die Abstraktion der Kategorie ›Arbeit‹, ›Arbeit überhaupt‹, Arbeit sans phrase, der Ausgangspunkt der modernen Ökonomie, erst praktisch wahr. Die einfachste Abstraktion also, welche die moderne Ökonomie an die Spitze stellt und die eine uralte und für alle Gesellschaftsformen gültige Beziehung ausdrückt, erscheint doch nur in dieser Abstraktion praktisch wahr als Kategorie der modernsten Gesellschaft.«[28]

Aus seinen Überlegungen schlussfolgert Marx, dass die Kritik der Politischen Ökonomie methodisch aufbauend verfahren soll. Ausgehend von den »allgemeinen abstrakten Bestimmungen, die daher mehr oder minder allen Gesellschaftsformen zukommen, aber im oben auseinandergesetzten Sinn«, sollen in einem zweiten Schritt die »Kategorien, die die innre Gliederung der bürgerlichen Gesellschaft ausmachen«, in ihren Beziehungen und Konsequenzen dargestellt werden, um dann in weiteren Schritten über die Einführung des Staates, der internationalen Beziehungen und Verhältnisse, des Weltmarkts und der Krisen bis zur Oberfläche der konkreten Wirklichkeit und ihren Phänomenen aufzusteigen.[29]

Die Grundidee eines Aufstiegs vom Abstrakten zum Konkreten wird Marx beibehalten. Im Vorwort zur ersten Auflage des *Kapitals* heißt es ganz in diesem Sinne: »Bei der Analyse der ökonomischen Formen kann [...] weder das Mikroskop dienen noch chemische Reagentien. Die Abstraktionskraft muß beide ersetzen.«[30] Und es ist wichtig, die Wirkung dieser Kraft bei der Lektüre zu beachten. Denn wo Marx Proudhon vorgeworfen hatte, zur Erklärung einer Entwicklungsphase immer schon die anderen – noch gar nicht entstandenen – gesellschaftlichen Verhältnisse zu benötigen, wird er selbst versuchen, den Einfluss der ökonomischen Verhältnisse, die er noch nicht eingeführt hat, zunächst abzuschatten. Nur so kann das organische Ganze Stück für Stück entwickelt werden. Um dieser Entwicklung zu folgen, muss darauf geachtet werden, von welchen Verhältnissen auf der jeweiligen Abstraktionsebene noch abgesehen wird. Sie werden erst nach und nach hinzugenommen und komplizieren das gewonnene Bild.

Hierin folgt Marx methodisch Hegel. Dieser hatte das Verfahren in der *Phänomenologie des Geistes* bei der Darstellung der

Konstitution des Wissens angewandt, und auch im ersten Teil der *Grundlinien der Philosophie des Rechts* lassen sich Rechte und Verträge ohne Richter und Gesetzgeber finden, die erst viel später eingeführt werden. Auch dass sowohl *Zur Kritik der Politischen Ökonomie* als auch *Das Kapital* mit der Ware als elementarer Form, in der der gesellschaftliche Reichtum erscheint, beginnen, erinnert an die Bemerkung zu Hegels *Grundlinien.* Denn so wie der Besitz die einfachste rechtliche Beziehung des Subjekts ist, so ist die Ware seine einfachste ökonomische Beziehung. Erst aus dieser ökonomischen Beziehung werden die folgenden ökonomischen Kategorien verständlich.

Doch während Marx die Methoden der Abstraktion und des Aufstiegs zum Konkreten aus der »Einleitung« von 1857 übernimmt, verwirft er den übergreifenden Plan des Vorgehens schon in den *Grundrissen.* Die abstrakten Bestimmungen werden nicht länger als für jede Gesellschaft mehr oder minder gültig an den Anfang gesetzt.[31] Stattdessen trennt sich Marx immer mehr von der Idee, die Politische Ökonomie auf diese Weise doch noch in die Geschichte einzubetten. Er wird sowohl *Zur Kritik der Politischen Ökonomie* als auch *Das Kapital* mit einer Erklärung des Kapitals beginnen und im Falle des *Kapitals* sogar die Entwicklung dieses »organischen Ganzen« zum einzigen Ziel seines gesamten Manuskripts machen. Im Zuge dieser Entscheidung löst er dann auch das Problem des Anfangs, wobei er bei allen verbleibenden Differenzen in diesem Punkt dann doch wieder mit Proudhon übereinstimmt: »Um den Begriff des Kapitals zu entwickeln, ist es nötig, nicht von der Arbeit, sondern vom Wert auszugehn, und zwar von dem schon in der Bewegung der Zirkulation entwickelten Tauschwert.«[32]

Die Darstellung der methodischen Überlegungen zur Politischen Ökonomie bei Marx wäre aber nicht vollständig ohne die

Erläuterung des Titels »Kritik der politischen Ökonomie«, den er seinen Entwürfen und Veröffentlichungen gibt. Noch *Das Kapital* trägt diesen Untertitel. »Kritik« kann dabei auf drei Ebenen verstanden werden. Zum einen geht es Marx immer noch um die Kritik der kapitalistischen Ökonomie als einer Form der Beherrschung des Menschen durch den Menschen. Zum anderen ist die »Kritik der politischen Ökonomen« gemeint, ihrer theoretischen Fehlschlüsse und falschen Annahmen. Und damit ist die »Kritik der politischen Ökonomie« schließlich auch Kritik in dem dritten Sinn, in dem das Wort »Kritik« auch in den »Kritiken« Immanuel Kants verwendet wird. Sie macht die Politische Ökonomie zu einer Wissenschaft, indem sie ihren Aussagen den richtigen Platz zuweist.

Marx will also im *Kapital* nicht weniger, als das Kapital verstehen, und zwar besser, als es jemals jemandem zuvor gelungen ist. Er will dessen Geheimnisse lüften und die Rätsel, die es den Politischen Ökonomen aufgegeben hat, lösen. Er will verstehen, wie die kapitalistische Gesellschaft ökonomisch funktioniert. Das Ergebnis ist aber kein Ratgeberbuch – weder für Kapitalisten, die ihres ökonomischen Schicksals auf den ewig schwankenden Märkten Herr zu werden versuchen, noch für das Proletariat, insofern es die ökonomische Ordnung umstürzen und an ihrer Stelle eine neue errichten will. Denn das Ziel von Marx ist es, ökonomische Grundzusammenhänge zu enthüllen, die zwar auf die alltäglichen Erscheinungen wirken, aber nie unmittelbar mit diesen identisch sind. Wer Ratschläge für das tägliche Geschäft (und sei es auch das revolutionäre) sucht, wird das Buch deshalb bald enttäuscht zur Seite legen oder es längst widerlegt glauben.

11. Vom Warenwert zum Kapital

Von den methodischen Überlegungen in der »Einleitung« vom August 1857 bis zum Erscheinen des ersten Bandes des *Kapitals* sollten noch einmal zehn Jahre vergehen. Nachdem Marx das erste Heft von *Zur Kritik der Politischen Ökonomie* veröffentlicht hatte, dann aber aufgrund der Auseinandersetzung mit Vogt in der Arbeit an seinem ökonomischen Werk unterbrochen worden war, begann er 1861 an dem Punkt wieder zu schreiben, an dem er aufgehört hatte, dem Kapitel, das auf das erste Heft von *Zur Kritik der Politischen Ökonomie* folgen sollte. Doch ohne den unmittelbaren Veröffentlichungsdruck geschah schon bald das für Marx Typische. Die Auseinandersetzungen und Ideen gerieten dem Plan, ein für die Veröffentlichung geeignetes Manuskript zu verfassen, in den Weg. In einem Brief beschreibt Marx die ersten acht Monate seiner Arbeit so: »Was *mein Buch* betrifft, so wird es vor zwei Monaten nicht fertig. Ich habe während des letzten Jahrs, um nicht zu verhungern, das schnödeste Handwerkszeug machen müssen und oft monatelang keine Zeile an der ›Sache‹ schreiben können. Dazu kömmt meine Eigentümlichkeit, daß, wenn ich nach 4 Wochen etwas fertig Geschriebnes von mir sehe, ich es ungenügend finde und wieder total umarbeite.«[1]

Nun hatte diese »Eigentümlichkeit« zu dem Zeitpunkt, an dem der Brief verfasst wurde, das Stadium der bloßen Umarbeitung bereits überschritten. Marx hatte begonnen, sich ausführlich mit den bereits vorhandenen Theorien über die Entstehung des Mehrwerts auseinanderzusetzen.[2] Im Jahr 1863 war daher längst klar, dass das 1861 begonnene Manuskript wie einst die *Grundrisse* nur zur Vorbereitung einer Publikation dienen konnte. Marx beginnt 1863 also erneut mit der Abfassung eines Manuskripts. Doch nach der Erfahrung von 1859 soll sich *Das Kapital* nun nicht in einer losen Folge von Heften entwickeln. Diesmal schreibt Marx zwischen 1863 und 1867 das Material für alle drei Bände nieder, bevor der erste Band erscheint.[3]

Sein ewiges Umarbeiten begann Marx allerdings trotzdem, nachdem der erste Band veröffentlicht war. Diese Umarbeitungen betrafen aber nur den veröffentlichten Band, der für Neuauflagen und vor allem für die Übersetzung ins Französische bearbeitet wurde. Die Veröffentlichung der Bände 2 und 3 schob Marx dafür so lange hinaus, dass Engels sie schließlich nach dem Tod von Marx aus dem ererbten Manuskriptberg zusammensetzen musste. Dabei traf Engels redaktionelle Entscheidungen wie etwa Umstellungen des Materials und die Einfügung von Zwischenüberschriften – und musste sie auch treffen. Heute sind diese redaktionellen Eingriffe – um das Mindeste zu sagen – nicht mehr unumstritten, weshalb sich auch ein Blick in das inzwischen vollständig veröffentlichte Marx'sche Originalmanuskript lohnt.

Wenn Marx seine Rekonstruktion des Kapitals mit der Ware beginnt, dann ist der Grund zum einen, dass diese Erscheinungsform des Reichtums in den kapitalistischen Gesellschaften die allgemein vertrauteste ist, zum anderen aber, dass auch das Kapital immer wieder Warenform annimmt. Die Ware ist also eine Elementarform, die es zu verstehen gilt, sollen komplexere Zusammenhänge begriffen werden. Zur Ware wird etwas, indem es so nützlich ist, dass an seinem Erwerb Interesse besteht, und es durch Tausch erworben werden kann. Die Ware hat diesen beiden Grundeigenschaften entsprechend einen Gebrauchswert und einen Tauschwert.

Wir hatten bereits gesehen, dass das Verhältnis, in dem getauscht wird, von Marx in Übereinstimmung mit der Arbeitswertlehre von David Ricardo auf die im gesellschaftlichen Durchschnitt zur Herstellung der Ware benötigte Arbeitszeit zurückgeführt wird. Und wir hatten ebenfalls gesehen, dass ein solches Tauschverhältnis einer jeden Ware mit jeder anderen die Abstraktion von den konkreten produktiven Tätigkeiten und ein allgemeines Tauschmittel, das Geld, voraussetzt.[4] Marx schmeichelt sich zwar, »zuerst [...] kritisch nachgewiesen«[5] zu haben, dass die abstrakte Arbeit, die zur Bestimmung des Tauschwerts dient, begrifflich von der konkreten Arbeit unterschieden werden muss, aber im Grunde stimmt er mit Ricardo darin überein, dass das System des Warentauschs eine – wenn auch verdeckte – Form der gesellschaftlichen Arbeitsteilung ist. »Indem [die Menschen] ihre verschiedenartigen Produkte einander im Austausch als Werte gleichsetzen, setzen sie ihre verschiednen Arbeiten einander als menschliche Arbeit gleich. Sie wissen das nicht, aber sie tun es.«[6] Der Marx'sche Vorwurf an die klassische Politische Ökonomie lautet angesichts dieser Übereinstimmung: »Sie hat niemals auch nur die Frage gestellt, warum dieser Inhalt jene Form annimmt, warum sich also die Arbeit im Wert und das Maß der Arbeit durch ihre Zeitdauer in der Wertgröße des Arbeitsprodukts darstellt?«[7]

Die Antwort auf die Frage, warum im Kapitalismus die gesellschaftliche Arbeitsteilung auf diese Weise organisiert ist, erfordert jedoch noch einige Vorarbeiten. Als allgemeines Äquivalent im Warentausch ist das Geld zunächst einmal nur das Maß der Werte. Es dient in dieser Eigenschaft sowohl als universelles Tauschmittel als auch als Speichermedium des Reichtums. Doch damit aus einem solchen Geldschatz ein Kapital wird, muss noch eine zusätzliche Bedingung erfüllt sein. Ein gefülltes Sparschwein, mag es noch so groß und dick sein, ist kein Kapital.

Marx erläutert die Besonderheit des Kapitals durch den Kontrast zum Tauschparadigma. Das Paradigma des einfachen Warentauschs war davon ausgegangen, dass eine Ware gegen eine andere getauscht werden soll. Das Geld tritt im Akt des Verkaufs nur zwischen die beiden Waren, um ihre Zirkulation zu erleichtern. Die zwei besonderen Warenbesitzer müssen so kein wechselseitiges Interesse an ihren Produkten besitzen. Durch das Zirkulationsmittel reicht es aus, dass irgendjemand ihre Waren gegen Geld erwirbt, um es zu ermöglichen, dass in den Händen des Ersten aus seiner Ware durch die voneinander getrennten Akte des Verkaufs und Kaufs die zunächst vom Zweiten besessene Ware wird, wobei der Zweite selbst keinerlei Interesse an der Ware des Ersten haben muss. Aus der Ware (W) wird Geld (G) und dann wieder eine (andere) Ware (W) vom gleichen Wert.

Das Paradigma des Kapitals sieht hingegen ganz anders aus. Hier muss das Geld (G) zum Ankauf von Waren ausgegeben werden, die dann wieder verkauft werden sollen, um mehr Geld (G') zu erzielen. Mit den Mitteln des wertbasierten Tauschparadigmas lässt sich allerdings nicht erklären, wie systematisch aus G G' werden kann. »Unser nur noch als Kapitalistenraupe vorhandner Geldbesitzer muß die Waren zu ihrem Wert kaufen, zu ihrem Wert verkaufen und dennoch am Ende des Prozesses mehr Wert herausziehn, als er hineinwarf. Seine Schmetterlingsentfaltung muß in der Zirkulationssphäre und muß nicht in der Zirkulationssphäre vorgehn. Dies sind die Bedingungen des Problems.«[8]

Marx löst das Problem der wundersamen Wertvermehrung durch die Eigenschaften der Arbeitskraft. Diese ist eine besondere Ware, weil zu ihrer (Wieder-)Herstellung weniger an Produkten benötigt wird, als sie selbst herzustellen vermag. Die Ware Arbeitskraft ist dadurch die einzige Quelle des Mehrwerts. Sie leiht ihre besondere Eigenschaft aber dem Kapital, das sie erwirbt, anwendet und sich so verwertet, während den Arbeitenden, die ihre Arbeitskraft verkauften, nur deren (Wieder-)Herstellungswert zukommt.

Mit dieser Lösung des Problems kann Marx auch die Frage nach dem Grund der spezifischen Form der Arbeitsteilung im Kapitalismus beantworten. Sie ermöglicht es, der Aneignung des Mehrwerts, das heißt der Ausbeutung der Arbeitenden, die Form eines freien und gerechten Tauschs zu geben. Die Arbeitskraft wird als Ware wie jede andere Ware zu ihrem Wert und – abgesehen von den allerdings für die kapitalistische Ökonomie wesentlichen Überlebenszwängen der Eigentumslosen – auch ganz freiwillig getauscht. Doch trotz der Einhaltung bürgerlicher Gerechtigkeits- und Freiheitsstandards wird sie vonseiten des Kapitals ohne Gegenleistung angeeignet. »Nach Abfluß einer gewissen Jahreszahl ist der [vom Kapitalisten] geeignete Kapitalwert gleich der Summe des während derselben Jahreszahl ohne Äquivalent angeeigneten Mehrwerts und die von ihm verzehrte Wertsumme gleich dem ursprünglichen Kapitalwert. [...] Kein Wertatom seines alten Kapitals existiert fort.«[9]

Der Kauf und die Anwendung von Arbeitskraft erfolgen mithilfe eines Kapitals, das nun ganz aus der Arbeit der Ausgebeuteten stammt. Zwar stimme es, dass der Kapitalist »in der Hand ein Kapital [behält], dessen Größe sich nicht verändert hat, wovon ein Teil, Gebäude, Maschinen usw., bereits vorhanden war, als er sein Geschäft in Gang brachte. Aber hier handelt es sich [um den] Wert des Kapitals und nicht [um seine] materiellen Bestandteile[.]. Wenn jemand sein ganzes Besitztum aufzehrt dadurch, daß er Schulden aufnimmt, die dem Wert dieses Besitztums gleichkommen, so repräsentiert eben das ganze Besitztum nur die Gesamtsumme seiner Schulden. Und ebenso, wenn der Kapitalist das Äquivalent seines vorgeschoßnen Kapitals aufgezehrt hat, repräsentiert der Wert dieses Kapitals nur noch die Gesamtsumme des von ihm unentgeltlich angeeigneten Mehrwerts.«[10]

Hätte Marx nur die Ausbeutung des Proletariats mit der für den Kapitalismus charakteristischen Realisierung von Freiheit und Gleichheit in Verbindung bringen wollen, dann hätte bereits der erste Band des *Kapitals* mehr als ausgereicht, um zu diesem Ziel zu gelangen. Aber Marx will mehr verstehen. Er will wissen, welche Auswirkungen die auf den Mehrwert ausgerichtete Produktion auf das Produzieren selbst hat. Er interessiert sich für das krisenhafte Zusammenspiel der einzelnen Kapitale bei der Erhaltung der ökonomischen Ordnung und für den Mechanismus der Angleichung ihrer Profitraten. Und er will zeigen, dass neben dem Profit auch der Zins und die aus Vermietung und Verpachtung von Grundstücken gewonnene Grundrente die Abschöpfung des Mehrwerts zur Quelle haben.

Die Analyse, nach der die Arbeitskraft Quelle des Mehrwerts ist, zeigt nicht nur, warum der Mehrwert (m), der sich erst im Verkauf der Waren realisiert, bereits in der Produktion der Waren entstehen muss.[11] Sie führt auch dazu, dass sich das Kapital, das verausgabt werden muss, um sich durch Produktion und Warenverkauf zu vermehren, analytisch in zwei Teile spaltet: das »konstante« Kapital (c), das für Rohstoffe, Ausgangsprodukte, Maschinen, Werkzeuge, Gebäude, Energie, Schmiermittel usw. ausgegeben wird, und das »variable« Kapital (v), aus dem die Löhne bezahlt werden. Beide zusammen sind das Kapital (C), das für die Produktion aufgebracht werden muss. Aber nur aus dem variablen Kapital entsteht der Mehrwert, denn Roh- und Hilfsstoffe übertragen ihren Wert unmittelbar auf das Produkt, und Maschinen und selbst die Produktionsstätten geben, indem sie über ihre Lebensdauer abgeschrieben werden, nach und nach ihren Wert an die Produkte ab.

Für die Steigerung des Mehrwerts ergeben sich damit zwei Wege. Zum einen kann die Arbeitszeit gesteigert werden. Marx nennt das die Steigerung des »absoluten Mehrwerts«. Ist die Zeit, die benötigt wird, um Produkte im Wert des Lohns herzustellen, eine feste Größe, dann ist jede Zeit, die darüber hinaus gearbeitet wird, die Zeit der Mehrwertproduktion. Marx stellt fest, dass es für die Ausdehnung des Arbeitstages keine feste Grenze gibt, auch wenn die Arbeitenden irgendwann nicht mehr in der Lage sind, ihre Arbeitskraft wiederherzustellen. Um diese zu erhalten, haben sie also ein Interesse daran, die Arbeitszeit so zu beschränken, dass sie ihre Kräfte auch tatsächlich regenerieren können und ihr Leben nicht durch Überarbeitung verkürzen. Die Käufer der Arbeitskraft hingegen haben das Interesse, die von ihnen gekaufte Ware zu nutzen, so weit es irgend geht. Beide Seiten können sich dabei auf den Sinn des Arbeitsvertrags berufen. »Es findet hier also eine Antinomie statt, Recht wider Recht, beide gleichmäßig durch das Gesetz des Warenaustausches besiegelt. Zwischen gleichen Rechten entscheidet die Gewalt. Und so stellt sich in der Geschichte der kapitalistischen Produktion die Normierung des Arbeitstags als Kampf um die Schranken des Arbeitstags dar«[12]. Es ist ein Kampf zwischen den Kapitalisten als Klasse und dem Proletariat, der folglich nicht in einer Fabrik allein entschieden werden kann, sondern nur durch gesetzliche Regelungen zu lösen ist. Und Gleiches gilt auch für die Kinderarbeit, die – schon allein weil Kinder weniger Essen benötigen – die Kosten zur Reproduktion der Arbeitskraft senkt um den Preis, dass ein richtiges Leben für die arbeitenden Kinder unmöglich ist.

Doch obschon die Kinderarbeit eingedämmt wurde, ist die Idee, dass der Mehrwert auch dadurch gesteigert werden kann, dass die für den Lohn notwendige Arbeitszeit gesenkt wird, für die Entwicklung der kapitalistischen Ökonomie entscheidend. Der »relative Mehrwert« beschreibt genau dieses Verhältnis. Er steigt nicht nur, wenn die Arbeitenden wie die Kinder weniger zur Lebenserhaltung brauchen, sondern auch, wenn die Arbeitsproduktivität steigt. Dann wird in kürzerer Zeit das zum Leben Notwendige hergestellt. Im *Kapital* verfolgt Marx nicht nur die Produktivitätssteigerung durch neue Kooperationsformen wie die Manufaktur und die Fabrik, sondern auch jene, die durch die Entwicklung der Maschinen und Produktionsverfahren bewirkt wird. Zunächst ist eine Steigerung der Produktivität für den individuellen Kapitalisten die Steigerung seines Mehrwerts, da sich der Wert eines Produkts nach der im gesellschaftlichen Durchschnitt benötigten Arbeitszeit seiner Produktion richtet. Doch selbst wenn auch die anderen Produzenten produktiver werden, steigt aufgrund des verschobenen Verhältnisses von Mehrarbeit und zur Selbsterhaltung nötiger Arbeit – oder wie Marx auch sagt, von unbezahlter und bezahlter Arbeit – bei gleicher Länge des Arbeitstages der Mehrwert, den die Produktion erbringt. Das kapitalistische Interesse und die Konkurrenz wirken hier gleichermaßen so, dass die Mehrwertrate (m/v) möglichst hoch ist.

Durch die Steigerung des relativen Mehrwerts ändert sich der Produktionsprozess grundlegend. Arbeitskraft wird nicht mehr nur angekauft, um eine Tätigkeit auszuführen, zu der ihrem Verkäufer die sachlichen Voraussetzungen fehlen – ein Vorgang, den Marx die »formelle Subsumtion der Arbeit unter das Kapital« nennt. »[D]ie Produktion des relativen Mehrwerts revolutioniert durch und durch die technischen Prozesse der Arbeit und die gesellschaftlichen Gruppierungen. Sie unterstellt also eine spezifisch kapitalistische Produktionsweise, die mit ihren Methoden, Mitteln und Bedingungen selbst erst auf Grundlage der formellen Subsumtion der Arbeit unter das Kapital naturwüchsig entsteht und ausgebildet wird. An die Stelle der formellen tritt die reelle Subsumtion der Arbeit unter das Kapital.«[13]

Vor dem Hintergrund, dass Marx die gesellschaftlichen Veränderungen an eine Veränderung der Produktionsweise gebunden hat, ist dieser Befund weitaus beunruhigender, als es im *Kapital* den Anschein hat. Die reelle Subsumtion hat zur Folge, dass auch die Produktion – wie schon der Staat – in der Revolution nicht einfach vom Proletariat übernommen werden kann. Sie ist auf Ausbeutung ausgerichtet, und ihre Abläufe wurden nicht nur formal der Ausbeutung unterworfen, sondern extra für diesen Zweck gestaltet.[14]

Marx selbst stellt solche Überlegungen allerdings nicht an. Für ihn ist die reelle Subsumtion vor allem interessant, weil sie dazu führt, dass das Kapital sowohl in seiner Reproduktion, vor allem aber auch in seiner Akkumulation, das heißt durch die Verwendung eines großen Teils des Mehrwerts als zusätzliches Kapital, seine Zusammensetzung ändert. »Die Akkumulation des Kapitals, welche ursprünglich nur als seine quantitative Erweiterung erschien, vollzieht sich, wie wir gesehn, in fortwährendem qualitativen Wechsel seiner Zusammensetzung, in beständiger Zunahme seines konstanten auf Kosten seines variablen Bestandteils.«[15]

Da die Produktivitätssteigerung darin besteht, weniger Arbeitskraft zur Herstellung eines Produktes zu benötigen und sie zudem durch den Einsatz von Maschinen bewirkt wird, ist es zunächst einmal plausibel, dass das Kapital in immer größerem Ausmaß aus konstantem (c) und dafür aus verhältnismäßig weniger variablem Kapital (v) besteht. Kann die Produktion nicht mehr ausgeweitet werden, heißt das allerdings, dass die Profitrate (p=m/C), das heißt der Mehrwert im Verhältnis zum insgesamt eingesetzten Kapital (C=c+v) und damit zur Größe, die aus der Sicht des Kapitalisten allein interessant ist, sinkt. Der Anteil des variablen Kapitals, das allein den Mehrwert zu produzieren vermag, nimmt ab.

In den *Grundrissen* zieht Marx aus diesen Überlegungen noch den Schluss, »mit der Entwicklung des Kapitals, sowohl seiner Produktivkraft wie des Umfangs, worin es als vergegenständlichter Wert schon sich gesetzt hat«, sei »die *Tendenz der Profitrate, zu fallen*« ein »großes Gesetz«,[16] das Adam Smith, David Ricardo und dessen Schüler nicht gefunden hätten, obwohl sie nach einer Erklärung für die Beobachtung suchten, dass die durchschnittliche Profitrate fällt. Doch die Überzeugung, dass es sich bei dem Fallen der Profitrate tatsächlich um ein empirisch gültiges Gesetz handelt, schwindet in den folgenden Manuskripten zusehends. In jenem Manuskript, aus dem Engels den dritten Band des *Kapitals* zusammengestellt hat, kehrt sich die von Smith und Ricardo ererbte Fragestellung schließlich sogar um. »Wenn man die enorme Entwicklung der Productivkräfte der gesellschaftlichen Arbeit z. B. nur in den letzten 30 J[ahren] verglichen mit allen früheren Perioden bedenkt, [...] so tritt an die Stelle der Schwierigkeit, welche bisher die Oekonomen beschäftigt hat, nämlich den Fall der Profitrate zu erklären, die umgekehrte ein, nämlich zu erklären, warum dieser Fall nicht grösser oder rascher ist?«[17] Woraufhin Marx verschiedene Einflüsse diskutiert, die den Fall zu bremsen oder sogar aufzuheben und umzukehren vermögen.[18] Der viel zitierte und diskutierte tendenzielle Fall der Profitrate ist mithin nur eine Tendenz, der andere Faktoren entgegenwirken können, und kein Schicksal, dem die kapitalistische Ökonomie nicht entgehen kann.

Die Verwandlung von Mehrwert in Profit verlässt bereits die Analyse auf der Ebene der Werte und geht zu der Perspektive über, die die ökonomischen Akteure auf das Geschehen haben. Doch bevor Marx im dritten Band des *Kapitals* zu diesem Ebenenwechsel kommt, führt er im zweiten Band eine ganz andere Art von Komplizierung der Analyse ein. Hier beschäftigt er sich mit der Zeitlichkeit jener Prozesse, die das Kapital zu seiner Verwertung durchlaufen muss. In einem ersten Schritt verwandelt sich das Kapital aus Geld in Arbeitskraft und Produktionsmittel. Im Produktionsprozess als zweitem Schritt werden diese verausgabt. Und schließlich müssen sie als Produkte im dritten Schritt wieder in Geld zurückverwandelt werden. Die Dauer dieser drei Verwertungsphasen ist unterschiedlich. Sie hängt vor allem im zweiten Schritt, das heißt bei der Produktion, stark davon ab, was hergestellt werden soll. Die Produktion einer Lokomotive dauert ungleich länger als die Herstellung von Baumwollgarn, die jeden Tag aufs Neue beginnt. Dabei ist nicht nur die reine Arbeitszeit entscheidend, sondern die Gesamtzeit der Produktion – Marx nennt als Beispiel für Produktionszeiten, die keine Arbeitszeiten sind, Gärungsprozesse –, denn in dieser Zeit ist das bereits verausgabte Kapital gebunden, und für jeden weiteren Produktionsschritt muss neues Kapital für Löhne und die zusätzlich benötigten Produktionsmittel zugeschossen werden. Ist die Produktion abgeschlossen, kommt zu der für sie benötigten Zeit noch die Zeit hinzu, in der die neu entstandenen Waren den Eigentümer wechseln. Auch das ist kein trivialer Vorgang, denn er kann nicht zuletzt durch Preisschwankungen gestört werden. Produktions- und Zirkulationszeit zusammen nennt Marx die spezifische Umschlagszeit des jeweiligen Kapitals. Da aber die Produktion während der Zirkulationszeit nicht stillsteht, verschlingen sich die spezifischen Zeitlichkeiten der drei Schritte ineinander, sodass die in der Analyse nacheinander ablaufenden Prozesse in Wirklichkeit parallel stattfinden.

Die Bedeutung all dieser technisch anmutenden Überlegungen wird zum ersten Mal deutlich, wenn Marx darauf hinweist, dass lange Umschlagszeiten eine Quelle für ökonomische Krisen sind. »Es werden [...] dem Markt Arbeitskraft, Lebensmittel für diese Arbeitskraft, [...] Arbeitsmittel und Produktionsstoffe entzogen, und zu ihrem Ersatz wird ein Äquivalent in Geld in den Markt geworfen; aber es wird während des Jahrs kein Produkt in den Markt geworfen, um die ihm entzognen stofflichen Elemente des produktiven Kapitals zu ersetzen. [...] In der kapitalistischen Gesellschaft [...], wo der gesellschaftliche Verstand sich immer erst post festum [sprich: nachdem die Verwertung des Kapitals durch den Verkauf der produzierten Waren wirklich gelungen ist] geltend macht, können und müssen so beständig große Störungen eintreten.«[19] Die Alternative ist für Marx die kommunistische Gesellschaft, die im Vorhinein entscheidet, für den Bau beispielsweise einer Eisenbahn einen Teil des gesellschaftlichen Produkts zu verwenden, statt im Nachhinein zu entscheiden, ob sie das Produzierte überhaupt will.

Mit der Analyse der verschiedenen Stadien, die der Verwertungsprozess des Kapitals durchläuft, wird aber auch deutlich, dass die Produktion, die ein Kapital in Bewegung setzt, von Voraussetzungen abhängig ist, die nicht in ihm selbst liegen. Eine dieser Voraussetzungen wurde bereits im ersten Band thematisiert, die Verfügbarkeit von Arbeitskraft auf dem Arbeitsmarkt, deren Träger einerseits frei sind, ihre Arbeitskraft zu verkaufen, und andererseits nicht über ausreichend Produktionsmittel verfügen, um auf eigene Faust und eigene Rechnung zu produzieren. Im zweiten Band wird nun aber deutlich, dass darüber hinaus auch genügend Lebensmittel, Maschinen, Werkzeuge, Roh- und Hilfsstoffe etc. auf dem Markt vorhanden sein müssen, damit sich Geld in die Voraussetzungen einer kontinuierlichen Produktion verwandeln kann. Marx unterteilt zur Analyse dieser Verhältnisse die Kapitalien grob in zwei Abteilungen, von denen die eine Lebens- und die andere Produktionsmittel herstellt. Beide sind aufeinander angewiesen, aber auch ihre Aufteilung erfolgt ohne gesellschaftlichen Plan und wird durch die Ausweitung der Produktion zusätzlich kompliziert. Die sich so notwendigerweise ergebenden Schwankungen identifiziert Marx als Keime ökonomischer Krisen, die in der Logik der kapitalistischen Ökonomie selbst dann eintreten, wenn es gar keine äußeren Störungen gibt. »Die Tatsache, dass die Warenproduktion die allgemeine Form der kapitalistischen Produktion ist, schließt bereits die Rolle ein, die das Geld, nicht nur als Zirkulationsmittel, sondern als Geldkapital in derselben spielt, und erzeugt gewisse, dieser Produktionsweise eigentümliche Bedingungen des normalen Umsatzes, also des normalen Verlaufs der Reproduktion, sei es auf einfacher, sei es auf erweiterter Stufenleiter, die in ebenso viele Bedingungen des anormalen Verlaufs, Möglichkeiten von Krisen umschlagen, da das Gleichgewicht – bei der naturwüchsigen Gestaltung dieser Produktion – selbst ein Zufall ist.«[20]

Obwohl Marx vor allem im zweiten Band des *Kapitals* immer wieder die fehlende Planung des gesamtgesellschaftlichen Produktionsprozesses betont, sodass die Gesetze der Ökonomie wie Naturgesetze wirken (»wie etwa das Gesetz der Schwere, wenn einem das Haus über dem Kopf zusammenpurzelt«[21]), findet natürlich auch in der kapitalistischen Ökonomie eine Koordination statt, die nicht ausschließlich über die ökonomischen Krisen funktioniert. Diese Koordination erfolgt aber auch nicht auf der Ebene der Wertanalysen, die die Marx'sche Untersuchung in den ersten beiden Bänden leiteten. Wie schon erwähnt wurde, sind die Kapitalisten nicht am Mehrwert interessiert, der sich auf das variable Kapital bezieht, sondern am Profit, den ihr eingesetztes Gesamtkapital, welches der Preis ist, den die Warenproduktion sie gekostet hat, abwirft. Die Koordination der Kapitalien untereinander erfolgt über den Vergleich ihrer Profitraten, also des Verhältnisses von Profit und Kostpreis. Kredite und Investitionen sorgen dafür, dass eine Normalerwartung an den Profit entsteht, eine Vorstellung davon, wie viel ein eingesetztes Kapital dem Kapitalisten aktuell einbringen soll.

Die »Gestaltungen des Kapitals«, die Marx im dritten Band analysiert, »nähern sich also schrittweis der Form, worin sie auf der Oberfläche der Gesellschaft, in der Aktion der verschiedenen Kapitale aufeinander, der Konkurrenz, und im gewöhnlichen Bewußtsein der Produktionsagenten selbst auftreten«[22]. Obwohl Marx an seinen vorangegangenen Analysen festhält, zeigt sich nun, warum diese auf der Oberfläche der ökonomischen Transaktionen nicht einfach erkennbar sind.[23] Nicht nur unterscheidet sich der Profit analytisch vom Mehrwert, durch die Angleichung der Profitraten für Kapitalien ganz unterschiedlicher Zusammensetzung, das heißt mit ganz unterschiedlichen Anteilen von konstantem und variablem Kapital, wird der Zusammenhang zwischen beiden völlig verdeckt.

Die Angleichung der Profitraten kann zudem nur erfolgen, weil die Preise, die tatsächlich für die Waren bezahlt werden, etwas anderes sind als deren Werte. Dass zwischen beiden kein direkter Zusammenhang besteht, hat dazu verführt, hier von einem Problem der Transformation von Werten in Preise zu sprechen. Marx macht aber deutlich, dass er beim Übergang von Werten zu Preisen die Analyseebene wechselt, sodass schon begrifflich zwischen Werten und Preisen keine einfache Übersetzung möglich ist.

Vor dem Hintergrund, dass die ökonomische Praxis die ökonomischen Fundamentalzusammenhänge verschleiert, ist auch der Rest des dritten Bands des *Kapitals* zu lesen. Marx diskutiert nach dem tendenziellen Fall der Profitrate zuerst, wie Kapital auch als Waren- und Geldhandlungskapital auftreten kann, Formen, die scheinbar der Analyse widersprechen, wonach die Quelle des Mehrwerts in der Warenproduktion zu suchen ist, weil es so aussieht, als würde den Waren auch in der reinen Zirkulationszeit Wert zugesetzt. Er stellt weiter dar, wie sich der Profit für die kapitalistische Buchhaltung in einen Unternehmergewinn und Zins spaltet, Größen, die in dem Fall entstehen, dass mit geborgtem Kapital produziert wird. Der so eingeführte Unternehmergewinn lässt einen Teil des Profits als Lohn des Kapitalisten erscheinen, während der Profit selbst und mit ihm die Ausbeutung durch seine Aufteilung in Zins und Unternehmergewinn vollkommen aus dem Blick gerät. Anschließend entwickelt Marx aus der Eigenschaft des Kapitals, Zins abzuwerfen, ein Verständnis der Praxis, alle Quellen von Einkommen – selbst die Arbeitskraft, den Boden oder an den Staat verliehenes Geld – als Kapital aufzufassen, indem die Einkünfte als Zinsen betrachtet werden, durch die auf die Größe des zugrunde liegenden »fiktiven Kapitals« geschlossen wird. In all diesen Fällen weist er darauf hin, dass die einzige Quelle des Mehrwerts die Ausbeutung lebendiger Arbeit ist. Zins, Unternehmergewinn und Grundrente sind nur Erscheinungsformen des Mehrwerts, der unter den Eigentümern des Kapitals, denjenigen, die das Kapital produktiv verausgaben, und den Eigentümern des Bodens aufgeteilt wird. Ohne die Ausbeutung gäbe es weder für die Eigentümer des Kapitals Zinsen noch für Eigentümer des Bodens eine Rente.

12. Fetisch, Mystifikation, Bewusstsein

Die Kritik der Politischen Ökonomie soll nicht nur die Probleme der theoretischen Erfassung des Kapitalismus lösen. Sie soll auch erklären, warum diese Probleme der Theoriebildung überhaupt entstehen. Schon die Darstellung der ökonomischen Zusammenhänge bindet das Marx'sche Hauptwerk an die Fragestellung, die sein Denken seit den 1840er Jahren antreibt. Marx beschreibt seitdem die Verhältnisse, in denen die Menschen ihr leibliches und gesellschaftliches Leben reproduzieren, weil nur eine Veränderung dieser Verhältnisse – so seine Überzeugung spätestens ab 1845 – zu einer tatsächlichen Verwirklichung der Freiheit führen kann. Die Beschreibung der Ursachen für die Abweichung des alltäglichen Verständnisses der ökonomischen Zusammenhänge von den Ergebnissen, die ihre wissenschaftliche Analyse erbringt, gehört zur Frage nach den Gründen für das bisherige Scheitern der von den Junghegelianern erwarteten Befreiung.

Marx untersucht nicht nur fehlgegangene Ansätze theoretischer Erklärungen. Im *Kapital* geht es auch darum zu zeigen, warum bestimmte falsche Vorstellungen von den ökonomischen Zusammenhängen in der bürgerlichen Ordnung notwendig auftreten müssen, warum diese Vorstellungen aus der Perspektive der alltäglichen Praktiken nicht nur richtig, sondern geradezu unumgänglich und warum sie gleichzeitig dennoch falsch und hinderlich für eine gesellschaftliche Wiederaneignung der ökonomischen Verhältnisse sind. Indem Marx solche Bewusstseinsformen identifiziert, identifiziert er zugleich Gründe für die Stabilität und scheinbare Alternativlosigkeit der bürgerlichen Ordnung. Die Begriffe, die solche Bewusstseinsformen im *Kapital* anzeigen, sind »Mystifikation« und »Fetischismus«, wobei letzterer Begriff theologisch und nicht, wie heute weit verbreitet, psycho- oder sexualpathologisch zu verstehen ist.

Die Analyse des Fetischismus beginnt im ersten Band des *Kapitals* mit seiner einfachsten, am leichtesten durchschaubaren Version: dem Warenfetischismus. Wir befinden uns dabei wieder auf der anfänglich gebrauchten Abstraktionsstufe, dem Tauschparadigma, in dem Einzelproduzenten ihre Produkte gegeneinander unter der Bedingung austauschen, dass der Tausch zu gleichen Werten erfolgt. Marx, der anhand dieses stark vereinfachten Modells die Arbeitswertlehre entwickelt hat, fragt nun, warum die Wertlehre von Vorstellungen behindert wird, die den ökonomischen Wert an dinglichen Eigenschaften der Waren festmachen wollen, sodass Diamanten als Diamanten und nicht als Produkte einer aufwendigen Suche, eines arbeitsintensiven Abbaus und des handwerklich anspruchsvollen Verfahrens eines Diamantschliffs wertvoll sind, obwohl doch »noch kein Chemiker Tauschwert in Perle oder Diamant entdeckt«[1] hat.

Die Ursache für die hartnäckige Annahme, es müsse eine den dinglichen Produkten innewohnende Eigenschaft sein, die sie nicht nur nützlich, sondern als Tauschobjekte wertvoll macht, ist für Marx keine einfache Verkennung der Wahrheit. Sie liegt vielmehr in der gesellschaftlichen Praxis des Warentauschs selbst begründet. Hier werden die Waren, obwohl sie die Arbeiten der Produzenten repräsentieren, die in ihnen stecken, nur als selbstständige Objekte zueinander in Beziehung gesetzt. »Die Gleichheit der menschlichen Arbeiten erhält die sachliche Form der gleichen Wertgegenständlichkeit der Arbeitsprodukte, das Maß der Verausgabung menschlicher Arbeitskraft durch ihre Zeitdauer erhält die Form der Wertgröße der Arbeitsprodukte, endlich die Verhältnisse der Produzenten, worin jene gesellschaftlichen Bestimmungen ihrer Arbeiten betätigt werden, erhalten die Form eines gesellschaftlichen Verhältnisses der Arbeitsprodukte.«[2] Was beim Tausch in Beziehung gesetzt wird, ist eine Menge der einen und eine zweite Menge der anderen Ware, deren Werte identisch sind (x Ware A = y Ware B).

Marx fährt fort: »Das Geheimnisvolle der Warenform besteht also einfach darin, daß sie den Menschen die gesellschaftlichen Charaktere ihrer eignen Arbeit als gegenständliche Charaktere der Arbeitsprodukte selbst, als gesellschaftliche Natureigenschaften dieser Dinge zurückspiegelt, daher auch das gesellschaftliche Verhältnis der Produzenten zur Gesamtarbeit als ein außer ihnen existierendes gesellschaftliches Verhältnis von Gegenständen.«[3]

Anhand dieser Eigenschaften der Waren lässt sich auch gut erklären, warum Marx den aus der Religion stammenden Begriff des Fetischs wählt. Fetische sind natürliche oder hergestellte Dinge, denen Handlungsmacht zugesprochen wird. Sie sind tote Dinge, die aber im System des Fetischglaubens Macht über die Menschen haben. Bei den Waren geschieht im Tausch etwas Ähnliches. Die Waren, eigentlich tote Dinge, die oft in keinerlei sachlichem Verhältnis zueinander stehen, haben plötzlich Beziehungen zu allen anderen Waren. Sie bilden einen Kosmos von miteinander kommunizierenden Gegenständen. Für die Besitzer der Waren ist diese Beziehungsbildung, die sich über die Äquivalente an anderen Warenmengen zeigt, zudem oft geheimnisvoll. Der Wert ihrer Waren hängt, wie sich schon gezeigt hat, nicht von der Arbeitszeit ab, die ihre Besitzer für deren Produktion aufwendeten, sondern im Normalfall von der Arbeitszeit, die zur Herstellung dieser Waren im gesellschaftlichen Durchschnitt notwendig ist.[4] Die Mystifikation der ökonomischen Zusammenhänge schlägt aufgrund der Praxis des Tauschs, deren Gesetze weder in den Händen der einzelnen Akteure liegen noch durch ihren Zusammenschluss beherrschbar werden, in eine Projektion um, die diese Handlungsfähigkeit unbelebten Gegenständen – in der Alltagssprache heißt es dann: »die Waren verkaufen sich« mal besser und mal schlechter – oder von den Menschen losgelösten sachlichen Mächten – den »Märkten« – zuschreibt.

Zwar zeigt die Analyse für Marx klar, dass die gesellschaftlichen Individuen ihre eigenen Tätigkeiten miteinander vermitteln. Aber die Praxis, mit der sie das tun, hängt in keiner Weise von dieser Einsicht ab. Sie stellt diese Vermittlung über die einzelnen Verhältnisse des Warentauschs und damit notwendigerweise hinter dem Rücken und über die Köpfe der Beteiligten hinweg her. Deshalb hat die Aufklärung über den zugrunde liegenden Zusammenhang auch keine unmittelbar verändernden Konsequenzen für die Praxis. Es ist für den Warentausch als Praxis unerheblich, mit welchem Bewusstsein die Tauschenden ihn vollziehen. Die Alternative zum Warenfetischismus ist daher für Marx auch kein aufgeklärtes Bewusstsein über die ökonomischen Hintergründe der Praxis, sondern eine andere Weise der gesellschaftlichen Vermittlung von Arbeitsteilung. Dass so etwas möglich ist, zeigt für Marx schon ein Blick in die Geschichte. Ein historisch im 19. Jahrhundert noch sehr naheliegendes Beispiel für eine andere Weise, die Arbeitsteilung gesellschaftlich zu organisieren, »bildet die ländlich patriarchalische Industrie einer Bauernfamilie, die für den eignen Bedarf Korn, Vieh, Garn, Leinwand, Kleidungsstücke usw. produziert. Diese verschiednen Dinge treten der Familie als verschiedne Produkte ihrer Familienarbeit gegenüber, aber nicht sich selbst wechselseitig als Waren. Die verschiednen Arbeiten, welche diese Produkte erzeugen, Ackerbau, Viehzucht, Spinnen, Weben, Schneiderei usw. sind in ihrer Naturalform gesellschaftliche Funktionen, weil Funktionen der Familie, die ihre eigne, naturwüchsige Teilung der Arbeit besitzt so gut wie die Warenproduktion. Geschlechts- und Altersunterschiede wie die mit dem Wechsel der Jahreszeit wechselnden Naturbedingungen der Arbeit regeln ihre Verteilung unter die Familie und die Arbeitszeit der einzelnen Familienglieder.«[5]

Und auch für die Zukunft deutet Marx eine alternative Möglichkeit an, wie sich Arbeitsteilung organisieren lässt. »Stellen wir uns endlich, zur Abwechslung, einen Verein freier Menschen vor, die mit gemeinschaftlichen Produktionsmitteln arbeiten und ihre vielen individuellen Arbeitskräfte selbstbewußt als eine gesellschaftliche Arbeitskraft verausgaben. [...] Das Gesamtprodukt des Vereins ist ein gesellschaftliches Produkt. Ein Teil dieses Produkts dient wieder als Produktionsmittel. Er bleibt gesellschaftlich. Aber ein anderer Teil wird als Lebensmittel von den Vereinsgliedern verzehrt. Er muß daher unter sie verteilt werden. Die Art dieser Verteilung wird wechseln mit der besondren Art des gesellschaftlichen Produktionsorganismus selbst und der entsprechenden geschichtlichen Entwicklungshöhe der Produzenten.«[6] Mit anderen Worten, die Kritik des Warenfetischismus zielt darauf, die Herrschaft des sachlichen Zwangs, den die Praxis des Tauschs erzeugt, zu brechen, indem mit dem Tausch als Art der gesellschaftlichen Vermittlung individueller Arbeiten gebrochen wird.

Der Warenfetischismus ist zwar die bekannteste und auch am meisten diskutierte Form des Fetischismus bei Marx, er ist aber nicht die einzige. Marx kennt noch den Geldfetisch und den Kapitalfetisch, der im »zinstragenden Kapital [...] seine äußerlichste und fetischartigste Form«[7] erreicht.

Der Geldfetisch ist dabei aufs Engste mit dem Warenfetisch verbunden. Geld ist für Marx seit seiner kritischen Auseinandersetzung mit Proudhon in *Das Elend der Philosophie*[8] unverzichtbar für das Funktionieren des allgemeinen Warentauschs, denn die universelle Austauschbarkeit der Produkte kann sich nur realisieren, wenn zwischen sie ein allgemeines Medium tritt, in dem ihre Werte gemessen und miteinander vermittelt werden. Andernfalls blieben die Austauschakte immer lokal und mehr oder weniger auf jene Fälle beschränkt, in denen sich die Bedürfnisse und Produkte unmittelbar wechselseitig ergänzen. Ohne Geld bräuchte es folglich ein unrealistisch hohes Maß an Organisation der Produktion und die gesellschaftliche Verteilung von Gütern in einem unvorstellbar komplexen Ringtausch, um den gesellschaftlichen Durchschnitt der jeweils benötigten Arbeitszeit zu bilden oder jede Ware gegen jede beliebige andere tauschen zu können.

Das Geld löst all diese Koordinationsprobleme. Indem es als Zirkulationsmedium zwischen die Waren tritt, erscheint es als die sachliche Gestalt des Wertes, die »außer und neben«[9] den einzelnen Waren existiert. »Die vermittelnde Bewegung«, durch die die verschiedenen Warenarten über ihre Mengen miteinander gleichgesetzt werden und die das Modell des einfachen Warentauschs prägt, »verschwindet in ihrem eignen Resultat und läßt keine Spur zurück. Ohne ihr Zutun finden die Waren [im Geld] ihre eigne Wertgestalt fertig vor«[10].

Verschwindet die gesellschaftliche Vermittlung der Einzelarbeiten, die von den Individuen privat betrieben werden, bereits im Warentausch hinter der Vermittlung der Produkte, erzeugt der Austausch der Waren gegen Geld eine Mystifikation zweiter Stufe. Jetzt tritt auch noch die Beziehung der Produkte aufeinander in den Hintergrund, weil die Konzentration ganz auf ihrer Beziehung zu einem einzigen Äquivalent liegt, das ihren Wert verkörpert und die Fähigkeit dazu »als gesellschaftliche Natureigenschaft zu besitzen scheint«. Dieser »falsche Schein [...] ist vollendet, sobald die allgemeine Äquivalentform[11] mit der Naturalform einer besondren Warenart verwachsen oder zur Geldform kristallisiert ist«[12]. Jetzt erst ist vollständig erklärt, warum der Warenwert als eine inhärente Eigenschaft des Dings erscheinen muss.

Dabei steht außer Frage, dass die Eigenschaft des Geldes, Wert zu verkörpern, gesellschaftlich ist. Das gilt umso mehr, als sich die ursprünglich als Gewichtsangaben von Edelmetall eingeführten Nominalwerte des Münzgeldes zunächst – sei es durch Abnutzung, sei es durch Manipulation – mehr und mehr vom realen Edelmetallgewicht der umlaufenden Münzen unterschieden und die Gold- und Silbermünzen anschließend durch Münzen und Banknoten ersetzt wurden, bei denen allein der aufgeprägte beziehungsweise aufgedruckte Nominalwert entscheidend ist. Das Geld wird so scheinbar zum bloßen Symbol einer gesellschaftlichen Vereinbarung. So heißt es etwa in der Theorie des Sozialontologen John R. Searle, »die 20 Dollar Note kauft nichts aufgrund ihrer physischen Beschaffenheit. Sie kann nur als Geld funktionieren, wenn sie als gültiges Zirkulationsmittel erkannt, akzeptiert und anerkannt wird.«[13] Wie Searle anschließend feststellt, ist die physische Konstitution des Geldes sogar so unbedeutend, dass auch ein bargeldloses »System gespeicherter numerischer Werte« für sein Funktionieren ausreichen würde, solange dadurch nur »jeder Person (oder jedem Unternehmen, jeder Organisation usw.) eine numerische Größe zugeordnet wird, die zu jedem Zeitpunkt die ihnen zur Verfügung stehende Summe an Geld anzeigt.«[14]

Indem das Geld aber zur reinen Konvention erklärt wird, wird es in seiner ökonomischen Funktion, das Maß der Werte zu sein, nur noch geheimnisvoller. Geld scheint dann einfach zu sein, was zu Geld erklärt wird. Aber was Geld eigentlich ist, wird so ungreifbar. Die Wirkung des Fetischs verschwindet nicht dadurch, dass er als Konvention erkannt wird. Für Marx lösen sich solche Geheimnisse der Geldpraxis theoretisch aber leicht auf. »Das Rätsel des Geldfetischs ist [...] nur das sichtbar gewordne, die Augen blendende Rätsel des Warenfetischs.«[15]

Allerdings ist nicht jede Mystifikation, die aus dem Warentausch entspringt, auch ein Fetisch. So nimmt der Verkauf der Arbeitskraft mit dem Arbeitslohn eine mystifizierende Form an, die es nahelegt, den falschen Ausdruck »Wert der Arbeit« zu verwenden, denn im Arbeitslohn verschwindet der Unterschied zwischen bezahlter und unbezahlter Arbeit vollkommen. »Alle Arbeit erscheint als bezahlte Arbeit. Bei der Fronarbeit unterscheiden sich räumlich und zeitlich, handgreiflich sinnlich, die Arbeit des Fröners für sich selbst und seine Zwangsarbeit für den Grundherrn.«[16] Bei der Lohnarbeit hingegen erhalten die Arbeitenden ihren Lohn für den vollen Arbeitstag. In jedem einzelnen Augenblick der Lohnarbeit vermischen sich so die im Fronsystem getrennten Anteile der Arbeit für sich selbst und der erzwungenen Arbeit für andere.

Marx weist in einem eigenen Kapitel extra darauf hin, dass das auch gilt, wenn statt eines Zeitlohns pro Stück bezahlt wird. Zwar bestärkt beim Stücklohn der Unterschied des tatsächlich erzielten Einkommens – das nach der Menge schwankt, die die Einzelnen jeweils am Tag herzustellen in der Lage sind – den falschen Schein, dass mit dem Produkt die gesamte Arbeit statt bloß der Arbeitskraft bezahlt wird. Aber letztlich ist auch der Stücklohn nur eine Form des Zeitlohns. »Beim Zeitlohn mißt sich die Arbeit an ihrer unmittelbaren Zeitdauer, beim Stücklohn am Produktenquantum, worin Arbeit während bestimmter Zeitdauer verdichtet. [...] Der Stücklohn ist also nur eine modifizierte Form des Zeitlohns.«[17] Dass das Produkt nur scheinbar bezahlt wird, in Wirklichkeit aber die Arbeitskraft, zeigt sich für Marx spätestens dann, wenn aufgrund gewachsener Produktivität der Lohn pro Stück gesenkt wird, auch wenn der Lohnsenkung »die Herabsetzung im Verkaufspreis der Ware nicht entspricht«[18].

Auch beim Zeitlohn existieren Praktiken, die den Schein der vollständigen Bezahlung der Arbeit verstärken. Marx nennt den unterschiedlichen Lohn für unterschiedlich produktive Arbeiter oder den Umstand, dass eine Verlängerung der Arbeitszeit – etwa durch Überstunden – von einer ihr entsprechenden Lohnerhöhung begleitet sein kann. Aus all dem folgert Marx: Mystifizierende Formen wie der Arbeitslohn »reproduzieren sich unmittelbar spontan, als gang und gäbe Denkformen«, dagegen muss das ihnen zugrunde liegende »wesentliche Verhältnis [...] durch die Wissenschaft erst entdeckt werden«.[19] Vom Fetischismus unterscheidet diese Mystifikation lediglich, dass hier kein Ding mit sozialen Fähigkeiten oder anderen lebendigen Kräften ausgestattet wird.

Das ist beim Kapital anders, denn das Kapital scheint alle Kräfte zu besitzen, die eigentlich den lebendigen Arbeitenden zukommen. In einem Kapitel, das im Manuskript von 1863–1867 die Resultate des ersten Bands des *Kapitals* zusammenfasst, dann aber doch nicht in den gedruckten Band aufgenommen wurde, merkt Marx die eigentümliche Verkehrung an, die mit der Subsumtion der Arbeit unter das Kapital einhergeht. »Der Capitalist functionirt nur als *personnificirtes* Capital, das Capital als Person, wie der Arbeiter nur als die personnificirte *Arbeit*, [...] wie sie als solche in der That als dem Capital im Productionsproceß einverleibtes Element, sein lebendiger, variabler Factor erscheint. Die Herrschaft des Capitalisten über den Arbeiter ist daher die

Herrschaft der Sache über den Menschen [...] Es ist dieß ganz *dasselbe* Verhältniß in der materiellen Production, [...] welches sich auf dem ideologischen Gebiet in der *Religion* darstellt, die Verkehrung des Subjekts in das Objekt und umgekehrt.«[20]

Der Ausgangspunkt, von dem Marx zu dieser Diagnose kommt, ist die Verwandlung von Geld in Kapital im ersten Band seines Buches. Da Kapital durch den ökonomischen Prozess definiert ist, der eine Summe Geld G in mehr Geld G'=G+ΔG verwandelt, ist Kapital nicht einfach Geld, sondern jede Form, die der Wert von G im Zuge seines Verwertungsprozesses, der aus ihm schließlich G' entstehen lässt, annimmt. Kapital sind also auch Waren und Arbeitskraft, wenn sie angekauft und im Produktionsprozess in Bewegung gesetzt werden, genauso wie die Produkte und der für sie auf dem Markt erzielte Preis. Weil aber der Kapitalist, um sein Kapital zu vermehren und so über die Zeit zu retten, es der Zirkulation anvertrauen muss, spricht Marx davon, dass das Kapital in all diesen Existenzweisen jeweils nur »verkleidet« sei. Das heißt, es lässt sich auf keine dieser Formen reduzieren, sondern besteht nur in ihrem spezifischen Zusammenhang. Kapital ist nicht der Schatz an Geld oder Waren, den jemand besitzt, sondern der prozessierende, sich vermehrende Wert. »Er geht beständig aus der einen Form in die andre über, ohne sich in dieser Bewegung zu verlieren, und verwandelt sich so in ein automatisches Subjekt. [...] Denn die Bewegung, worin er Mehrwert zusetzt, ist seine eigne Bewegung, seine Verwertung also Selbstverwertung. Er hat die okkulte Qualität erhalten, Wert zu setzen, weil er Wert ist. Er wirft lebendige Junge oder legt wenigstens goldne Eier.«[21]

Vor dem Hintergrund der Marx'schen Analyse der Mehrwertproduktion wirkt diese Charakterisierung als ein automatisches Subjekt zunächst etwas gewollt. Doch Marx weist schon an dieser Stelle darauf hin, dass sich diese scheinbare Selbsttätigkeit am deutlichsten im zinstragenden Kapital zeigt. »G–G', geldheckendes Geld – money which begets money – lautet die Beschreibung des Kapitals im Munde seiner ersten Dolmetscher, der Merkantilisten.«[22] Im Manuskript zum dritten Band weist Marx dann ausführlicher darauf hin, dass in dieser Formel alle Bedingungen, die der Vorgang der Zinsbildung im Produktions- und Zirkulationsprozess hat, verschwunden sind. »Das gesellschaftliche Verhältnis ist vollendet als Verhältnis eines Dings, des Geldes, zu sich selbst. Statt der wirklichen Verwandlung von Geld in Kapital zeigt sich hier nur ihre inhaltlose Form.«[23]

Indem das Kapital Zinsen trägt, hat es als Ware eine Eigenschaft, die bisher ausschließlich für die Arbeitskraft kennzeichnend war, »Wert zu schaffen, größren Wert, als der in ihm selbst enthalten ist«[24]. Und wie die Arbeitskraft wird auch das Kapital bloß auf Zeit zur Verfügung gestellt, um diesen Wert zu erzeugen. Es wird »verliehen, was die Form des Verkaufens für diese eigentümliche Ware ist«[25], um nach Ablauf der vereinbarten Periode zu seinem Eigentümer zurückzukehren. Zum Kapitalfetisch gehört also mit dem Geldverleih eine ökonomische Praxis, die für die Akteure, die mit ihr beschäftigt sind, eine unmittelbare Überzeugungskraft entwickelt, wie sie der Warenfetisch im Tausch besitzt.

Die Übereinstimmungen zwischen Kapital und Arbeitskraft sind dabei nicht zufällig. Während sich im Warenfetisch die gesellschaftliche Vermittlung der privat betriebenen Einzelarbeiten verbirgt, steckt im Kapitalfetisch die Mehrwertproduktion. Doch auch hier ist die Form nicht ohne Konsequenzen für den Prozess, der ihren Inhalt bildet. Im zusammenfassenden Kapitel des ersten Bandes, das Manuskript geblieben ist, betont Marx wie gesagt die verkehrende Wirkung dieser Form auf das Verhältnis zwischen Arbeitenden und Produktionsmitteln. »Es ist nicht die lebendige Arbeit, die sich in der gegenständlichen [sprich: in den gegenständlichen Produktionsbedingungen, die selbst das Ergebnis früherer Arbeit sind] als ihrem objectiven Organ verwirklicht, sondern es ist die gegenständliche Arbeit, die sich durch Einsaugen der lebendigen erhält und vermehrt, und dadurch zum *sich verwerthenden Werth*, zum *Capital* wird, als solches functionirt. Die Productionsmittel erscheinen nur noch als *Einsauger* eines möglichst grossen Quantums lebendiger Arbeit.«[26]

Auch hier könnte es noch so scheinen, als sei die Rede vom Kapital als Subjekt eine reine Rhetorik, die bloß das Handeln der Kapitalisten verschleiert. Aber für Marx ist die Kapitalform nicht nur »die Herrschaft der Capitalisten über die Arbeiter«, sprich: »die Herrschaft der [...] dem Arbeiter gegenüber verselbstständigten *Arbeitsbedingungen* (wozu ausser den objektiven Bedingungen des Productionsprocesses – den *Productionsmitteln* – auch die objektiven Bedingungen der Erhaltung und Wirksamkeit der Arbeitskraft, also die *Lebensmittel* gehören)«[27]. Die Kapitalisten unterliegen ebenfalls den Zwängen der Konkurrenz, sodass sie den Prozess der Mehrwertproduktion nicht nach Gutdünken gestalten können, sondern sich immer dem gesellschaftlich erreichten Produktivitätsniveau und den gerade gültigen Standards der Ausbeutung anpassen müssen. Aus diesem Grund sind sie für Marx die Personifikationen oder – was dasselbe meint – Charaktermasken des Kapitals. Sie sind dem ökonomischen Prozess unterworfen, auch wenn sie von ihm profitieren,[28] »das Gesetz der capitalistischen Production [...] erscheint als ein Zwang, den die Capitalisten sich wechselseitig und den Arbeitern anthun – also in der That als Gesetz des Capitals gegen beide«[29].

Doch obgleich im ökonomischen Prozess der Arbeiter – so wie der Kapitalist nur personifiziertes Kapital ist – nur die personifizierte Arbeit darstellt, gibt es für Marx doch einen entscheidenden Unterschied in der Stellung der beiden Gruppen zu ihrer jeweiligen Unterwerfung unter die sachliche Herrschaft des Kapitals. »Insofern steht hier der Arbeiter von vorn herein höher als der Capitalist, als der letztre in jenem Entfremdungsproceß wurzelt und in ihm seine absolute Befriedigung findet, während der Arbeiter als sein Opfer von vorn herein dagegen in einem rebellischen Verhältniß steht und ihn als Knechtungsproceß empfindet.«[30]

Für die Analyse des Fetischs ist jedoch entscheidend, dass aufgrund der Subjekt-Objekt-Verkehrung, die aus der Entfremdung von Arbeitenden und Produktionsmitteln hervorgeht, das Kapital, gegen das die Arbeitenden rebellieren, auch die gesellschaftlichen Produktivkräfte scheinbar in sich aufgenommen hat. Die Organisation der Arbeitenden, die Entwicklung von Verfahren, das in den Maschinen steckende Wissen – all das ist »dem Capital bereits einverleibt«[31]. Und so »stellen sich alle *gesellschaftlichen Productivkräfte der Arbeit* [...] als dem Capital inhärente Eigenschaften dar«[32]. Es ist der scheinbar ganz automatische ökonomische Prozess der Selbstverwertung des Werts, der Rationalisierungen antreibt, Erfindungen in Produktion umsetzt und zu alldem Menschen anstellt, die nach seinen Imperativen zur Produktion und Entwicklung beitragen.

Im abschließenden siebenten Kapitel über »Revenuen (Einkommen) und ihre Quellen« im Manuskript zum dritten Band des *Kapitals* treffen die Mystifikationen und der Kapitalfetisch noch einmal aufeinander. Das Kapitel beginnt mit einer parallelen Betrachtung von Kapital, Boden und Arbeit als den drei Einkommensquellen, die in den bürgerlichen Theorien der Politischen Ökonomie betrachtet werden. Diese drei Quellen sichern ihren Eigentümern Jahr für Jahr aufs Neue einen Anteil an dem Wert, den die Gesellschaft produziert. Die drei so vollkommen verschiedenen Kategorien Kapital, Boden und Arbeit – »ein gesellschaftliches, einer bestimmten historischen Gesellschaftsformation angehöriges Produktionsverhältnis«, »die unorganische Natur als solche« und »die produktive Tätigkeit des Menschen überhaupt«[33] – bilden zusammen mit den ihnen entsprechenden Einkommen, Profit beziehungsweise Zins, Grundrente und Arbeitslohn, für Marx »die trinitarische Form, die alle Geheimnisse des gesellschaftlichen Produktionsprozesses einbegreift«[34].

Die Formel »Kapital – Zins, Boden – Grundrente, Arbeit – Arbeitslohn« ordnet jeder Klasse ein Eigentum zu, über das sie verfügt und das sie dazu berechtigt, in der bürgerlichen Gesellschaft ein Einkommen zu beziehen, ohne durch ihre Lebenstätigkeit dessen Quelle zu verlieren. Dabei verschwindet aber die Tatsache, dass die Mehrwertproduktion allein durch Arbeit möglich ist, während die Monopolisierung der Produktionsmittel und des Bodens nur Mittel sind, die die Aneignung von Teilen des produzierten Mehrwerts erlauben.[35] Trotzdem funktioniert die Zuordnung von Kapital und Boden zu Profit/Zins und Rente so selbstverständlich, weil hier im alltäglichen praktischen Verständnis historisch Spezifisches für allgemein Gültiges gehalten wird. »Es ist [...] klar, daß, wenn von der Arbeit als Lohnarbeit ausgegangen wird, so daß das Zusammenfallen der Arbeit überhaupt mit der Lohnarbeit selbstverständlich scheint, dann auch als natürliche Form der Arbeitsbedingungen, gegenüber der Arbeit überhaupt, das Kapital und die monopolisierte Erde erscheinen müssen. Kapital zu sein, erscheint nun als natürliche Form der Arbeitsmittel, und daher als rein dinglicher und aus ihrer Funktion im Arbeitsprozeß überhaupt entspringender Charakter. Kapital und produziertes Produktionsmittel werden so identische Ausdrücke. Ebenso werden Erdboden und durch Privateigentum monopolisierter Erdboden identische Ausdrücke. Die Arbeitsmittel als solche, die von Natur Kapital sind, werden daher zur Quelle des Profits, wie die Erde als solche zur Quelle der Rente.«[36] Die Mystifikation des Arbeitslohns, der Kapitalfetisch und der Schein, dass aus Boden die Grundrente ebenso automatisch erwächst wie aus dem Kapital der Zins, bilden also zusammengenommen ein ganzes ökonomisches Glaubenssystem. Die Fetische – auch der Waren- und der Geldfetisch – existieren nicht isoliert voneinander, sondern erzeugen in ihrer systematischen Verbindung das, was Marx die »Religion des Alltagslebens«[37] im Kapitalismus nennt.

Marx hat die Theorie des Fetischismus im *Kapital* ausgesprochen prominent platziert. Sie erscheint am Ende des ersten und – nach den Erläuterungen, die in Band 1 und 3 zu finden sind – abschließend am Anfang des letzten niedergeschriebenen Kapitels seines Kapitalprojekts. Und inzwischen dürfte auch deutlich geworden sein, warum das so ist. Der Fetischismus erklärt nicht nur die fehlgeleiteten ökonomischen Theorien. Er ist vor allem das Alltagsbewusstsein, durch das das Kapital nicht als ein Verhältnis zur Aneignung von Mehrwert erscheint, sondern als unabdingbare Voraussetzung der Produktion und der Produktivkraftentwicklung, dessen Leistungen einen eignen Preis haben. Es kommt Marx darauf an, diesen Schein zu zerstören, der sein revolutionäres Projekt bedroht. Die Bedrohung für das revolutionäre Projekt besteht nicht nur darin, dass im Alltagsbewusstsein Zins, Unternehmergewinn und Grundrente gerechtfertigt sind. Bedrohlich ist auch, dass die Anerkennung dieser für Marx bloß scheinbaren Zusammenhänge die Entwicklung neuer Produktionsverhältnisse von vornherein untergräbt, wenn Kapital und Lohnarbeit als ewige Formen ökonomischen Handelns erscheinen. Das Verständnis der Politischen Ökonomie ist für Marx deshalb – wenn auch unausgesprochen – mehr als eine Rechtfertigung des Aufstands gegen das Kapital. Es ist für ihn eine Bedingung der revolutionären Umwälzung.

V. POLITIK
(1867–1883)

13. Marx und die *Internationale*

Nachdem Marx 1867 den ersten Band des *Kapitals* veröffenlicht hatte, rückte das Engagement im Generalrat der *Internationalen Arbeiterassoziation* mehr und mehr ins Zentrum seiner Tätigkeit, sodass die weitere Arbeit am Manuskript der zwei ausstehenden Bände des *Kapitals* rasch zum Erliegen kam. Sicher waren mit dem Manuskript zum *Kapital* nicht alle theoretischen Probleme gelöst, aber der Entwurf war in sich konsistent und ausführlich genug, um deutlich zu machen, dass die Ausbeutung keine zufällige Unzulänglichkeit der Marktwirtschaft oder die ökonomischen Krisen das Ergebnis von bösen Absichten und der Gier von Kapitaleignern oder Managern waren. Es lag also für Marx durchaus nahe, sich auf die organisatorische Arbeit zu stürzen und dabei vom Hintergrund aus – der Generalrat war kein Direktorium der *Internationale*, sondern eher eine Geschäftsstelle, die auf die Einhaltung der Statuten durch die Mitgliedsverbände achtete und den jährlichen Kongress vorbereitete – mit Argusaugen dafür zu sorgen, dass keine falschen inhaltlichen Weichenstellungen die politische Zielsetzung gefährdeten.

So polemisierte Marx gegen einen Programmpunkt der von Michael Bakunin 1868 mitbegründeten *Alliance internationale de la Démocratie socialiste* (Internationale Allianz der sozialistischen Demokratie), als deren Sektionen 1869 der *Internationale* beitreten wollten. Im Programm der *Alliance* hatte es zunächst geheißen: »Sie will vor allem die politische, wirtschaftliche und soziale Gleichstellung der Klassen und Individuen beiderlei Geschlechts«[1]. Darauf antwortet Marx in einem Zirkular des Generalrats: »Die Gleichmachung der Klassen, wörtlich interpretiert, läuft auf die *Harmonie von Kapital und Arbeit* hinaus, welche die Bourgeoissozialisten so aufdringlich predigen. Nicht *die Gleichmachung der Klassen* – ein logischer Widersinn, unmöglich zu realisieren –, sondern vielmehr *die Abschaffung der Klassen*, dieses wahre Geheimnis der proletarischen Bewegung, bildet das große Ziel der Internationalen Arbeiterassoziation.«[2] Auf diese Kritik hin änderte die *Alliance* ihr Programm. Bakunin, von dem die Formulierung stammte, nannte sie »unglücklich« und das Resultat eines Verschreibens.[3] Der Generalrat stimmte im Gegenzug der Aufnahme der einzelnen Sektionen der *Alliance* zu. Die *Alliance* selbst wurde wieder aufgelöst, nachdem der Generalrat gegen ihre Aufnahme eingewandt hatte, dass es dadurch zu einer *Internationale* in der *Internationale* käme.

Aus der Aufnahme der Sektionen sollte sich jedoch ein Konflikt entwickeln, der schließlich zur Spaltung und dem Untergang der *Internationale* führte. Der Ausgangspunkt dieses Konflikts war der Streit der Genfer Sektion der *Alliance* mit den schon bestehenden Mitgliedsorganisationen der *Internationale* in der romanischen Schweiz, der die Spaltungen des Proletariats und damit Grenzen dieses Konzepts in der politischen Praxis deutlich machte. Die Genfer Sektion der *Internationale* und das Komitee der *Romanischen Föderation* wurden von einer Arbeiteraristokratie aus Handwerkern geleitet, die in den Betrieben der Luxusproduktion von Uhren und Schmuck arbeiteten. Als Genfer Bürger waren sie in der Kommunalpolitik vertreten und konnten so eigene Interessen durchsetzen. Die Genfer Sektion der *Alliance*, die ebenfalls der *Romanischen Föderation* beitreten wollte, sah sich dagegen als Vertreterin der einfachen Arbeiter im Baugewerbe und außerhalb der Luxusindustrie. Im Kontrast zur Politik der alteingesessenen Sektion der *Internationale* war sie sich mit Bakunin darin einig, dass die *Internationale* eine Politik der »Abstention« verfolgen sollte. Das heißt, sie forderte die Nichtbeteiligung an Wahlen oder anderen Versuchen, den Staat mit Mitteln der bürgerlichen Politik zu reformieren.

Zu erklären ist die Bevorzugung der »Abstention« zum einen mit schlechten Erfahrungen, die führende Mitglieder der *Alliance*-Sektion in Bündnissen mit liberalen Kräften bereits gemacht hatten. Zum anderen beruhte sie aber auch auf der gesellschaftlich deutlich schlechteren Stellung der Mehrheit ihrer Mitglieder. Statt auf die Beteiligung an der kommunalen und regionalen Politik in den Parlamenten setzte die *Alliance*-Sektion auf kompromisslos radikale Positionen. Ihre Forderungen nach der »Abschaffung der Staaten, der patriotischen und politischen Grenzen, der Abschaffung des Erbrechts, der Organisation des Kollektiveigentums und der Kollektivarbeit von unten nach oben, durch die Freiheit«[4] kollidierten unmittelbar mit den politischen Ambitionen der bereits etablierten Genfer Sektion der *Internationale*, die sich im Wahlkampf unter Verweis auf die *Alliance* vorhalten lassen musste, den Umsturz zu betreiben. Aus diesen Gründen – wegen ihrer eigenen Statuten musste die *Föderation* offiziell allerdings andere nennen – verweigerte die *Romanische Föderation* der *Alliance* die Aufnahme.[5]

Für Marx und den Generalrat in London hatte dieser Konflikt zunächst nur eine untergeordnete Bedeutung. Zwar lehnte Marx die Position ab, den Kampf gegen das Erbrecht ins Zentrum der politischen Strategie der *Internationale* zu rücken, aber für die Genfer Konflikte war der Generalrat nicht zuständig. Allerdings gab es das Bestreben, die bestehende Genfer Sektion in der *Internationale* zu halten. Zudem verdächtigte Marx Bakunin – dessen *Alliance* aus einer Geheimorganisation hervorgegangen war und der seine direkten internationalen Kontakte auch weiterhin pflegte –, nach der Übernahme und Umgestaltung der *Internationale* zu streben. Um das zu verhindern, nutzten Marx und Engels nun ihrerseits direkte Kontakte, lancierten Zeitungsartikel, die Bakunin diskreditieren sollten, und verschickten geheime Dossiers. Das Resultat von alldem war, dass Bakunin schließlich Marx beschuldigte, seinerseits nach der Macht in der *Internationale* zu streben. Am Ende fühlten sich Marx und Bakunin durch die wechselseitigen Unterstellungen und Gerüchte diffamiert und missverstanden.

Die *Internationale* aber zerbricht nicht an diesen taktischen Finten, wechselseitigen Verdächtigungen und persönlichen Verletzungen. Sie zerbricht, als der lokale Konflikt in Genf zu einem Konflikt um den Generalrat wird. Dass es dazu kam, war die Konsequenz eines Vorschlags, der eigentlich helfen sollte, derartige Streitigkeiten beizulegen. Es waren die *Belgische Föderation* sowie ausgerechnet Bakunin und seine Mitstreiter, die dem IV. Allgemeinen Kongress der *Internationale* in Basel 1869 vorschlugen, dem Generalrat neue Rechte zu übertragen. Darunter war das Recht, Sektionen bis zum nächsten Kongress zu suspendieren und Streitfälle zwischen den Sektionen zu entscheiden.[6] Das war bis dahin den Kongressen vorbehalten gewesen.

Nachdem aber im April 1870 der Streit im *Romanischen Föderalkomitee* so eskaliert war, dass sich das Komitee spaltete, wurde der Generalrat gedrängt, mit seinen neuen Kompetenzen zu entscheiden, welche der beiden Fraktionen in Zukunft als *Romanisches Föderalkomitee* agieren durfte. Widerwillig entschied der Generalrat am 24. Juli 1870, dass das alte »Romanische Föderalkomitee in Genf seinen Titel beibehält und daß das Föderalkomitee in La Chaux-de-Fonds sich einen anderen, ihm genehmen, lokalen Titel beilegt«[7].

Die Enttäuschung der unterlegenen *Alliance* war immens. Offenkundig ging es nicht nur um den Namen, sondern um die

Zurücksetzung in der Sache. Die Hoffnungen ruhten nun auf dem Kongress der *Internationale*, der 1870 in Mainz stattfinden sollte. Doch der parallel zur Entscheidung des Generalrats ausbrechende Deutsch-Französische Krieg machte den Kongress unmöglich. Und als der Generalrat 1871 beschloss, aufgrund des Krieges statt des regulären Kongresses auf dem Kontinent nur eine Konferenz in London abzuhalten, war die Deutung für Bakunin und seine Freunde klar: Der Generalrat wolle die föderal organisierte Internationale in eine autoritär geführte Organisation umwandeln, die das Ziel eines Staatssozialismus verfolge. Zu diesem Eindruck trug sicher bei, dass Marx im Sommer 1871 nach der Veröffentlichung von *Der Bürgerkrieg in Frankreich* für die Zeitungen Europas zur berühmt-berüchtigten Führungsfigur der *Internationale* avanciert war. Zwar war *Der Bürgerkrieg in Frankreich* staatskritisch und den Prinzipien des Föderalismus verpflichtet, aber Marx gab angesichts der öffentlichen Wahrnehmung seine Zurückhaltung in der *Internationale* auf. Hatte er bis dahin selbst nie an einem der Kongresse teilgenommen, sondern nur im Hintergrund für den Generalrat gearbeitet, dessen Stellungnahmen und Berichte er regelmäßig vorbereitete, versuchte er nun, die Londoner Konferenz offensiv zu dominieren. Mit Abstand sprach niemand so oft auf dieser Konferenz, auf der auch der Schweizer Streit endgültig geregelt werden sollte.[8]

In ihren Resolutionen erteilte die Konferenz dann nicht nur den »braven Arbeitern der Jurasektionen«, das heißt der Fraktion, die sich auf die Seite der *Alliance* gestellt und von der *Romanischen Föderation* abgespalten hatte, »den Rath, sich den Sektionen der romanischen Föderationen wieder anzuschließen«[9]. Sie legte auch nahe, dass die *Alliance*, deren Genfer Sektion sich kurz vor der Konferenz aufgelöst und keinen Delegierten nach London entsandt hatte, einen »Sonderkörper« gebildet habe, welcher »unter dem Namen von Propagandasektionen u. s. w.

eine besondere, von den gemeinsamen Zwecken der Internationalen verschiedene Mission« verfolgte.[10] So etwas sei in Zukunft nicht mehr zulässig. Statt »Sektennamen« sollten die Gliederungen der *Internationale* zukünftig als solche benannt und mit der Bezeichnung ihrer Region oder Stadt näher gekennzeichnet werden.[11] Und auch in der Sache stellte sich die Konferenz voll und ganz hinter die ursprüngliche Genfer Sektion der *Internationale*. So sei die »Konstituirung der Arbeiterklasse als politische Partei unerlässlich [...] für den Triumph der sozialen Revolution und ihres Endziels, – *Abschaffung der Klassen*« und habe zudem »als Hebel für ihren Kampf gegen die politische Gewalt ihrer Ausbeuter zu dienen«[12].

Die so vor den Kopf gestoßenen »braven Arbeiter« gründeten daraufhin die »Jurasektion« der *Internationale* und verfassten ein Zirkular, das dazu aufrief, in einem kurzfristig einzuberufenden Kongress den Generalrat zu entmachten. »Unbestreitbar und tausendfach durch Erfahrung belegt ist die korrumpierende Wirkung der Autorität auf jene, die sie innehaben. Es ist für einen Menschen, der über seine Mitmenschen Macht ausübt, absolut unmöglich, ein moralischer Mensch zu bleiben. Der Generalrat konnte diesem unausweichlichen Gesetz nicht entgehen. [...] Wir beklagen nicht die Absichten des Generalrats. Die Personen, aus denen er besteht, [...] wollten guten Glaubens und um ihrer besonderen Lehre den Sieg zu verschaffen, das Autoritätsprinzip in der *Internationale* einführen [...] und es erscheint uns ganz natürlich, daß diese Schule, deren Ideal *die Eroberung der politischen Macht durch die Arbeiterklasse* ist, geglaubt hat, die Internationale müsse im Zuge der letzten Ereignisse ihre ursprüngliche Organisation umändern und sich in eine von einem Komitee geführte und regierte Organisation umwandeln.«[13]

Der Generalrat ließ sich bis März 1872 Zeit, bevor er überhaupt eine Stellungnahme zu dem schweizerischen Zirkular abgab und setzte dann nach langem Hin und Her für September einen Kongress in Den Haag an. Dieser Kongressort war allerdings von der Schweiz aus, aber auch für Bakunin, der sich in Italien aufhielt, kaum zu erreichen, da Deutschland und Frankreich wegen des Krieges unpassierbar blieben. Durch diese Teilung Europas in eine Nord- und eine Südhälfte kam die Wahl des Kongressortes in jedem Fall einer Vorentscheidung über die Mehrheitsverhältnisse auf dem Kongress gleich. Bakunin hatte nämlich in Italien, der Schweiz und Spanien erfolgreich neue Sektionen begründet, die sich teilweise wieder *Allianzen* nannten, während Marx und Engels vor allem auf die deutschen Delegierten und ihre Basis in England zählten.

Marx hatte zwar bereits im Frühjahr 1872 beschlossen, sich nach dem Kongress aus der politischen Arbeit ganz zurückzuziehen: »Ich erwarte mit Ungeduld den nächsten Kongreß«, schrieb er Ende Mai. »Das wird das Ende meiner Sklaverei sein. Danach werde ich wieder ein freier Mann werden; ich werde keine Verwaltungsfunktion mehr annehmen, weder im Generalrat noch im Britischen Föderalrat.«[14] Doch auf dem Kongress wollte er die *Internationale* noch vor Bakunin und seinen Anhängerinnen und Anhängern sowie der ihnen unterstellten Politik des Putsches retten. Dazu sorgte er persönlich dafür, dass in einem ersten Schritt einigen der Delegierten, die es nach Den Haag geschafft hatten, die Mandate aberkannt wurden (unter ihnen ein Vertreter der explizit feministischen Sektion 12 aus New York, dem das Mandat entzogen wurde, weil diese Sektion die Frauen- über die Arbeiterfrage stelle)[15], während die Mandate der als treu eingeschätzten Delegierten ausgesprochen großzügig anerkannt wurden. Mit der so sichergestellten Mehrheit wurde dann die Verlegung des Generalrats nach New York und somit außerhalb der Reichweite Bakunins beschlossen.[16] Und schließlich wurde in einem großen Finale auch noch der Ausschluss

Bakunins und seines engen schweizerischen Verbündeten James Guillaume aus der *Internationale* durchgesetzt. Der Grund für die Ausstoßung war die angebliche heimliche Fortführung der *Alliance*, die durch die neuen *Allianz*-Sektionen etwa in Spanien hinlänglich bewiesen sei.[17]

Zwar waren die spanischen Sektionen Neugründungen und keine Fortführungen der aufgelösten *Alliance*, aber natürlich pflegte Bakunin wie eh und je ein weites Netzwerk an Kontakten, die nicht alle offen zutage lagen und auch der politischen Mobilisierung innerhalb der *Internationale* dienten. In einer Situation, in der direkte Kommunikation oft schwierig oder gar unmöglich war und alle Beteiligten sich auf Berichte von Freunden und Emissären verlassen mussten, die oft nicht mehr als kolportierte Gerüchte über das andere Lager waren, war das allerdings weder ungewöhnlich noch ein hinreichender Beweis für eine bakunistische Konspiration gegen die *Internationale*.

Das Ergebnis der Manöver von Den Haag war nicht die Rettung der *Internationale*, sondern ihr Untergang. Bereits eine Woche später hielten die Schweizer Dissidenten einen Gegenkongress ab, der die Beschlüsse aus Den Haag für null und nichtig erklärte und dem sich eine ganze Reihe Föderalkomitees bald anschlossen. Marx betrachtete daraufhin die *Internationale* als gescheitert. Aber auch die »antiautoritäre« *Internationale* vermochte keine organisatorische Kraft mehr zu entwickeln, zumal mit Bakunin ihre zentrale Bezugsfigur 1876 starb.

14. Offene Probleme des Kommunismus

Relativ unbeteiligt an den Kabalen um die *Internationale* blieb die Arbeiterbewegung in Deutschland. Zwar warb Marx um deutsche Delegierte, aber die *Internationale* konnte in Deutschland keine größere Bedeutung entwickeln, da die individuelle Mitgliedschaft in ihr als Hochverrat verfolgt wurde. Zudem war die erste große politische Vereinigung der Arbeitenden in Deutschland nach 1848 der *Allgemeine deutsche Arbeiterverein* (ADAV), der 1863 unter dem in theoretischer wie praktischer Hinsicht maßgeblichen Einfluss von Ferdinand Lassalle gegründet worden war. Lassalle war zwar einige Zeit von Marx zum engsten Kreis seiner politischen Freunde gezählt worden – zur, wie Marx sie selbst nannte, »Partei Marx«, einer inoffiziellen Fraktion innerhalb der *Internationale* – und war zeitweise sogar sein einziger Vertrauter in Deutschland.[1] Recht bald aber erwies sich Lassalle als zu selbständig, um dauerhaft für eine so enge Stellung infrage zu kommen.[2] Dass er außerdem eigene ökonomische Arbeiten publizierte, die Marx als – wenn auch, was ihren theoretischen Gehalt betraf, inferiore – Konkurrenz begriff, vertiefte die unausgesprochenen Differenzen schon lange bevor der ADAV gegründet wurde.[3]

Aus einem Konflikt im ADAV ergab es sich dann, dass Marx nach dem Scheitern seiner Politik in der *Internationale* noch einmal in grundlegender Weise auf die Politik der deutschen Arbeiterbewegung Einfluss zu nehmen versuchte. Diese Auseinandersetzung war jedoch kein direkter Konflikt zwischen Lassalle und Marx. Vielmehr kam Lassalle bereits 1864, also ein Jahr nach der Gründung des ADAV, bei einem Duell ums Leben. Der Konflikt entstand zudem vor allem mit Wilhelm Liebknecht, der während seines Exils in London in den engen Kreis um Marx aufgenommen worden war.[4] Im ADAV war Liebknecht zunächst eine führende Figur, brach aber 1865 mit dem Parteiblatt *Social-Demokrat* wegen der Meinung des Herausgebers, Lassalleaners und späteren Präsidenten des ADAV Johann Baptist von Schweitzer, »daß ein Zusammengehen mit Bismarck ersprießlich sein könne«[5].

Liebknecht trat jedoch nicht nur aus der Redaktion des *Social-Demokrat* aus, sondern wurde wegen seiner politischen Aktivitäten auch aus Preußen ausgewiesen und initiierte daraufhin zusammen mit August Bebel die *Sächsische Volkspartei*, die sich 1869 mit dem *Vereinstag Deutscher Arbeitervereine* (VDAV) zur *Sozialdemokratischen Arbeiterpartei* (SDAP) zusammenschloss. Fortwährende Vereinigungsversuche mit dem ADAV beziehungsweise dessen Nachfolgeorganisation[6] scheiterten – nicht nur aus der Sicht von Liebknecht und Bebel – vor allem an Schweitzer und dessen Politik eines Staatssozialismus, die auf eine Übereinkunft in der »sozialen Frage« mit der preußischen Regierung unter Bismarck zielte und dafür die preußischen Ambitionen einer Reichseinigung gegen Österreich unterstützte.[7] Eine im April 1869 zwischen SDAP und ADAV geschlossene Übereinkunft, dass die Anträge der jeweils anderen Partei im Reichstag des Norddeutschen Bundes unterstützt und deren Repräsentanten nicht mehr angegriffen werden dürften,[8] hielt denn auch nicht lange.[9] Erst nach dem Rückzug Schweitzers aus dem ADAV und der Politik insgesamt im Jahre 1871 kam es wieder zu einer langsamen Annäherung der beiden sozialdemokratischen Parteien, die 1875 mit der Vereinigung zur *Sozialistischen Arbeiterpartei Deutschlands* und einem auf dem Vereinigungsparteitag in Gotha beschlossenen Kompromissprogramm ihren krönenden Abschluss fand.

Anlässlich des für Gotha vorbereiteten Programmentwurfs versucht Marx noch einmal aktiv in die Politik einzugreifen. Die *Randglossen zum Programm der deutschen Arbeiterpartei* (auch *Kritik des Gothaer Programms* genannt) sind eine Zurückweisung der darin enthaltenen theoretischen Positionen, die für ihn zu viel des Lassalle'schen Erbes enthalten,[10] und eine Klage über die politischen Perspektiven, die sich aus diesen Positionen ergeben.

Marx beginnt seine Kritik an dem Programmentwurf scheinbar kleinlich. Der nach der Kenntnis der Arbeitswertlehre naheliegende Halbsatz: »Die Arbeit ist die Quelle alles Reichtums und aller Kultur«[11], wird von ihm zurückgewiesen, weil auch die Natur eine Quelle des Reichtums sei. Die Kritik wird auch dadurch nicht viel bedeutsamer, dass Marx anmerkt, die Verfügung über die Natur und damit über die »gegenständlichen Arbeitsbedingungen«[12] sei in der Form von Eigentum die Grundlage der Ausbeutung. Es darf wohl vorausgesetzt werden, dass dies den Autoren des Programmentwurfs nicht nur bekannt war, sondern dass sie die Ansprüche auf einen Anteil am gesellschaftlichen Produkt, die aus solchem Eigentum abgleitet werden, mit ihrer Formulierung gerade angreifen wollten. Lautet doch der gesamte Satz: »Die Arbeit ist die Quelle alles Reichtums und aller Kultur, und da nutzbringende Arbeit nur in der Gesellschaft und durch die Gesellschaft möglich ist, gehört der Ertrag der Arbeit unverkürzt, nach gleichem Rechte, allen Gesellschaftsgliedern.«[13]

Doch für Marx macht diese Vervollständigung des Satzes die Sache nicht besser. Denn hier ist für ihn alles unklar. Indem anstelle einer deutlichen Kritik von Ausbeutung der historisch abstrakte Verweis auf die Gesellschaft und ein gleiches Recht erfolgt, sieht Marx das Ziel einer revolutionären Überwindung der kapitalistischen Ordnung preisgegeben. Gegen die Formel von der Verteilung des unverkürzten Arbeitsertrags nach gleichem Recht unter allen Gesellschaftsgliedern (»Auch den nicht arbeitenden?«[14]) entwickelt Marx ein erstes Modell der sozialistischen Ordnung. Dazu stellt er zunächst fest, dass vom Ertrag der gesamtgesellschaftlich erbrachten Arbeit einiges abzuziehen ist, bevor an eine weitere Verteilung gedacht werden kann. Ökonomisch unabdingbar seien der Ersatz der verbrauchten Produktionsmittel, Materialien für eine Ausweitung der Produktion und ein »Reserve- oder Assekuranzfonds gegen Mißfälle, Störungen durch Naturereignisse etc.«[15]. Neben diesen Abzügen vom gesellschaftlichen Produkt müsse aber weiterhin die Verwaltung unterhalten werden sowie Schulen, das Gesundheitswesen und so weiter. Und schließlich müssten auch die Kranken, Alten und Kinder versorgt werden, die selbst nicht arbeiten können.

Was aber bedeutet nun, nach all diesen Abzügen, das »gleiche Recht« des Programmentwurfs für »eine kommunistische Gesellschaft, nicht wie sie sich auf ihrer eignen Grundlage *entwickelt* hat, sondern umgekehrt, wie sie eben aus der kapitalistischen Gesellschaft *hervorgeht*, also in jeder Beziehung, ökonomisch, sittlich, geistig, noch behaftet ist mit den Muttermalen der alten Gesellschaft, aus deren Schoß sie herkommt«[16]? Für Marx bedeutet dieses »gleiche Recht«, dass alle dasselbe Quantum an abstrakter Arbeit, das sie der Gesellschaft gegeben haben, in einer anderen Form zurückerhalten. »Es herrscht hier offenbar dasselbe Prinzip, das den Warenaustausch regelt, soweit er Austausch Gleichwertiger ist.«[17]

Marx wiederholt an dieser Stelle in den *Randglossen* aber nicht die Kritik des Äquivalententauschs aus seinem ökonomischen Werk. Stattdessen entwickelt er eine Fundamentalkritik des Rechts: »Das Recht kann seiner Natur nach nur in Anwendung von gleichem Maßstab bestehn; aber die ungleichen Individuen (und sie wären nicht verschiedne Individuen, wenn sie nicht ungleiche wären) sind nur an gleichem Maßstab meßbar, soweit man sie unter einen gleichen Gesichtspunkt bringt, sie nur von einer bestimmten Seite faßt, z. B. im gegebnen Fall sie nur als Arbeiter betrachtet und weiter nichts in ihnen sieht, von allem andern absieht. Ferner: Ein Arbeiter ist verheiratet, der andre nicht; einer hat mehr Kinder als der andre etc. etc. Bei gleicher Arbeitsleistung und daher gleichem Anteil an dem gesellschaftlichen Konsumtionsfonds erhält also der eine faktisch mehr als der andre, ist der eine reicher als der andre etc. Um alle diese Mißstände zu vermeiden, müßte das Recht, statt gleich, vielmehr ungleich sein.«[18]

Zwar bleibt sich Marx in seiner Revolutionstheorie so weit treu, dass er vom Proletariat ausgeht und die rechtliche Fassung der Gerechtigkeit als unvermeidliches Stadium ansieht, wenn sich das Proletariat aus seinen Ursprüngen in der bürgerlichen Gesellschaft heraus zu seiner Aufhebung in der kommunistischen Gesellschaft entwickelt. Dennoch wagt er auch die Prophezeiung: »In einer höheren Phase der kommunistischen Gesellschaft, nachdem die knechtende Unterordnung der Individuen unter die Teilung der Arbeit, damit auch der Gegensatz geistiger und körperlicher Arbeit verschwunden ist; nachdem die Arbeit nicht nur Mittel zum Leben, sondern selbst das erste Lebensbedürfnis geworden; nachdem mit der allseitigen Entwicklung der Individuen auch ihre Produktivkräfte gewachsen und alle Springquellen des genossenschaftlichen Reichtums voller fließen – erst dann kann der enge bürgerliche Rechtshorizont ganz überschritten werden und die Gesellschaft auf ihre Fahne schreiben: Jeder nach seinen Fähigkeiten, jedem nach seinen Bedürfnissen!«[19]

Im beschlossenen Programm von Gotha schlug sich diese Marx'sche Kritik kaum nieder. Im ersten Satz wurde der unverkürzte Ertrag der Arbeit nur zum »gesamten Arbeitsprodukt«, und das gleiche Recht wurde zu der Formulierung »bei allgemeiner Arbeitspflicht, nach gleichem Recht Jedem nach seinen vernunftgemäßen Bedürfnissen« erweitert.[20] Aus dem Freiheitsgewinn, den die Marx'sche Formulierung für die kommunistische Zukunft vorhersagt, wird so Arbeitszwang und der autoritäre Führungsanspruch einer Partei, die sich anmaßt festzulegen, was »vernünftige« Bedürfnisse sind. Nicht nur in diesem Punkt findet sich Marx 1875 im Widerspruch zum Staatssozialismus und damit verglichen mit dem Streit in der *Internationale* auf der entgegengesetzten Seite des politischen Feldes.

Andere Kritikpunkte von Marx fanden bei der Diskussion auf dem Vereinigungsparteitag von Gotha gar keinen Niederschlag oder wurden ähnlich halbherzig beachtet. So wurde zwar die Formulierung in das Programm aufgenommen: »Die sozialistische Arbeiterpartei Deutschlands [...] ist sich des internationalen Charakters der Arbeiterbewegung bewußt und entschlossen, alle Pflichten, welche derselbe den Arbeitern auferlegt, zu erfüllen«[21], aber es blieb dabei, dass der »nationale Rahmen« als ihr aktuelles Wirkungsfeld bestimmt wurde. Obwohl Marx dagegen eingewandt hatte: »*Von internationalen Funktionen* der deutschen Arbeiterklasse also kein Wort! Und so soll sie ihrer eignen, mit den Bourgeois aller andern Länder bereits gegen sie verbrüderten Bourgeoisie und Herrn Bismarcks internationaler Verschwörungspolitik das Paroli bieten!«[22]

Die nationale Orientierung der neuen Partei war aber keineswegs zufällig und auch nicht das Ergebnis des Scheiterns der *Internationale*. Sie ergab sich fast zwangsläufig aus der Ausrichtung der Politik auf den Staat, die den zweiten Kernpunkt des Programmentwurfs und der Marx'schen Kritik daran bildete. Wie im *Bürgerkrieg in Frankreich* beharrt Marx auch in den *Randglossen* darauf, dass »die jetzigen Staatsfunktionen« im Kommunismus nur zum Teil in analoge »gesellschaftliche Funktionen«

übergehen. Welche Funktionen das genau sind, sei aber eine Frage, die »nur wissenschaftlich zu beantworten« ist, »und man kommt dem Problem durch tausendfache Zusammensetzung des Worts Volk mit dem Wort Staat auch nicht um einen Flohsprung näher«.[23] Das Programm spreche aber gar nicht vom Kommunismus oder von der »Periode der revolutionären Umwandlung [...], deren Staat nichts andres sein kann als *die revolutionäre Diktatur des Proletariats*«[24], sondern nur vom »freien« und vom »heutigen« Staat.

Für Marx liegen die Hauptfehler dieser Ausrichtung erstens in der Trennung der Gesellschaft vom Staat, der als ein »durch Teilung der Arbeit« abgesonderter, »eigner Organismus« oder als »Regierungsmaschine« verstanden werde,[25] und zweitens in einer politischen Orientierung, die nicht über die demokratische Republik hinausweise, die zwar nicht im Deutschen Reich, aber durchaus in der Schweiz und den USA bereits verwirklicht sei. Für Marx ist die Demokratie jedoch nicht das Ende der Geschichte, sondern »grade in dieser letzten Staatsform der bürgerlichen Gesellschaft [ist] der Klassenkampf definitiv auszufechten«[26]. Zudem sei die Verklausulierung der gemeinten Demokratie als »freier« Staat notwendig, da nicht einmal die Forderung nach Demokratie im Deutschen Kaiserreich offen gestellt werden könne. In dem Programm ergebe eine solche Zusammenstellung im preußischen Staat unerfüllbarer Forderungen aber bloßen Unsinn.

Im Ergebnis heißt das für Marx, »das ganze Programm, trotz alles demokratischen Geklingels, ist durch und durch vom Untertanenglauben [...] an den Staat verpestet«[27]. Das zeige sich besonders, wenn die »Volkserziehung durch den Staat« gefordert werde. Zwar sei es legitim, Bildungsstandards und staatliche Kontrollen zu ihrer Durchsetzung zu fordern, aber »Regierung und Kirche [sind] gleichmäßig von jedem Einfluß auf die Schule auszuschließen. Im preußisch-deutschen Reich nun gar [...] bedarf umgekehrt der Staat einer sehr rauhen Erziehung durch das Volk.«[28]

Wilhelm Liebknecht hatte schon bei seinem Austritt aus dem *Social-Demokrat* Engels auf dessen und die Vorwürfe von Marx hin wissen lassen: »Alles was Du sagst, ist auch meine Ansicht; ich habe es mir selbst, ich habe es Andern tausendmal gesagt – aber Theorie und Praxis sind zwei verschiedne Dinge«[29]. Jetzt da er sehr wohl wusste, dass er bei Marx und Engels auf keine Absolution für das Kompromissprogramm rechnen durfte, ließ er ihnen unmittelbar nach dem Gothaer Kongress eine Warnung zukommen. Nicht nur schrieb Samuel Kokosky dem Marx-Vertrauten Wilhelm Bracke, dem Marx im Unterschied zu Liebknecht seine *Randglossen* geschickt hatte: »Liebkn[echt] macht mich darauf aufmerksam, daß Sie nach London schreiben müßten, damit die dort keinen Unsinn machen.«[30] Um ganz sicher zu gehen, fügte er dem Brief auch noch ein eigenes Postskriptum hinzu: »L[ieber] Br[acke]! Ja schreibe an die Londoner! Wir haben Manches gebessert, das Prinzip der Unfehlbarkeit gebrochen, die nöthigen Programmreformen vorbereitet. Das Programm ward *einstimmig* angenommen. Durch Austritt aus der Partei, resp. Desavouierung derselben stellen M[arx] und E[ngels] sich *außerhalb der Arbeiterbewegung*. Schreib das nur! Das internationale Prinzip ist gerettet, das ›eherne‹ ad absurdum geführt ......«[31] Marx und Engels verstanden diese Warnung, und Marx hielt sich nach der Niederlage von Gotha bis an sein Lebensende aus der Politik der deutschen Arbeiterbewegung heraus, die ihn dafür als theoretischen Gründervater weiter verehrte. Die *Randglossen*, die er nur brieflich nach Deutschland geschickt und nicht hatte drucken lassen, wurden erst 1891 von Engels publiziert.

Der Ausflug in die politische Auseinandersetzung mit den deutschen Sozialdemokraten blieb für Marx eine Episode. Die Ankündigung seines Rückzugs aus der *Internationale* hatte er im Mai 1872 noch damit begründet, seine Studien wieder aufnehmen zu müssen.[32] Doch außer der intensiven Umarbeitung des ersten Bandes des *Kapitals* erscheinen bis zu seinem Tod nur noch kleinere Texte wie Vorworte zu Neuauflagen längst geschriebener Werke. Das sollte aber nicht dazu verführen zu glauben, Marx habe seine Studien bloß vorgeschoben, um sich zurückziehen zu können. Vielmehr zeichnet sich schon 1870 ab, dass der zweite Band des *Kapitals* aus denselben Gründen nicht erscheinen wird, die die Abfassung des ersten Bandes zwanzig Jahre lang verzögert hatten. In einem Brief schreibt Marx: »Was Meißners Drang für den zweiten Band betrifft, so bin ich nicht nur während des ganzen Winters durch Krankheit unterbrochen worden. Ich fand es nötig, Russisch zu ochsen, da es bei der Behandlung der Landfrage unumgänglich geworden ist, die russischen Grundeigentumsverhältnisse in den Originalquellen zu studieren.«[33]

Marx trieb neben den ökonomischen Studien bis an sein Lebensende auch Studien zur Verfassungs- und zur Geschichte des Eigentums von der Urzeit der Menschheit bis zum Russland der Gegenwart. Diese bilden ab der Mitte der 1870er Jahre sogar sein Hauptstudienfeld. Daneben studierte er auch Bücher zur Physiologie und Technikgeschichte, zur Geologie, Mineralogie und Agrikulturchemie, zur Trigonometrie, Algebra und Differentialrechnung, zum Atommodell und zur organischen Chemie. Oft ist nicht zu erkennen, welchen Zusammenhang diese Studien mit den ausstehenden Bänden des *Kapitals* noch haben könnten, auch wenn beispielsweise die Bodenverbesserung und die Unterschiede der Böden bei der Grundrentendiskussion im dritten Band eine Rolle spielen.

Der Zweck der weitreichenden historischen Studien hingegen wurde dadurch deutlich, dass immer wieder revolutionäre Gruppen aus Russland Marx mit der Frage konfrontierten, ob ihr Land auch erst den Weg der Durchsetzung des Kapitalismus und der damit einhergehenden Zerstörung bäuerlicher Gemeinschaften gehen müsse, wie er im *Kapital* für England beschrieben wurde, um den Schritt zum Kommunismus machen zu können. Marx verweist in seinen Antworten immer wieder auf die Stelle in der französischen Ausgabe des *Kapitals*, an der es heißt: »Aber *alle anderen Länder Westeuropas* durchlaufen die gleiche Bewegung.«[34] Aus dieser spezifischen Analyse ergebe sich jedoch ausdrücklich keine »geschichtsphilosophische Theorie des allgemeinen Entwicklungsganges«[35], da es keinen »Universalschlüssel einer allgemeinen geschichtsphilosophischen Theorie, deren größter Vorzug darin besteht, übergeschichtlich zu sein«[36], geben könne.

Doch indem Marx die Unterstellung zurückweist, er vertrete eine Geschichtsphilosophie, die auf einen einzigen Entwicklungsgang festgelegt ist, trifft er – wie er selbst weiß – noch nicht den Kern der Diskussion um die russischen Ackerbaugemeinden. Denn in den revolutionären Kreisen wurde darüber diskutiert, ob diese Gemeinden anstelle des Proletariats die Grundlage für den Sozialismus sein könnten: »Für die einen ist diese Landkommune, wenn sie von den übermäßigen Steuern, den Zahlungen an die Herrschaft und der Willkürverwaltung befreit ist, fähig, sich sozialistisch zu entwickeln, das heißt, ihre Produktion und die Verteilung der Güter Schritt für Schritt auf kollektiver Grundlage zu organisieren. In diesem Fall müssen die revolutionären Sozialisten all ihre Kräfte für die Befreiung und Entwicklung der Kommune aufbringen. Ist die Kommune aber im Gegensatz dazu zum Untergang verdammt, dann bleibt den Sozialisten als solchen nur, sich mehr oder weniger gut begründeten Berechnungen hinzugeben, in wie vielen Jahrzehnten der Boden aus den Händen der russischen Bauern in die der Bourgeoisie übergeht, in wie vielen Jahrhunderten der Kapitalismus in Russland eventuell eine Entwicklung erreicht haben wird, die der in Westeuropa vergleichbar ist«[37], fasst Vera Sassulitsch[38] in ihrem Brief an Marx diese Diskussion 1881 noch einmal zusammen und bittet ihn um eine zur Veröffentlichung geeignete Stellungnahme.

Marx hat bereits 1868 anlässlich seiner Lektüre von Georg Ludwig von Maurers *Einleitung zur Geschichte der Mark-, Hof-, Dorf- und Stadt-Verfassung und der öffentlichen Gewalt*[39] festgestellt, dass bezüglich der sozialen Ordnung »im Ältesten das Neuste zu finden [ist], und sogar Egalitarians to a degree [Verfechter der Gleichheit bis zu einem gewissen Punkt]«[40]. Und ebenfalls bereits zu dieser Zeit stellt er die Verbindung zur Diskussion über den Kommunismus in Russland her. Nachdem er in einem Nachtrag zum ersten Band des *Kapitals* 1867 angemerkt hatte, der Bakunin-Vertraute Alexander Herzen habe »seine Entdeckungen über den ›russischen‹ Kommunismus«, die sich emphatisch auf die russischen Dorfkommunen beziehen, »nicht in Rußland gemacht, sondern in dem Werke des preußischen Regierungsraths *Haxthausen*«[41], schreibt er nun nach der Lektüre Maurers: »Für die Russen verschwindet aber auch die letzte Spur eines Anspruchs of originality [Originalität]«[42].

Dass Marx sich trotzdem so nachhaltig für die russischen Verhältnisse interessiert, erklärt er in den umfangreichen Entwürfen für eine Antwort an Vera Sassulitsch: »Rußland ist das einzige europäische Land, in dem sich die ›Ackerbaugemeinde‹ im nationalen Maßstabe bis auf den heutigen Tag behauptet hat. Sie ist nicht, wie Ostindien, die Beute eines fremden Eroberers, und sie lebt auch nicht isoliert von der modernen Welt.«[43] Diese besondere Konstellation sei ein Vorteil, wenn es gelte, aus dem

Ältesten das Neuste zu entwickeln, denn: »Gerade auf Grund ihrer Gleichzeitigkeit mit der kapitalistischen Produktion kann [die russische Ackerbaugemeinde] sich deren positive Errungenschaften aneignen, ohne ihre furchtbaren Wechselfälle durchzumachen.«[44]

Was aber die gesellschaftliche Form der »Dorfgemeinde« aus sich heraus so interessant macht, ist für Marx, dass sie »den *allerjüngsten Typus* [...], sozusagen das letzte Wort der *archaischen Formation* der Gesellschaften«[45] darstellt, in dem bereits ein »Dualismus« von Gemein- und Privateigentum herrscht. Die Felder gehören nämlich der Gemeinde insgesamt und werden periodisch unter die einzelnen Familien verteilt, die sie je für sich bewirtschaften und über ihren eigenen Hof verfügen. Die Dorfgemeinden sind in diesem Stadium für Marx das Ende einer Entwicklung, die dazu führt, dass die Möglichkeit besteht, beides zu haben, die Ablösung von den zu engen sozialen Banden des Stammes und der Familiengemeinschaften und die Grundlage einer gemeinsamen Produktion, die das bürgerliche Privateigentum an Produktionsmitteln zerstört hat. »Es ist leicht zu verstehen, daß der der ›Ackerbaugemeinde‹ innewohnende Dualismus sie mit großer Lebenskraft erfüllen kann, denn einerseits festigen das Gemeineigentum und alle sich daraus ergebenden sozialen Beziehungen ihre Grundlage, während gleichzeitig das private Haus, die parzellenweise Bewirtschaftung des Ackerlandes und die private Aneignung der Früchte eine Entwicklung der Persönlichkeit gestatten, die mit den Bedingungen der Urgemeinschaften unvereinbar war.«[46]

Marx überwindet damit auch eine Haltung zur Freiheit, die er im dritten Band des *Kapitals* aus seinen Kapitalismusanalysen entwickelt hatte. Dort heißt es: »Das Reich der Freiheit beginnt in der Tat erst da, wo das Arbeiten, das durch Not und äußere Zweckmäßigkeit bestimmt ist, aufhört; es liegt also der Natur der Sache nach jenseits der Sphäre der eigentlichen materiellen Produktion.«[47] In der Analyse der Dorfgemeinschaften ist eine solch künstliche Trennung von Produktion und Freiheit nicht mehr zu erkennen. Hier herrscht wieder die Hoffnung, dass auch eine gemeinsame Produktion Ausdruck von Freiheit sein kann.

Allerdings sieht Marx auch, dass das Gleichgewicht von Gemeinschaft und Freiheit, das die Gemeinde »während des ganzen Mittelalters zum einzigen Hort der Volksfreiheit und des Volkslebens«[48] gemacht habe, inzwischen von innen heraus zu zerfallen droht. In ihr ist der Keim des Privateigentums angelegt, der »der Akkumulation beweglicher Güter Raum [lässt], z. B. von Vieh, Geld, bisweilen sogar von Sklaven oder Leibeigenen«[49] und sie in einer kapitalistischen Umwelt zu sprengen droht. Ein Gegengewicht bilde aber »das Vertrautsein des Bauern mit den Artelbeziehungen«, das heißt, mit gemeinschaftlichen Formen der handwerklichen Saisonarbeit, Bau- und Jagdgemeinschaften, das es ihm erleichtere, »den Übergang von der Parzellen- zur genossenschaftlichen Arbeit«[50] zu vollziehen, sowie der Umstand, »daß die physische Beschaffenheit des russischen Bodens zu einer kombinierten maschinellen Bearbeitung in großem Maßstabe geradezu einlädt«[51].

Doch so sehr Marx offenkundig von den sozialen Formen, die der Kapitalismus zerschlagen hat, fasziniert ist, die Antworten auf die Frage, wie die russischen Gemeinden erhalten und im Sinne Sassulitschs zum Ausgangspunkt einer industrialisierten kommunistischen Produktionsweise fortentwickelt werden könnten, überzeugen ihn selbst nicht restlos. In seiner Antwort findet sich nichts von den umfangreichen Entwürfen. Stattdessen hält er nur ohne weitere Begründung fest: »Die im ›Kapital‹ gegebene Analyse enthält also keinerlei Beweise – weder für noch gegen die Lebensfähigkeit der Dorfgemeinde, aber das Spezialstudium, das ich darüber getrieben und wofür ich mir Material aus Originalquellen beschafft habe, hat mich davon überzeugt, daß diese Dorfgemeinde der Stützpunkt der sozialen Wiedergeburt Rußlands ist; damit sie aber in diesem Sinne wirken kann, müßte man zuerst die zerstörenden Einflüsse, die von allen Seiten auf sie einstürmen, beseitigen und ihr sodann die normalen Bedingungen einer natürlichen Entwicklung sichern.«[52]

Für seine Empfängerin war der Marx'sche Brief von so enttäuschender Belanglosigkeit, dass nicht nur sie, sondern auch ihr Freundeskreis seine Existenz bald vollkommen vergaß. Marx, der dem Petersburger Exekutivkomitee von *Narodnaja Wolja* (Volkswille) im Dezember 1880 sogar »eine Arbeit über den Gegenstand versprochen«[53] hatte, blieb auch diese schuldig.[54]

Die politische Aneignung der Marx'schen Theorie in den Jahren nach der Veröffentlichung des ersten Bandes des *Kapitals* bis zu seinem Tod am 14. März 1883 zeigt zweierlei. Erstens offenbart sich an ihr, dass die Fragen, deren Beantwortung Marx sein Leben lang vermieden hatte – die Fragen, wie die befreite Gesellschaft konkret organisiert werden kann –, schon zu seinen Lebzeiten zu Vermutungen und Unterstellungen autoritärer Fantasien führen, die sich zwar zum Teil auf den oft unrühmlichen Umgang mit tatsächlichen und vermeintlichen Gegnern stützen konnten, seine eigenen politischen Ambitionen und sein eigenes theoretisches Forschen aber gar nicht dominierten. Und zweitens zeigte sich recht schnell, dass Marx trotz aller Bemühungen, Fehldeutungen zu bekämpfen und Erkenntnisse, die er einmal für sich gewonnen hatte, auch in der Arbeiterbewegung durchzusetzen, auf Dauer keine Kontrolle über die Interpretation seines Werks hatte.

Nach seinem Tod wurde Marx als theoretischer Gründervater der Arbeiterbewegung und Begründer eines wissenschaftlichen Materialismus von seinem Apostel Engels und der Sozialdemokratie rasch heiliggesprochen. Die Beschäftigung mit seinem Werk, die teils systematisch erfolgte, teils aber auch nur theoretische Versatzstücke wie aus einem Steinbruch herausschlug und in nicht wenigen Fällen auch ganz ohne die eigene Lektüre der ökonomischen Schriften auskam, wurde im Laufe der Zeit so umfangreich und vielfältig, dass eine Einführung in die weltweiten Spielarten des Marxismus ein eigenes, von Einzelnen kaum zu bewältigendes Unterfangen ist. Für die Erkundung dieser Nachwirkungen kann die Beschäftigung mit Marx nur ein Ausgangspunkt sein, obwohl sich zahlreiche Marxisten den Anschein gaben, sie seien so wie die Cartesianer, von denen Leibniz einmal sagte, dass sie bei Descartes »überhaupt selten auf den Gedanken kommen, etwas zu bezweifeln, was er behauptet«[55]. Indem das Marx'sche Werk von starken Strömungen innerhalb des Marxismus zur autoritativen Wissenschaft und zum Paradigma des Erkenntnisgewinns schlechthin erhoben wurde, stattete sich der marxistische Diskurs zunehmend mit »Machteffekten« aus,[56] hinter denen die produktive Unruhe des Marx'schen Denkens mehr und mehr verschwand. Dabei war Marx ganz offenkundig kein Heiliger gewesen. Doch bei aller Mitschuld, die sich Marx wegen der Fragen, denen er auswich, wegen seines für das 19. Jahrhundert durchaus typischen Stils und seiner polemischen Unduldsamkeit gegen Freund und Feind an jenen Wendungen zuschreiben lässt, die sein Denken im Marxismus noch nehmen sollte, er selbst blieb zeitlebens ein Suchender. Und in der Erforschung von Verhältnissen, in denen Freiheit in Beherrschung und Ohnmacht umschlägt, liegt die anhaltende Bedeutung seines Werks.

Danksagung

Mein Dank gilt vor allem Rolf Hecker und Manfred Neuhaus, die verschiedene Teile des Manuskripts gelesen haben. Von ihren Hinweisen und Vorschlägen habe ich enorm profitiert. Auch Steffen Herrmann danke ich, der mit großer Umsicht und Geduld das Manuskript durchgesehen und gesetzt hat. Er und die Herausgeber der Reihe »zur Einführung« haben es dankenswerterweise ermöglicht, dass das Buch an der Feier des 200. Geburtstages seines Helden teilnehmen darf. Meinem Lehrer Pirmin Stekeler-Weithofer kann ich es allerdings nur noch nachträglich zum Geschenk machen. Die Widmung hat jedoch ohnehin einen Sinn, der über den aktuellen Anlass hinausgeht. Sie ist Ausdruck eines Dankes, der an dieser Stelle erfolgt, weil er in aller Freiheit gesagt werden sollte.

Christian Schmidt — Berlin, im März 2018

Anmerkungen

1. Marx' Problem

1 Brief von Karl Marx an den Vater vom 10. November 1837, in: Karl Marx und Friedrich Engels. *Werke* (MEW), Bd. 40, Berlin 1968, S. 3–12, hier S. 4.

2 Eduard Gans, *Naturrecht und Universalrechtsgeschichte*, Tübingen 2005, S. 3f.

3 In seinem Abgangszeugnis der Universität ist belegt, dass der Jurastudent Marx bei Eduard Gans die Vorlesungen »Kriminalrecht« (Wintersemester 1836/37) und »Preußisches Landrecht« (Sommersemester 1838) belegt hat und jeweils mit »ausgezeichnet fleißig« beurteilt wurde. (Vgl. Karl Marx, *Dokumente seines Lebens. 1818 bis 1883*, hrsg. von Manfred Kliem, Leipzig 1970, S. 95 f.) Die Naturrechtsvorlesung hingegen hat Marx wahrscheinlich nicht besucht. Er hatte Naturrecht bereits im Sommersemester 1836 in Bonn bei Eduard Puggé gehört, der ein Anhänger der in Bonn dominierenden Historischen Rechtsschule um Puggés Lehrer Friedrich Carl von Savigny war. Savigny, der den Gründungslehrstuhl für Naturrecht an der Berliner Universität innehatte, war ein erbitterter Gegner von Gans. Da die Naturrechtsvorlesungen von Gans aber ein Berliner Ereignis waren, ist zumindest ihr mittelbarer Einfluss auf Marx kaum zu leugnen.

4 Gans, *Naturrecht und Universalrechtsgeschichte*, S. 216.

5 A.a.O., S. 9.

6 A.a.O., S. 10.

7 Jacques Derrida hat dieses Muster überzeugend an der Marx'schen Kritik gegen Max Stirner aufgezeigt: »Mein Gefühl ist es, daß Marx sich angst macht, daß er *selbst* auf jemanden versessen ist, der nicht weit davon entfernt ist, ihm zum Verwechseln ähnlich zu sehen: ein Bruder, ein Doppelgänger, mithin ein teuflisches Bild. Eine Art Ge-

spenst seiner selbst. Das er entfernen, unterscheiden: *in Gegensatz zu sich bringen* möchte.« (Jacques Derrida, *Marx' Gespenster. Der Staat der Schuld, die Trauerarbeit und die neue Internationale*, Frankfurt/M. 2004, S. 190.)

8 Karl Marx, »Debatten über das Holzdiebstahlsgesetz«, in: MEW 1, S. 109–147, hier S. 112.

9 A. a. O., S. 115.

10 A. a. O., S. 119.

11 A. a. O., S. 142.

12 A. a. O., S. 112f.

13 A. a. O., S. 119.

14 Deutsch: Im Zweifel für den König.

15 Warren Breckman, *Marx, the Young Hegelians, and the origins of radical social theory*, Cambridge und New York 2001, S. 88. (Nicht gekennzeichnete Übersetzungen sind meine eigenen. C. S.)

16 In der aus Anlass des hundertsten Thronjubiläums verfassten »Jubelschrift« *Friedrich der Große und seine Widersacher*, die er seinem »Freunde Karl Heinrich Marx zu Trier« widmete, beschreibt Karl Friedrich Köppen Anfang 1840 die Verbindung von aufgeklärtem Staat und Protestantismus, die für die Junghegelianer von Friedrich dem Großen verkörpert wurde und die gegen die aktuelle Reaktion verteidigt werden sollte: »[D]ie Reformation war ja eben nur der Anfang des Protestantismus; sie war unmittelbar aus dem Katholizismus hervorgegangen und daher selbst noch katholisch. Dies offenbarte sich an ihr, indem sie im Dogmatismus erstarrte. Es bedurfte also einer zweiten Reformation, eines Protestantismus im Protestantismus, – der Aufklärung. Oder, um mit Friedrich zu reden: Die Reformation konnte nicht alle Irrtümer vernichten; sie hatte zwar dem Volke über eine Menge abergläubischer Ideen die Augen geöffnet; aber es erhielten sich eine Menge anderer.« (Karl Friedrich Köppen, »Friedrich der Große und seine Widersacher. Eine Jubelschrift« (1840), in: ders., *Ausgewählte Schriften in zwei Bänden*, Bd. 1, Berlin 2003, S. 135–227, hier S. 176.) In einem Beitrag für die *Hallischen Jahrbücher für deutsche Wissenschaft und Kunst* setzt Köppen diese Linie noch bis zu den Reformen Steins und Hardenbergs fort. Sie schufen, so Köppen, »ein neues Preußen«: »[D]as Selbstbewußtsein Friedrich's sollte jetzt Selbstbewußtsein des ganzen Volkes [...] werden.« (Karl Friedrich Köppen,

»Zur Feier der Thronbesteigung Friedrich's II.«, in: *Hallische Jahrbücher für deutsche Wissenschaft und Kunst* 3 (1840) Nr. 150 (23. Juni 1840), Sp. 1196; Nachdruck in: Heinz Pepperle und Ingrid Pepperle (Hrsg.), *Die hegelsche Linke*, Leipzig 1985, S. 146.)

17 Breckman, *Marx, the Young Hegelians, and the origins of radical social theory*, S. 87.

18 Karl Marx und Friedrich Engels, »[Konvolut zu Feuerbach]«, in: Karl Marx und Friedrich Engels, *Gesamtausgabe* (MEGA²), I. Abt., Bd. 5, Berlin und Boston 2017, S. 16–123, hier S. 53, li. Sp. (vgl. parallel dazu: MEW 3, S. 41).

19 Die Politische Ökonomie, in den 1840er Jahren von Marx auch mit der Nationalökonomie identifiziert, wird heute zumeist als Volkswirtschaftslehre bezeichnet. Später markiert Marx in seinen Schriften zur Kritik der Politischen Ökonomie die Differenz seines kritischen Ansatzes zu den Nationalökonomen. Gemeinsam bleibt Marx und den Nationalökonomen dabei, dass sich der Fokus nicht in erster Linie auf die Handlungen eines einzelnen wirtschaftlichen Akteurs richtet, sondern auf die Gesetzmäßigkeiten und das Funktionieren des Zusammenspiels der einzelnen Produzenten in einer arbeitsteilig organisierten Gesellschaft. Während die Nationalökonomie ein ökonomisches System in seinem Funktionieren verstehen will, geht es Marx darüber hinaus auch darum, die historischen Tendenzen des Verfalls und Untergangs des Kapitalismus und damit die theoretischen Grenzen der Nationalökonomie zu analysieren. (Vgl. auch unten Kap. 10.)

20 Michel Foucault, *Die Geburt der Biopolitik. Geschichte der Gouvernementalität* 2, Frankfurt/M. 2006, S. 386.

21 A.a.O., S. 387.

I. KRITIK

2. Nach der Religionskritik: Gegen Staat, Recht und Eigentum

1 Karl Marx, »Zur Kritik der Hegelschen Rechtsphilosophie. Einleitung«, in: MEW 1, S. 378–391, hier S. 378.

2 Bruno Bauer, »Die Posaune des jüngsten Gerichts über Hegel, den Atheisten und Antichristen. Ein Ultimatum«, in: Heinz Pepperle und Ingrid Pepperle (Hrsg.), *Die hegelsche Linke*, Leipzig 1985, S. 235–372, hier S. 354; ebenfalls enthalten in: Karl Löwith (Hrsg.), *Die hegelsche Linke*, Stuttgart-Bad Cannstatt 1962, S. 123–225, hier S. 212.

3 Marx, »Zur Kritik der Hegelschen Rechtsphilosophie. Einleitung«, S. 391.

4 A.a.O., S. 378.

5 A.a.O., S. 379.

6 Gegen den unbekannten Verfasser von »Debatten über das Holzdiebstahlsgesetz« und anderer Beiträge in der *Rheinischen Zeitung* wurden bereits Ermittlungen unter anderem »wegen frechen und unehrerbietigen Tadels der bestehenden Staatseinrichtungen« geführt. (Vgl. Karl Marx, *Dokumente seines Lebens. 1818 bis 1883*, hrsg. von Manfred Kliem, Leipzig 1970, S. 124f.)

7 Erschienen ist allerdings nur ein einziger Jahrgangsband der *Deutsch-Französischen Jahrbücher.*

8 Marx, »Zur Kritik der Hegelschen Rechtsphilosophie. Einleitung«, S. 380.

9 Bereits Heinrich Heine hatte in seiner zuerst auf Französisch und 1834 auch auf Deutsch erschienenen Darstellung *Zur Geschichte der Religion und Philosophie in Deutschland* »die Phasen unserer philosophischen Revoluzion«, das heißt die Entwicklung des Deutschen Idealismus seit Kant und mit Hegel als Höhepunkt, »mit den Phasen der politischen Revoluzion Frankreichs verglichen« (Heinrich Heine, *Sämtliche Werke. Düsseldorfer Ausgabe*, Bd. 8/1, Hamburg 1979, S. 115), genauer gesagt parallelisiert. Moses Heß griff diese Parallelisierung 1843 in seiner *Philosophie der That* auf, verstand sie aber als Beschreibung zweier Halbheiten, die es zusammenzufügen gelte: »Weil man bis jetzt in Deutschland und Frankreich nicht vereint, sondern jede Seite isolirt nach der Freiheit strebte, ist zuletzt auf beiden Seiten eine Reaktion eingetreten, und zwar französischerseits, wo man die Geistesfreiheit noch nicht errungen, von der Religion oder Kirche, in Deutschland dagegen, wo man die soziale Freiheit vernachlässigt hat, von der Politik oder dem Staate aus.« (Moses Heß, »Philosophie der That«, in: ders., *Philosophische und sozialistische Schriften 1837–1850. Eine Auswahl*, Berlin [2]1980, S. 210–226, hier S. 220.)

10 Marx, »Zur Kritik der Hegelschen Rechtsphilosophie. Einleitung«, S. 384.

11 Ebd.

12 A. a. O., S. 385.

13 Georg Wilhelm Friedrich Hegel, *Vorlesungen über die Philosophie der Geschichte* (= *Werke*, Bd. 12), Frankfurt/M. 1986, S. 526.

14 Marx, »Zur Kritik der Hegelschen Rechtsphilosophie. Einleitung«, S. 386.

15 Ebd.

16 A. a. O., S. 389.

17 Das genaue Datum der Taufe von Heinrich Marx ist nicht bekannt, da kein Taufschein überliefert ist. Auf dem Taufschein des sechsjährigen Karl Marx und seiner Geschwister, die gemeinsam am 26. April 1824 getauft wurden, ist aber vermerkt, dass der Vater bereits zuvor getauft wurde. (Vgl. den Nachdruck des Taufscheins bei Hans Stein, »Der Übertritt der Familie Heinrich Marx zum evangelischen Christentum«, in: *Jahrbuch des Kölnischen Geschichtsvereins* 14 (1932), S. 126–129, hier S. 128.) Für einen Übertritt von Heinrich Marx bereits 1816 oder 17 spricht vor allem, dass er in der jährlich geführten Advokatenliste des Appellationsgerichts in Trier weiter zu finden ist (vgl. Heinz Monz, »Advokatanwalt Heinrich Marx. Die Berufsausbildung eines Juristen im französischen Rheinland«, in: *Jahrbuch des Instituts für deutsche Geschichte Tel Aviv* 8 (1979), S. 125–141, hier S. 136), nachdem ein Gesuch vom 23. April 1816 um eine Ausnahmegenehmigung dafür, ihn dort als Juden praktizieren zu lassen, durch den preußischen Justizminister abgelehnt worden war (vgl. Adolf Kober, »Karl Marx' Vater und das napoleonische Ausnahmegesetz gegen Juden 1808«, in: *Jahrbuch des Kölnischen Geschichtsvereins* 14 (1932), S. 111–118, hier S. 116 f.). Zu den insgesamt weniger überzeugenden Indizien für einen späteren Übertritt von Heinrich Marx zwischen 1819 und 1821 vgl. Manfred Schöncke, *Karl und Heinrich Marx und ihre Geschwister*, Bonn 1993, S. 478 und 562; sowie Richard Laufner, »Heinrich Marx und die Regulierung der Steuerschulden der trierischen Judenschaft«, in: *Schriften aus dem Karl-Marx-Haus* 14 (1975), S. 5–17, hier S. 16 f. Henriette Marx, die Mutter von Karl Marx, wurde erst nach dem Tod ihrer Eltern am 20. November 1825 getauft.

18 Dabei soll nicht verschwiegen werden, dass Bauers Polemik neben ihrem junghegelianischen Grundzug jede Menge antijüdischer und protoantisemitischer Stereotype enthält, auch wenn Bauer den Vorwurf der Judenfeindschaft nach dem Erscheinen seiner Schrift empört zurückweist und auf seine allgemeine Religionskritik verweist

19 Karl Marx, »Zur Judenfrage«, in: MEW 1, S. 347–377, hier S. 356.

20 Ebd.

21 A. a. O., S. 366.

22 Zu dieser Deutung der Marx'schen Überlegungen vgl. auch Christoph Menke, *Kritik der Rechte*, Berlin 2015.

23 Marx, »Zur Judenfrage«, S. 368.

24 A. a. O., S. 370.

25 Karl Marx, »Zur Kritik des Hegelschen Staatsrechts«, in: MEW 1, S. 201–333, hier S. 253.

26 A. a. O., S. 229.

27 A. a. O., S. 248.

28 Ebd.

29 Ebd.

30 A. a. O., S. 231.

31 Vgl. a. a. O., S. 249.

32 A. a. O., S. 232.

33 Marx, »Zur Judenfrage«, S. 354.

34 Wendy Brown, *States of Injury. Power and Freedom in Late Modernity*, Princeton/New Jersey 1995, S. 99.

35 In einem Brief an Arnold Ruge vom 13. März 1843 schreibt Marx gleichwohl: »Soeben kömmt der Vorsteher der hiesigen Israeliten zu mir und ersucht mich um eine Petition für die Juden an den Landtag, und ich will's tun. So widerlich mir der israelitische Glaube ist, so scheint mir Bauers Ansicht doch zu abstrakt.« (MEW 27, S. 45 f.) Allerdings ist seine Unterschrift unter der *Petition der Bürger der Stadt Köln an den Rheinischen Provinziallandtag wegen staatsbürgerlicher Gleichstellung der Juden* vom Mai 1843 ebenso wenig überliefert wie unter einer vergleichbaren Petition des Magistrats und der Bürgerschaft der Stadt Trier vom 10. Juni desselben Jahres. (Vgl. *Der Rheinische Provinziallandtag und die Emanzipation der Juden im Rheinland 1825–1845. Eine Dokumentation*, Bd. 2, Köln 1989, S. 589 ff. und 631 f.)

36 Marx, »Zur Judenfrage«, S. 372.

37 A.a.O., S. 375.

38 A. a. O., S. 372, vgl. auch a. a. O., S. 377: »Die *gesellschaftliche* Emanzipation des Juden ist die *Emanzipation der Gesellschaft vom Judentum.*«

3. Die Analyse der Entfremdung als philosophische Kritik der Ökonomie

1 Baruch de Spinoza, *Politischer Traktat. Tractatus politicus*, Hamburg 1994, Kap. VI, § 2.

2 Karl Marx, *Das Kapital*, Bd. 1 (= MEW 23), S. 91.

3 Karl Marx, »Ökonomisch-philosophische Manuskripte (1844)«, in: MEW 40, S. 516.

4 Ebd.

5 A. a. O., S. 579. Einige Passagen, so auch die, aus der dieses Zitat stammt, sind im Manuskript gestrichen worden. Das heißt allerdings nicht zwangsläufig, dass sie vom Autor inhaltlich verworfen wurden. Marx streicht in seinen Manuskripten Passagen auch, wenn er sie an andere Stellen kopiert hat oder sie den Hauptgedankengang der Überlegungen unterbrechen. Hier eine endgültige Entscheidung bezüglich der Marx'schen Motive für die Streichung zu treffen ist bei einem nicht selbst zur Publikation gebrachten Manuskript unmöglich, sodass die gestrichenen Passagen zwar gekennzeichnet, aber gleichwohl in der fortlaufenden Wiedergabe der Manuskripte sinnvollerweise mit veröffentlicht wurden.

6 A.a.O., S. 517.

7 Aufgrund dieser besonderen Fähigkeit ist der Mensch auch in der Lage, dem Tier Fallen zu stellen, wie Leibniz in den *Nouveau Essais* die Tier-Mensch-Differenz fasst. (Vgl. Gottfried Wilhelm Leibniz, *Neue Abhandlungen über den menschlichen Verstand*, Frankfurt/M. 1961, 1. Hbd., S. XII f.)

8 Marx, »Ökonomisch-philosophische Manuskripte (1844)«, S. 517.

9 Ebd.

10 Aus einer Perspektive der Gesellschafts- und Weltverbesserung ist diese Einsicht als eine unbeschränkte Gestaltbarkeit der Welt und des Menschen interpretiert worden. Die Hoffnungen in die Technik waren entsprechend gewaltig. Berge wurden versetzt, Wüsten bewässert und Menschen zum Material erklärt. Heute, wo die technischen Uto-

pien trotz gelegentlicher Rückfälle doch erheblich an Überzeugungskraft verloren haben, wird aber deutlich, dass eine vorsichtigere Interpretation der These nötig ist. Dass die Menschheit die Welt gestaltet, bedeutet nicht automatisch, dass die Wirklichkeit beliebig plan- und verformbar ist.

11 A. a. O., S. 573.

12 A. a. O., S. 574. In der Marx'schen Kritik Hegels werden die spezifischen Kontexte der Hegel'schen Argumentation häufig ignoriert – im konkreten Beispiel, dass sich die *Phänomenologie* die Frage nach der Bestimmung des Wissens vom Wissen stellt –, um dann Argumente, die sich bei Hegel andernorts durchaus finden lassen, gegen diesen vorzubringen. Die Marx'sche Hegelkritik lässt sich daher besser als Intervention in die Hegelrezeption der Junghegelianer begreifen. Sie richtet sich, indem sie Hegel zitiert, gegen geläufige oder für Marx naheliegende Interpretation der Hegel'schen Philosophie.

13 A. a. O., S. 542. (Aus einer im Manuskript gestrichenen Passage.)

14 A. a. O., S. 542 f. (Aus einer im Manuskript gestrichenen Passage.)

15 A. a. O., S. 515.

16 A. a. O., S. 541 f. (Aus einer im Manuskript gestrichenen Passage.)

17 A. a. O., S. 543. (Aus einer im Manuskript gestrichenen Passage.)

18 In der Wiedergabe der Manuskripte in der Ausgabe der MEW ist die synoptische Form des Manuskripts in ein Nacheinander der Themen aufgelöst. Zur Manuskriptgestalt vgl. MEGA² I/2, S. 189 ff.

19 Marx, »Ökonomisch-philosophische Manuskripte (1844)«, S. 471.

20 A. a. O., S. 499.

21 A. a. O., S. 484.

22 Ebd.

23 A. a. O., S. 494.

24 A. a. O., S. 511 f.

25 A. a. O., S. 512.

26 A. a. O., S. 511.

27 Moishe Postone, *Zeit, Arbeit und gesellschaftliche Herrschaft. Eine neue Interpretation der kritischen Theorie von Marx*, Freiburg 2003, S. 511.

28 Marx, »Ökonomisch-philosophische Manuskripte (1844)«, S. 514.

29 Ebd.

30 A. a. O., S. 515.

31 A. a. O., S. 548.

32 A. a. O., S. 546 f. Herbert Marcuse hat die so geschaffenen Bedürfnisse als »falsche« Bedürfnisse definiert: »›Falsch‹ sind diejenigen [Bedürfnisse], die dem Individuum durch partikuläre gesellschaftliche Mächte, die an seiner Unterdrückung interessiert sind, auferlegt werden: diejenigen Bedürfnisse, die harte Arbeit, Aggressivität, Elend und Ungerechtigkeit verewigen.« (Herbert Marcuse, *Der eindimensionale Mensch. Studien zur Ideologie der fortgeschrittenen Industriegesellschaft*, München 1994, S. 25.)

33 Karl Marx, »Auszüge aus James Mills Buch ›Élémens d'économie politique‹«, in: MEW 40, S. 443–463, hier S. 462.

34 Marx, »Ökonomisch-philosophische Manuskripte (1844)«, S. 544.

35 A. a. O., S. 520.

36 A. a. O., S. 553.

37 A. a. O., S. 521.

38 A. a. O., S. 535.

39 A. a. O., S. 536.

40 Vgl. Marx, »Auszüge aus James Mills Buch ›Élémens d'économie politique‹«, S. 462.

41 Marx, »Ökonomisch-philosophische Manuskripte (1844)«, S. 535.

42 Auch Hegel hat in seinen *Grundlinien der Philosophie des Rechts* der Ehe in diesem Sinne bescheinigt, vor allem ein »sittliches Verhältnis« und eben erst nachrangig eine romantische, sexuelle oder ökonomische Verbindung zu sein. Marx hatte am 19. Juni 1843 Jenny von Westphalen geheiratet.

II. IDEOLOGIE

4. Wirklichkeit, Ideologie und kommunistisches Bewusstsein

1 Arnold Ruge, *Zwei Jahre in Paris. Studien und Erinnerungen*, Bd. 1, Leipzig 1846, S. 140. In Briefen an Ludwig Feuerbach und seine Mutter aus dem Frühjahr 1844 stellt sich der Bruch in Ruges Schilderung noch etwas anders dar. Dort heißt es, Marx habe in einem Brief die Zusammenarbeit aufgekündigt, da Ruge den Dichter Georg Herwegh im persönlichen Gespräch wegen einer außerehelichen Affäre einen »Lump« genannt habe. Allerdings bringt Ruge auch dort zum Aus-

druck, dass er das als Vorwand empfindet, da er sich zu seinem Urteil über Herwegh im Gespräch habe hinreißen lassen. Dieses sei aber »nicht stärker [gewesen] als seine [das heißt die Marx'schen Urteile] gewöhnlich«. (Brief von Arnold Ruge an die Mutter vom 19. Mai 1844, in: Paul Nerrlich (Hrsg.), *Arnold Ruges Briefwechsel und Tagebuchblätter aus den Jahren 1825–1880*, Bd. 1, Berlin 1886, S. 349–351, hier S. 351.) Der Brief von Marx an Ruge ist nicht erhalten, wird aber nach Angaben von Moses Heß auf den 26. März 1844 datiert. (Vgl. Moses Heß, »Heß contra Ruge«, in: ders., *Philosophische und sozialistische Schriften. 1837–1850*, Berlin 1980, S. 401–424, hier S. 415 f. Zur wahrscheinlichen Mitarbeit von Marx an diesem Text, zumindest aber seiner Kenntnis von diesem vgl. MEGA² I/5, S. 1739 f.)

2 [Arnold Ruge], »Der König von Preußen und die Socialreform«, in: *Vorwärts!* 60 (27. Juli 1844), S. 4, Sp. 2/3; wiederabgedruckt in: Jacques Grandjonc, *»Vorwärts!« 1844. Marx und die deutschen Kommunisten in Paris*, Berlin und Bonn-Bad Godesberg 1974, S. 155–157, hier S. 157.

3 Ebd.

4 Karl Marx, »Kritische Randglossen zu dem Artikel eines Preußen«, in: MEW 1, S. 392–409, hier S. 404.

5 Franz Mehring, ein Marx im Streit mit Ruge wie auch im Ganzen sehr zugetaner Biograf, kann angesichts der historischen Faktenlage nicht umhin zu bemerken: »Ruge scheint die Rebellion der Weber als bloßen Hungeraufruhr ohne tiefere Bedeutung viel richtiger eingeschätzt zu haben.« (Franz Mehring, *Karl Marx. Geschichte seines Lebens* (= *Gesammelte Schriften*, Bd. 3), Berlin 1960, S. 92.)

6 Marx, »Kritische Randglossen«, S. 408.

7 A.a.O., S. 406.

8 Karl Marx und Friedrich Engels, »[Konvolut zu Feuerbach]«, in: MEGA² I/5, S. 16–123, hier S. 37, re. Sp. (vgl. parallel dazu: MEW 3, S. 35). Es ist umstritten, ob die von der MEGA²-Edition nahegelegte »endgültige« Anordnung der Manuskripte, die mit einem Kapitel »I. Feuerbach« beginnt, der komplizierten Textentstehung gerecht wird oder den Mythos einer Grundlagenschrift des »historischen Materialismus« fortschreibt. Zur Chronologie der Manuskripte und ihren vielfältigen Bezügen untereinander vgl. daher die Hinweise in MEGA² I/5. Kritisch zur Editionsgeschichte der Manuskripte und ihrer Pro-

blematik vgl. Terrell Carver und Daniel Blank, *A Political History of the Editions of Marx and Engel's »German Ideology Manuscripts«*, New York 2014.

9 Der Titel stammt von Marx selbst. In einem von ihm auf den 3. April datierten und in der Ausgabe vom 8. April 1847 in der *Deutschen-Brüsseler-Zeitung* erschienenen Beitrag schreibt Marx, seine polemische Auseinandersetzung mit Karl Grün »bildet ein Anhängsel zu der von *Fr. Engels* und mir gemeinschaftlich verfassten Schrift über ›*Die deutsche Ideologie*‹ (Kritik der neuesten deutschen Philosophie in ihren Repräsentanten, Feuerbach, B. Bauer und Stirner, und *des deutschen Sozialismus* in seinen verschiedenen Propheten).« (Karl Marx, »[Erklärung gegen Karl Grün]«, in: MEW 4, S. 37–39, hier S. 38.)

10 Marx/Engels, »[Konvolut zu Feuerbach]«, in: MEGA² I/5, S. 37, li. Sp. (vgl. parallel dazu: MEW 3, S. 34).

11 A.a.O., MEGA² I/5, S. 37, re. Sp. (vgl. parallel dazu: MEW 3, S. 34).

12 A.a.O., MEGA² I/5, S. 26, li. Sp. (vgl. parallel dazu MEW 3, S. 28).

13 Selbst Friedrich Engels benutzt den Ausdruck in seinen Schriften erst sehr spät. Erst 1892 heißt es in der Einleitung zur englischen Ausgabe von *Entwicklung des Sozialismus von der Utopie zur Wissenschaft*, dass er »im Englischen, wie in so vielen andern Sprachen, den Ausdruck ›historischer Materialismus‹ anwende zur Bezeichnung derjenigen Auffassung des Weltgeschichtsverlaufs, die die schließliche Ursache und die entscheidende Bewegungskraft aller wichtigen geschichtlichen Ereignisse sieht in der ökonomischen Entwicklung der Gesellschaft, in den Veränderungen der Produktions- und Austauschweise, in der daraus entspringenden Spaltung der Gesellschaft in verschiedne Klassen und in den Kämpfen dieser Klassen unter sich.« (Friedrich Engels, »Einleitung«, in: MEW 22, S. 287–311, hier S. 298.)

14 Marx/Engels, »[Konvolut zu Feuerbach]«, in: MEGA² I/5, S. 19, li. Sp. (vgl. parallel dazu MEW 3, S. 42). Vgl. auch a.a.O., MEGA² I/5, S. 57, re. Sp. (MEW 3, S. 42) und die berühmte 11. Feuerbachthese: »Die Philosophen haben die Welt nur verschieden *interpretiert*, es kömmt drauf an, sie zu *verändern*.« (Karl Marx, »Thesen über Feuerbach«, in: MEW 3, S. 5–7, hier S. 7.)

15 Karl Marx und Friedrich Engels, »5. [Fragment]«, in: MEGA² I/5, S. 135–139, hier S. 136 (vgl. parallel dazu MEW 3, S. 27). Die berühmte Formulierung, in der dieses Verhältnis als das Verhältnis von Sein

und Bewusstsein charakterisiert wird, findet sich 1859 (also mehr als zehn Jahre später, dafür aber tatsächlich veröffentlicht) im »Vorwort« von *Zur Kritik der Politischen Ökonomie*, in dem Marx auf die hier zitierten Überlegungen zurückblickt: »Es ist nicht das Bewußtsein der Menschen, das ihr Sein, sondern umgekehrt ihr gesellschaftliches Sein, das ihr Bewußtsein bestimmt.« (MEW 13, S. 9.)

16 Marx/Engels, »[Konvolut zu Feuerbach]«, in: MEGA² I/5, S. 60, li. Sp. (vgl. parallel dazu MEW 3, S. 46).

17 Vgl. Marx, »Kritische Randglossen«, S. 409. Vgl. auch die retrospektive Beschreibung der Selbstverständigung als »Hauptzweck« der Manuskripte im bereits erwähnten »Vorwort« von *Zur Kritik der Politischen Ökonomie* (MEW 13, S. 10).

18 So eine Zwischenüberschrift in einem der drei Fragmente, die als Anfang von »I. Feuerbach« geschrieben wurden, MEGA² I/5, S. 4 (vgl. parallel dazu MEW 3, S. 18).

19 Vgl. etwa Bruno Bauer, »Die Gattung und die Masse (1844)«, in: ders., *Feldzüge der reinen Kritik*, Frankfurt/M. 1968, S. 213–223, hier S. 222 f.: »Die massenhafte Vereinigung der arbeitenden und einem ausschließlichen Dogma wie einer despotischen Verfassung unterworfenen Atome [...] kann es sich nicht verbergen, daß ihre Existenz nur durch die Ausschließung des Geistes möglich ist.«

20 Marx/Engels, »[Konvolut zu Feuerbach]«, in: MEGA² I/5, S. 29, li. Sp. (vgl. parallel dazu MEW 3, S. 30).

21 Für eine genauere Diskussion dieses Modells und der in ihm enthaltenen Fallstricke vgl. unten Kap. 7 und 8.

22 Marx/Engels, »[Konvolut zu Feuerbach]«, in: MEGA² I/5, S. 34, li. Sp. (vgl. parallel dazu MEW 3, S. 33). Bei der Beschreibung des kommunistischen Gegenentwurfs zur Arbeitsteilung, die dieser Passage unmittelbar folgt, tun sich Marx und Engels deutlich schwerer. In einer ersten Schicht des Manuskripts heißt es zunächst, die gesellschaftliche Regelung der Produktion befreie das Individuum aus der Bindung an einen exklusiven Tätigkeitskreis und erlaube es: »Morgens Schuhmacher, Nachmittags Gärtner, Abends Schauspieler zu sein, wie ich gerade Lust habe.« Nach mehreren Korrekturen, die auch den von Marx oben hinzugefügten »kritischen Kritiker«, mit dem Bruno Bauer und sein Vorhaben einer Kritik der eigenen Kritik verspottet werden soll, wieder aufgreift, lautet die Stelle im Vergleich mit dem ur-

sprünglichen Formulierungsvorschlag ausgesprochen idyllisch und auch deshalb ironisch anmutend, die kommunistische Gesellschaft erlaube es: »Morgens zu jagen, Nachmittags zu fischen, Abends Viehzucht zu treiben u. nach dem Essen zu kritisiren, wie ich gerade Lust habe, ohne je Jäger Fischer oder Hirt oder Kritiker zu werden.« (MEGA² I/5, S. 34 f., li. Sp. und 872.)

23 A.a.O., MEGA² I/5, S. 31, li. Sp. (vgl. parallel dazu MEW 3, S. 31).

24 A.a.O., MEGA² I/5, S. 117, li. Sp. (vgl. parallel dazu MEW 3, S. 62).

25 A.a.O., MEGA² I/5, S. 43, li. Sp. (vgl. parallel dazu MEW 3, S. 69).

26 A.a.O., MEGA² I/5, S. 43 f., li. Sp. (vgl. parallel dazu MEW 3, S. 69).

27 A.a.O., MEGA² I/5, S. 45 f., li. Sp. (vgl. parallel dazu MEW 3, S. 38). Die Formulierung »›Spuk‹, ›Gespenster‹, ›Sparren‹ &c« verweist direkt auf Max Stirners Entwurf einer Kritik an allein durch ihre Anerkennung wirksamen sozialen Tatsachen, wie beispielsweise der Würde und Befehlsgewalt des Kaisers, in *Der Einzige und sein Eigentum*. Die Ausdrücke »Selbstbewußtsein« und »Kritik« im obigen Zitat dürften auf Bruno Bauer gemünzt sein, der im Manuskript im (später gestrichenen) Absatz unmittelbar zuvor genannt und kritisiert wird (vgl. MEGA² I/5, S. 882f.).

28 A. a. O., MEGA² I/5, S. 44, li. Sp. (vgl. parallel dazu MEW 3, S. 70). Das ist auch der Inhalt der 3. Feuerbachthese, die sich gegen gesellschaftliche Planentwürfe etwa von Robert Owen richtet: »Die materialistische Lehre von der Veränderung der Umstände und der Erziehung vergißt, daß die Umstände von den Menschen verändert und der Erzieher selbst erzogen werden muß. Sie muß daher die Gesellschaft in zwei Teile – von denen der eine über ihr erhaben ist – sondieren. Das Zusammenfallen des Ändern[s] der Umstände und der menschlichen Tätigkeit oder Selbstveränderung kann nur als *revolutionäre* Praxis gefasst und rationell verstanden werden.« (Marx, »Thesen über Feuerbach«, S. 5f.)

29 Marx/Engels, »[Konvolut zu Feuerbach]«, MEGA² I/5, S. 45, li. Sp. (vgl. parallel dazu MEW 3, S. 70).

30 A.a.O., MEGA² I/5, S. 46, li. Sp. (vgl. parallel dazu MEW 3, S. 38).

5. Streit unter Brüdern: Gegen Bruno Bauer und Max Stirner

1 Jacques Derrida, *Marx' Gespenster. Der Staat der Schuld, die Trauerarbeit und die neue Internationale*, Frankfurt/M. 2004, S. 190.
2 Ebd.
3 Anonym, »Die Mythe von Hegel«, in: *Rheinische Zeitung für Politik, Handel und Gewerbe* 167 (16. Juni 1842). Nachdruck mit Zuschreibung an Bruno Bauer in: Heinz Pepperle und Ingrid Pepperle (Hrsg.), *Die hegelsche Linke*, Leipzig 1985, S. 436–439, hier S. 438.
4 Bruno Bauer, »Was ist jetzt Gegenstand der Kritik?«, in: *Allgemeine Literatur-Zeitung* 2 (1844) Heft 8, S. 18–26, hier S. 21 (Nachdruck in: ders., *Feldzüge der reinen Kritik*, S. 200–212, hier S. 203).
5 A.a.O., S. 21 (S. 204).
6 Ebd.
7 A.a.O., S. 22 (S. 206).
8 A.a.O., S. 25 (S. 211).
9 Ebd.
10 Ebd.
11 A.a.O., S. 25f. (S. 211f.).
12 Die Konzeption des Buches wurde zunächst gemeinsam mit Friedrich Engels entworfen, später aber von Marx erheblich erweitert. Engels verfasste einen geringen Teil der gemeinsam konzipierten Abschnitte des Buches und ist Mitautor des Vorworts.
13 Der Ausdruck »heilige Familie« bezieht sich einerseits auf die Zusammenarbeit Bauers mit seinem Bruder Edgar, andererseits auf die theologische Ausbildung Bauers.
14 Vgl. Platon, *Sophistes*, 253 a–e.
15 Friedrich Engels und Karl Marx, D*ie heilige Familie oder Kritik der kritischen Kritik. Gegen Bruno Bauer und Consorten*, in: MEW 2, S. 3–223, hier S. 80.
16 Ebd.
17 A.a.O., S. 81.
18 A.a.O., S. 90.
19 Ebd.
20 A.a.O., S. 90f.
21 A.a.O., S. 91.
22 A.a.O., S. 123.

23 Bauer, »Was ist jetzt Gegenstand der Kritik?«, S. 24 (S. 209).
24 Engels/Marx, *Die heilige Familie*, S. 126.
25 Max Stirner, *Der Einzige und sein Eigentum. Ausführlich kommentierte Studienausgabe*, Freiburg und München 2009, S. 134.
26 A.a.O., S. 85.
27 A.a.O., S. 24.
28 A.a.O., S. 249.
29 A.a.O., S. 262.
30 Vgl. a.a.O., S. 264.
31 A.a.O., S. 315.
32 Vgl. a.a.O., S. 130f.
33 Vgl. a.a.O., S. 313.
34 Brief von Friedrich Engels an Karl Marx vom 19. November 1844, in: MEW 27, S. 9–13, hier S. 11f.
35 Vgl. Brief von Karl Marx an Heinrich Börnstein, Dezember 1844, in: MEW 27, S. 432.
36 Vgl. die Schilderung der Ereignisse in Heinrich Börnstein, *Fünfundsiebzig Jahre in der Alten und Neuen Welt. Memoiren eines Unbedeutenden*, Bd. 1, Leipzig 1881, S. 352–354, und bei Arnold Ruge, *Zwei Jahre in Paris. Studien und Erinnerungen*, Bd. 1, Leipzig 1846, S. 394–399, 404–406.
37 Vgl. Karl Marx, *Dokumente seines Lebens. 1818 bis 1883*, hrsg. von Manfred Kliem, Leipzig 1970, S. 173f. Für eine Schilderung der Umstände und der Marx'schen Einschätzung der damaligen Lage vgl. H[einrich] Bürgers, »Erinnerungen an Ferdinand Freiligrath«, Teil I, in: Sonntagsbeilage Nr. 48 zu *Königlich-privilegirte Berlinische Zeitung von Staats- und gelehrten Sachen. Vossische Zeitung* Nr. 278 vom 26. November 1876, S. 3, Sp. 2–S. 4, Sp. 1: »Der Präfekturbefehl war nicht unbedingt; unter der Hand wurde den davon Betroffenen bedeutet, sie könnten in Paris bleiben, wenn sie sich verpflichteten, Agitationen in der Presse gegen befreundete Regierungen zu unterlassen. [...] Es widerstrebte aber seinem Stolze, sich freiwillig unter polizeiliche Aufsicht zu stellen, und er beschloß daher nach Brüssel zu übersiedeln, ließ Frau und Kind vorläufig in Paris zurück«.
38 Das Buch ist nie erschienen und auch kein entsprechendes Manuskript überliefert. Der Wortlaut des Vertrages findet sich in MEW 27, S. 669. Zum abweichend vom Vertrag gezahlten Vorschuss und der Rei-

se nach Manchester im Kontext der Arbeit an dem geplanten Buch vgl. Brief von Marx an Karl Wilhelm Leske vom 1. August 1846, in: MEW 27, S. 447–450.

39 Die sogenannten »Manchesterhefte« mit diesen Auszügen sind in den Bänden MEGA² IV/4 und IV/5 veröffentlicht.

40 Alle Zitate aus John Francis Bray, *Labour's Wrongs and Labour's Remedy; or, The Age of Might and the Age of Right*, Leeds 1839, S. 41.

41 Vgl. zur Auseinandersetzung von Marx mit Bray Matthias Bohlender, »Marx, ein Exzerpt und der ›falsche Bruder‹. Zu einer Genealogie der ›Kritik der Politischen Ökonomie‹«, in: Rahel Jaeggi und Daniel Loick (Hrsg.), *Karl Marx - Perspektiven der Gesellschaftskritik* (= *Deutsche Zeitschrift für Philosophie* Sonderband 34), Berlin 2013, S. 109–121.

42 Karl Marx und Friedrich Engels, *Die deutsche Ideologie* (= MEW 3), S. 280 (vgl. parallel dazu MEGA² I/5, S. 353 f.).

43 A. a. O., S. 109 (vgl. parallel dazu MEGA² I/5, S. 175).

44 Engels/Marx, *Die heilige Familie*, S. 127. Marx bezieht sich mit dem »egoistischen Individuum« auf eine Stelle aus Bauers »Was ist jetzt Gegenstand der Kritik?« und nicht – wie es scheinen könnte – auf Stirners Huldigung des Egoismus.

45 Marx/Engels, *Die deutsche Ideologie*, S. 274 (vgl. parallel dazu MEGA² I/5, S. 347).

46 Marx/Engels, »[Konvolut zu Feuerbach]«, in: MEGA² I/5, S. 96, li. Sp. (vgl. parallel dazu MEW 3, S. 74).

47 A. a. O., MEGA² I/5, S. 95, li. Sp. (vgl. parallel dazu MEW 3, S. 74).

48 Marx/Engels, *Die deutsche Ideologie*, S. 354 (vgl. parallel dazu MEGA² I/5, S. 429).

6. Eine Phänomenologie des Werts: Das besondere Verhältnis zu Proudhon

1 Friedrich Engels und Karl Marx, *Die heilige Familie oder Kritik der kritischen Kritik. Gegen Bruno Bauer und Consorten*, in: MEW 2, S. 3–223, hier S. 34.

2 A. a. O., S. 33.

3 A. a. O., S. 32.

4 Ebd.

5 Vgl. A.a.O., S. 35.
6 A.a.O., S. 36.
7 A.a.O., S. 37.
8 A.a.O., S. 37f.
9 Vgl. Brief von Karl Marx an Ludwig I., König von Belgien, vom 7. Februar 1845, in: MEW 27, S. 601.
10 Brief von Karl Marx an Pierre-Joseph Proudhon vom 5. Mai 1846, in: MEW 27, S. 442–443, hier S. 442.
11 Ebd.
12 Brief von Proudhon an Marx vom 17. Mai 1846, in: MEGA[2] III/2, S. 205–207, hier S. 205.
13 A.a.O., S. 206.
14 Ebd.
15 Brief von Karl Marx an Pawel Wassiljewitsch Annenkow vom 28. Dezember 1846, in: MEW 27, S. 451–463, hier S. 451.
16 Vgl. Karl Marx, *Das Elend der Philosophie*, in: MEW 4, S. 63–182, hier S. 65.
17 Engels/Marx, *Die heilige Familie*, S. 44.
18 Zur methodologisch-philosophischen Kritik an Proudhon vgl. unten Kap. 10.
19 Karl Marx, *Das Kapital*, Bd. 1 (= MEW 23), S. 85.
20 Pierre-Joseph Proudhon, *System der ökonomischen Widersprüche oder: Philosophie des Elends*, Berlin 2003, S. 100.
21 A.a.O., S. 100ff.
22 Vgl. a.a.O., S. 77: »Es geht nicht darum, die Idee des Wertes abzuschaffen; das ist genauso unmöglich, wie die Arbeit abzuschaffen – die muß man ja gerade bestimmen. Es geht nicht darum, die Freiheit des Einzelnen zu töten, sondern darum, sie zu vergesellschaften.«
23 Vgl. Marx, *Das Elend der Philosophie*, S. 86ff.
24 Marx, *Das Kapital*, Bd. 1, S. 561.
25 Marx, *Das Elend der Philosophie*, S. 97.
26 Ebd.
27 A.a.O., S. 91.
28 A.a.O., S. 93.
29 A.a.O., S. 104.
30 A.a.O., S. 105.
31 A.a.O., S. 104.

32 A.a.O., S. 112f.

33 Seit seiner Veröffentlichung in der Mitte des 20. Jahrhunderts wird das Manuskript deshalb mitunter auch als *Rohentwurf des Kapitals* bezeichnet und hat seit den 1960er Jahren neue Lesarten des Marx'schen Hauptwerks befördert.

34 Karl Marx, *Grundrisse der Kritik der politischen Ökonomie* (= MEW 42), S. 75.

35 A.a.O., S. 74f.

36 A.a.O., S. 71.

37 A.a.O., S. 74.

38 A.a.O., S. 75.

39 A.a.O., S. 62.

40 A.a.O., S. 75.

41 A.a.O., S. 59.

42 Brief von Karl Marx an Joseph Weydemeyer vom 1. Februar 1859, in: MEW 29, S. 570–573, hier S. 573.

43 Vgl. Marx, *Das Elend der Philosophie*, S. 98–105.

44 Karl Grün, »Einführung«, in: Pierre-Joseph Proudhon, *Philosophie der Staatsökonomie oder Nothwendigkeit des Elends*, Bd. 2, Darmstadt 1847, S. VII–LVI, hier S. XXX. Proudhons Buch erschien 1847 auch noch in einer weiteren Übersetzung von Wilhelm Jordan in Leipzig unter dem Titel *Die Widersprüche der National-Oekonomie oder die Philosophie der Noth*.

45 Vgl. unten Kap. 10.

46 Briefentwurf von Moses Heß an Alexander Herzen (»Briefe an Iscander 3«) von März/April 1850, in: Edmund Silberner (Hrsg.), *Moses Heß Briefwechsel*, Den Haag 1959, S. 255–258, hier S. 256. Die Passage ist im Entwurf gestrichen, wurde also wahrscheinlich nicht in den Brief an Herzen, der für die gemeinsame Sache geworben werden sollte, übernommen.

III. GESCHICHTE

7. Revolution, Klassenkampf, Geschichte

1 Wie schon bei der *Heiligen Familie* war es auch beim *Manifest* Marx, der zeitlebens auf der Koautorschaft von Engels bestand. Dabei war Engels, während Marx das Manuskript schrieb, in Paris und kam erst am 31. Januar 1847 nach Brüssel, als der Text bereits zum Druck nach London geschickt worden sein sollte. Das Manuskript des *Manifests* ist bis auf eine einzelne Entwurfsseite nicht überliefert, sodass sich nicht feststellen lässt, ob Engels an seiner Fertigstellung, Endredaktion und Abschrift überhaupt beteiligt war oder sich seine Mitarbeit auf das Verfassen einer Vorarbeit und die vorbereitende Diskussion der Inhalte beschränkt. Das *Manifest* wurde schon 1848 mehrfach und in jeweils leicht abweichenden Varianten gedruckt, ohne dass von Marx oder Engels Korrekturbögen durchgesehen wurden. Auch später wurde von den Autoren keine definitive Ausgabe des Textes erstellt. Für eine historisch-kritische Ausgabe des *Manifests*, die alle Textvarianten berücksichtigt und deren jeweilige Entstehung diskutiert vgl. Karl Marx und Friedrich Engels, *Das Kommunistische Manifest* (*Manifest der Kommunistischen Partei*). *Von der Erstausgabe zur Leseausgabe. Mit einem Editionsbericht von Thomas Kuczynski* (= *Schriften aus dem Karl-Marx-Haus Trier* 49 (1995)).

2 Vgl. dazu und zur ambivalenten Verwendung des Wortes »Partei« bei Marx Wolfgang Schieder, *Karl Marx. Politik in eigener Sache*, Darmstadt 2018, S. 152–162.

3 Am 9. Juni 1847 beschloss der erste Kongress des *Bundes* seine Reorganisation mit neuen Statuten und die Namensänderung in »Bund der Kommunisten«. Des Weiteren wurde dem *Bund* vom Kongress ein »Kommunistisches Glaubensbekenntnis« zur Diskussion vorgelegt und die Einrichtung einer Zeitung des *Bundes* in London vorgeschlagen, die auf einem zweiten Kongress vom 29. November bis zum 8. Dezember 1847 verabschiedet werden sollten. Vgl. dazu das »Rundschreiben des ersten Kongresses des Bundes der Kommunisten an den Bund«, in: *Der Bund der Kommunisten. Dokumente und Materialien*, Bd. 1: 1836–1849, Berlin 1970, S. 475–487. Das Probeblatt der *Kom-*

munistischen Zeitschrift erscheint aber schon Anfang September 1847 in London. (Vgl. a. a. O., S. 501–524.)

4 Manfred Kliem nennt das Datum des Beitritts von Marx ohne nähere Begründung in Karl Marx, *Dokumente seines Lebens. 1818 bis 1883*, hrsg. von Manfred Kliem, Leipzig 1970, S. 190 f. Zur Gründung der Brüsseler Gemeinde vgl. MEW 4, S. 593.

5 Der von unbekannter Hand geschriebene erste Entwurf des »Kommunistischen Glaubensbekenntnisses« findet sich in: *Bund der Kommunisten. Dokumente und Materialien*, Bd. 1, S. 470–475. Von den beiden verbesserten Entwürfen ist nur derjenige von Engels überliefert (vgl. Friedrich Engels, »Grundsätze des Kommunismus«, in: MEW 4, S. 361–380). Moses Heß veröffentlicht allerdings 1849 oder 1850 anonym noch einmal einen »Rothen Kathechismus für das deutsche Volk«, der – wie auch die »Grundsätze« von Engels und der ursprüngliche Entwurf des Bekenntnisses – nach dem Vorbild von Luthers »Kleinem Katechismus« in Fragen und Antworten verfasst ist. (Vgl. Moses Heß, »Rother Kathechismus für das deutsche Volk«, in: ders., *Philosophische und sozialistische Schriften. 1837–1850*, Berlin 1980, S. 445–457.)

6 Vgl. *Bund der Kommunisten. Dokumente und Materialien*, Bd. 1, S. 654.

7 Karl Marx und Friedrich Engels, *Manifest der kommunistischen Partei*, in: MEW 4, S. 459–493, hier S. 493.

8 Ebd.

9 A.a.O., S. 490f.

10 Alle Zitate a.a.O., S. 490. Der Gedanke findet sich auch in *Das Elend der Philosophie* (vgl. MEW 4, S. 143).

11 Marx/Engels, *Manifest der kommunistischen Partei*, S. 462.

12 Erneut Zitate a.a.O., S. 490.

13 Alle Zitate in Dietmar Dath und Barbara Kirchner, *Der Implex. Sozialer Fortschritt. Geschichte und Idee*, Berlin 2012, S. 89f.

14 Marx/Engels, *Manifest der kommunistischen Partei*, S. 462.

15 A.a.O., S. 463.

16 A.a.O., S. 465.

17 A.a.O., S. 466.

18 Marx schrieb für die *New-York Daily Tribune*, doch deren Artikel wurden auch für andere Zeitungen des Hauses verwendet. »Während der 1850er Jahre erschien Greeleys ›Tribune‹ in fünf Ausgaben: ne-

ben der ›Daily‹- in einer halbwöchentlichen, der ›Semi-Weekly‹-, und einer wöchentlichen Ausgabe, der ›Weekly Tribune‹. Darüber hinaus kompilierte die Redaktion aus dem Stehsatz von ›Semi-Weekly-‹ und ›Weekly Tribune‹ die ›New-York Tribune for Europe‹ und die ›New-York Tribune for California, Oregon and the Sandwich-Islands‹. Masseneinfluss und spektakuläre Leserresonanz verdankte die ›Tribune‹ in beträchtlichem Maße der Wochenausgabe.« (Manfred Neuhaus, »Marx als Europakorrespondent der New York Tribune«, in: *Z. Zeitschrift marxistische Erneuerung* 88 (2011), S. 129–136, hier S. 131 f.)

19 Karl Marx, »Der indische Aufstand« (*New-York Daily Tribune* vom 16. September 1857), in: MEW 12, S. 285–288, hier S. 285.

20 Karl Marx, »[Über die Folterungen in Indien]« (Leitartikel der *New-York Daily Tribune* vom 17. September 1857), in: MEW 12, S. 268–273, hier S. 273.

21 Karl Marx und Friedrich Engels, »Vorrede« [zur russischen Ausgabe von 1882], in: MEW 4, S. 575 f., hier S. 576.

22 Ebd.

23 Marx/Engels, *Manifest der kommunistischen Partei*, S. 468.

24 Selbst im *Kapital* spricht Marx noch von der »durch den Mechanismus des kapitalistischen Produktionsprozesses selbst geschulten, vereinten und organisierten Arbeiterklasse« (Karl Marx, *Das Kapital*, Bd. 1 (= MEW 23), S. 791).

25 Marx/Engels, *Manifest der kommunistischen Partei*, S. 468.

26 A. a. O., S. 493.

27 Alle Zitate a. a. O., S. 477.

28 A. a. O., S. 475.

29 A. a. O., S. 476.

30 A. a. O., S. 481.

31 A. a. O., S. 482.

32 Zuvor war Marx Anfang März aus Belgien ausgewiesen worden, erhielt aber zur gleichen Zeit eine Einladung nach Paris von Ferdinand Flocon, einem Mitglied der dortigen provisorischen Regierung (vgl. Brief von Ferdinand Flocon an Karl Marx vom 1. März 1848, in: MEGA² III/2, S. 389). Marx reiste also über Paris, wo er sich der örtlichen Gemeinde des *Bundes* anschließt, nach Köln. Dort trifft er Anfang April ein.

33 Vgl. zum Komplex der Entlassung und verweigerten Wiedererlangung der Staatsbürgerschaft 1848 Marx, *Dokumente seines Lebens*, S. 184–188 und S. 232–236.

34 Vgl. zur Verbreitung und Auflagenhöhe MEGA² I/7, S. 899–901.

35 *Zeitung des Arbeiter-Vereines zu Köln* Nr. 17 vom 23. Juli 1848, S. 4, zit. n. MEGA² I/7, S. 902. Das andere Ende des Meinungsspektrums findet sich in einer Polemik des Feuilletonchefs der etablierten *Kölnischen Zeitung*: »Die Artikel waren übrigens wie von Gymnasiasten für Gymnasiasten geschrieben und jeden geistreichen Republikaner mußte [die Neue Rheinische Zeitung] bei anhaltendem Lesen entschieden der entgegengesetzten Partei in die Arme führen.« ([Levin Schücking], »Die rothe Republik in Köln. Köln am ersten Oktober 1848«, in: *Morgenblatt für gebildete Leser* Nr. 241 vom 7. Oktober 1848, S. 961 f., zit. n. MEGA² I/7, S. 902.)

36 Insbesondere kritisierte die Zeitung immer wieder die Weigerung, in einen Krieg mit Russland einzutreten, der die Revolution stärken sollte, aber auch besonders heftig die zunächst ohne die Konsultation des Parlaments in Frankfurt vereinbarte Aufgabe des Kriegs gegen Dänemark zur Durchsetzung deutschnationaler Ansprüche in Schleswig-Holstein führen sollte und worden war.

37 Marx/Engels, *Manifest der kommunistischen Partei*, S. 493.

38 Vgl. Marx, *Dokumente seines Lebens*, S. 239 und 265.

39 A.a.O., S. 276.

40 Während der Revolution hatte der *Bund* in Köln eine tiefe Krise durchlebt, weil seine Mitglieder selbst unterschiedliche Strategien verfolgten und es im revolutionären Aufbruch für Marx auch gar keinen Bedarf für eine Geheimorganisation mehr zu geben schien. Neben prominenten Austritten versuchte Marx im Sommer 1848 vielleicht sogar den *Bund* ganz aufzulösen – jedenfalls behauptete das der Kölner Bundesführer Peter Gerhard Röser 1853/54 in der preußischen Festungshaft. (Vgl. *Bund der Kommunisten. Dokumente und Materialien*, Bd. 1, S. 969 f. Zur umstrittenen Bewertung dieser Quelle vgl. Schieder, *Marx. Politik in eigener Sache*, S. 46.)

41 Brief von Karl Marx an Ferdinand Freiligrath vom 10. Januar 1850, in: MEW 27, S. 521.

42 Tatsächlich hatte der in die USA emigrierte Marx-Freund und Herausgeber von *Die Revolution*, Joseph Weydemeyer, den Text sogar

drucken lassen, konnte dann aber den Drucker nicht bezahlen, sodass das entsprechende Heft nur in ganz wenigen Exemplaren ausgeliefert werden konnte.

43 Karl Marx, *Die Klassenkämpfe in Frankreich 1848 bis 1850*, in: MEW 7, S. 9–107, hier S. 85.

44 Karl Marx, *Der 18te Brumaire des Louis Bonaparte*, in: MEW 8, S. 111–207, hier S. 122.

45 Marx, *Die Klassenkämpfe in Frankreich*, S. 33.

46 A.a.O., S. 34.

47 A.a.O., S. 43.

48 Marx, *Der 18te Brumaire des Louis Bonaparte*, S. 197.

49 Ebd.

50 A.a.O., S. 206.

51 A.a.O., S. 117.

52 A.a.O., S. 118.

8. Geschichte: Struktur und Krise

1 Karl Marx, *Der 18te Brumaire des Louis Bonaparte*, in: MEW 8, S. 111–207, hier S. 115.

2 Vgl. zu dem gesamten Komplex der journalistischen Tätigkeit von Marx und insbesondere zur *New-York Daily Tribune* Jürgen Herres, »Karl Marx als politischer Journalist im 19. Jahrhundert«, in: *Beiträge zur Marx-Engels-Forschung. Neue Folge* 15 (2005), S. 7–28.

3 Brief von Arnold Ruge an Ludwig Feuerbach vom 15. Mai 1844, S. 342–349, in: Paul Nerrlich (Hrsg.), *Arnold Ruges Briefwechsel und Tagebuchblätter aus den Jahren 1825–1880*, Bd. 1, Berlin 1886, hier S. 343. Auch Engels soll 1849 bei der Redaktionsarbeit der *Neuen Rheinischen Zeitung* über Marx geklagt haben: »Er ist kein Journalist und wird nie einer werden. Über einem Leitartikel, den ein anderer in zwei Stunden schreibt, hockt er einen ganzen Tag, als handle es sich um die Lösung eines philosophischen Problems; er ändert und feilt, und ändert wieder das Geänderte und kann vor lauer Gründlichkeit niemals zur rechten Zeit fertig werden.« (Zit. n. Stephan Born, *Erinnerungen eines Achtundvierzigers*, Leipzig 1898, S. 198 f.)

4 Vgl. zu den Honoraren der *Tribune*: Karl Marx, *Dokumente seines Lebens*, S. 334–336.

5 Exemplarisch sei nur auf die fünf Exzerpt-Hefte verwiesen, die Marx für seinen Essay »Revolutionary Spain« zur Geschichte Spaniens füllte. Die Hefte finden sich in MEGA² IV/12.

6 Herres, »Marx als Journalist«, S. 25.

7 Karl Marx, *Grundrisse der Kritik der politischen Ökonomie* (= MEW 42), S. 372.

8 A. a. O., S. 373.

9 Ebd.

10 A. a. O., S. 39.

11 Ebd.

12 Ebd.

13 Peter Osborne, *The Politics of Time. Modernity and Avant-Garde*, London und New York 1995, S. 17. Bei Marx findet sich am Anfang des Kowalewski-Exzerpts, das frühestens 1880 begonnen wurde, allerdings auch noch sehr spät eine Übernahme des Modells der geografischen Verteilung historischer Entwicklungsstufen. Vgl. Karl Marx, »Exzerpte aus M. M. Kovalevskij: Obščinnoe zemlevladenie (Der Gemeinbesitz)«, in: Hans-Peter Harstick (Hrsg.), *Karl Marx über Formen vorkapitalistischer Produktion. Vergleichende Studien zur Geschichte des Grundeigentums* (= *Quellen und Stidien zur Sozialgeschichte*, Bd. 1), Frankfurt/M. und New York 1977, S. 21–210, hier S. 22 f.

14 Für eine Darstellung der Entstehung der *Subaltern und Postcolonial Studies* und ihres Verhältnisses zum marxistischen Geschichtsbild vgl. Dipesh Chakrabarty, »Eine kleine Geschichte der Subaltern Studies«, in: ders., *Europa als Provinz. Perspektiven postkolonialer Geschichtsschreibung*, Frankfurt/M. und New York 2010, S. 19–40.

15 Vgl. für eine Sammlung solcher Stellen Kevin B. Anderson, *Marx at the Margins. On Nationalism, Ethnicity, and Non-Western Societies*, Chicago und London 2010.

16 Marx, *Grundrisse*, S. 384 f.

17 Im sogenannten »orientalischen Despotismus« ist das Eigentum des gesamten Bodens in einer Person konzentriert, von der die einzelnen Gemeinden ihre oft dauerhaft verbrieften Besitzansprüche empfangen und dafür einen Teil ihres Produktes oder ihrer Arbeitskraft an die beispielsweise im Kaiser von China personalisierte Gesellschaft abgeben müssen.

18 Marx, *Grundrisse*, S. 389.

19 A.a.O., S. 391 f.
20 A.a.O., S. 393 f.
21 A.a.O., S. 394.
22 A.a.O., S. 395.
23 Brief von Karl Marx an Friedrich Engels zwischen dem 13. und 15. Januar 1859, in: MEW 29, S. 383 f., hier S. 383.
24 Zunächst hatte Marx ziemlich erfolgreich für die Verbreitung des Gerüchts gesorgt, dass es sich bei dem bekannten Naturforscher und politischen Publizisten Carl Vogt, der für eine deutsche Einigung ohne Österreich und einen österreichisch-französischen Krieg ohne deutsche Beteiligung eintrat, um einen von Napoleon III. bezahlten Propagandisten handelte. In seiner Verteidigung gegen dieses Gerücht griff Vogt Marx dann auf eine Weise an, die sein gesamtes politisches Wirken dauerhaft zu beschädigen drohte. Unter anderem behauptete Vogt: »Unter dem Namen *Schwefelbande* [...] war unter der Flüchtlingschaft von 1849 eine Anzahl von Leuten bekannt, die Anfangs in der Schweiz, Frankreich und England zerstreut, sich allmählig in London sammelten und dort als ihr sichtbares Oberhaupt Herrn *Marx* verehrten. [...] Eine der Haupt-Beschäftigungen der Schwefelbande war, Leute im Vaterlande so zu kompromittiren, dass sie den Ausbeutungsversuchen [sprich: den Erpressungen durch die Bande] nicht mehr widerstehen und Geld zahlen mussten, damit die Bande das Geheimnis ihrer Kompromittirung bewahre. Nicht einer, hunderte von Briefen sind von diesen Menschen nach Deutschland geschrieben worden, welche die unverhüllte Losung enthielten, dass man die Betheiligung an diesem oder jenem Akte der Revolution denunziren werde, wenn nicht bis zu einem bestimmten Zeitpunkte eine gewisse Summe an die bezeichnete Adresse gelange.« (Carl Vogt, *Mein Prozess gegen die Allgemeine Zeitung. Stenographischer Bericht, Dokumente und Erläuterungen*, Genf 1859, S. 136/139.) Marx sah sich daraufhin seinerseits zu einer umfänglichen juristischen und – nicht zuletzt, da die juristische Auseinandersetzung in allen Instanzen erfolglos blieb – auch publizistischen Verteidigung gezwungen, in der er dann unter anderem aufdeckte, dass Vogt tatsächlich in französischem Sold stand. (Vgl. Karl Marx, *Herr Vogt*, in: MEW 14, S. 381–686.)
25 Vgl. Brief von Karl Marx an Friedrich Engels vom 22. Juli 1859, in: MEW 29, S. 462 f., hier S. 463: »Du hast vergessen, mir zu schreiben,

ob Du eine Notiz über meine Schrift machen willst. [...] Im Falle Du etwas schreibst, wäre nicht zu vergessen, 1. daß der Proudhonismus in der Wurzel vernichtet ist, 2. daß gleich in der einfachsten Form, der der Ware, der *spezifisch* gesellschaftliche, keineswegs *absolute* Charakter der bürgerlichen Produktion analysiert ist.«

26 Brief von Jenny Marx an Friedrich Engels vom 23. oder 24. Dezember 1859, in: MEW 29, S. 653–655, hier S. 653.

27 Karl Marx, *Zur Kritik der Politischen Ökonomie*, in: MEW 13, S. 3–160, hier S. 8.

28 A.a.O., S. 9.

29 A.a.O., S. 8.

30 A.a.O., S. 9.

31 Ebd.

32 Karl Marx, *Das Elend der Philosophie*, in: MEW 4, S. 130.

33 Karl Marx und Friedrich Engels, *Manifest der kommunistischen Partei*, in: MEW 4, S. 459–493, hier S. 465.

34 Vgl. Marx, *Das Elend der Philosophie*, S. 149: »Die Arbeit organisiert und teilt sich verschieden, je nach den Werkzeugen, über die sie verfügt. Die Handmühle setzt eine andere Arbeitsteilung voraus als die Dampfmühle.«

35 Karl Marx, *Das Kapital*, Bd. 1 (= MEW 23), S. 791.

36 Marx, *Zur Kritik der Politischen Ökonomie*, S. 9.

9. Gegen den Staat: Die »ursprüngliche Akkumulation« und die Kommune

1 Karl Marx, »Zur Kritik des Hegelschen Staatsrechts«, in: MEW 1, S. 201–333, hier S. 229.

2 Karl Marx, *Grundrisse der Kritik der politischen Ökonomie* (= MEW 42), S. 373.

3 A.a.O., S. 376.

4 Vgl. a.a.O., S. 380, wo Marx von »Arbeit für persönlichen Konsum, Kochen, Nähen etc., Gartenarbeit etc., bis herauf zu den sämtlichen improduktiven Klassen, Staatsdiener, Ärzte, Advokaten, Gelehrte etc.« spricht.

5 Entscheidend für die Bewertung als »unproduktiv« ist dabei nicht die ausgeführte Tätigkeit, sondern ihr Verhältnis zum Kapital, mit dem

sie bezahlt wird. Dient sie dessen Reproduktion und Vermehrung ist sie »produktiv«, dient sie dem privaten Konsum des Kapitaleigners, ist sie »unproduktiv«. Lässt sich beispielsweise Kapitalist A beim Friseur die Haare schneiden, dann ist das Haareschneiden in diesem spezifischen Sinn »unproduktiv«. Betreibt jedoch Kapitalist B den Friseursalon und lässt dort jemanden gegen Lohn andere frisieren, so ist derselbe Akt des Haareschneidens eine »produktive« Arbeit. Sie verwertet das Kapital von B, während sie das Kapital von A lediglich vermindert.

6 Karl Marx, *Das Kapital*, Bd. 1 (= MEW 23), S. 183.

7 A.a.O., S. 742.

8 In der von Marx bearbeiteten französischen Ausgabe des ersten Bandes des *Kapitals*, die zwischen 1872 und 1875 erschien und die Marx gern zur Grundlage aller weiteren Auflagen gemacht hätte – einem Wunsch, dem Engels als Herausgeber der bis heute geläufigen 4. deutschen Auflage von 1890 jedoch bloß ansatzweise nachkam – ist das 24. mit dem 25. Kapitel »Die moderne Kolonisationstheorie« im 8. Abschnitt »L'accumulation primitive« zusammengefasst, wobei die Kapitelzählung in der französischen Ausgabe generell abweicht. Hier sind beispielsweise die einzelnen Unterabschnitte des Kapitels »Die sogenannte ursprüngliche Akkumulation« als eigenständige Kapitel ausgewiesen.

9 Karl Marx, *Le Capital. Paris 1872–1875* (= MEGA² II/7), S. 634. Die deutschen Ausgaben formulieren stattdessen, nur in England habe diese Geschichte die »klassische Form«, und schränken ihre Gültigkeit nicht auf Westeuropa ein. (Vgl. Marx, *Das Kapital*, Bd. 1 (= MEW 23), S. 744.)

10 Zitate in Marx, *Das Kapital*, Bd. 1 (= MEW 23), S. 741.

11 A.a.O., S. 742.

12 A.a.O., S. 746.

13 A.a.O., S. 753.

14 Zitate a.a.O., S. 770. Wenn David Harvey, einer der prominentesten Vertreter dieser These, behauptet, die »ursprüngliche Akkumulation« habe nie aufgehört und ihre Methoden beträfen »zunehmend auch die vom Kapital beherrschten Kernregionen«, dann vergisst er, dass es Marx nicht um »Akkumulation durch Enteignung« allein geht. (David Harvey, *Marx' ›Kapital‹ lesen*, Hamburg 2011, S. 342 und 345.) Das

spezifische Thema der »sogenannten ursprünglichen Akkumulation« ist die Trennung der Produzenten von den Produktionsmitteln *und* ihre Verwandlung in Lohnarbeiter. Das zeigt auch das abschließende 25. Kapitel, dessen Hauptaussage ist: »kapitalistische Produktions- und Akkumulationsweise, also auch kapitalistisches Privateigentum, bedingen die Vernichtung des auf eigner Arbeit beruhenden Privateigentums, d. h. die Expropriation des Arbeiters.« (Marx, *Das Kapital*, Bd. 1 (= MEW 23), S. 802.) Die von Harvey beschriebenen Formen des Raubs im heutigen Kapitalismus treten neben die ökonomische Vermehrung des Kapitals, ohne eine neue Produktionsweise zu schaffen.

15 Marx, *Das Kapital*, Bd. 1 (= MEW 23), S. 779.

16 A. a. O., S. 791.

17 Vgl. zu frühen Überlegungen Marx, *Grundrisse*, S. 42 und 188, und zum fertigen Plan Karl Marx, *Zur Kritik der Politischen Ökonomie*, in: MEW 13, S. 7: »Ich betrachte das System der bürgerlichen Ökonomie in dieser Reihenfolge: *Kapital*, *Grundeigentum*, *Lohnarbeit*; *Staat*, *auswärtiger Handel*, *Weltmarkt*. Unter den drei ersten Rubriken untersuche ich die ökonomischen Lebensbedingungen der drei großen Klassen, worin die moderne bürgerliche Gesellschaft zerfällt; der Zusammenhang der drei andern Rubriken springt in die Augen.« Vgl. auch den Brief von Karl Marx an Friedrich Engels vom 2. April 1858, in: MEW 29, S. 311–318, hier S. 312.

18 Von den *Londoner Exzerptheften* ist bisher nur ein Teil veröffentlicht (MEGA² IV/7–9), eine Übersicht der dort für das Buch zum Staat relevanten Themen findet sich in Günter Willing, »Einige Bemerkungen zur Materialgrundlage des Buches vom Staat«, in: *Hallesche Arbeitsblätter zur Marx-Engels-Forschung* (1986) 20, S. 104–115.

19 Brief von Karl Marx an Ferdinand Freiligrath vom 29. Februar 1860, in: MEW 30, S. 488–495, hier S. 489.

20 A. a. O., S. 490.

21 Vgl. Karl Marx, *Dokumente seines Lebens. 1818 bis 1883*, hrsg. von Manfred Kliem, Leipzig 1970, S. 389.

22 Brief von Karl Marx an Friedrich Engels vom 4. November 1864, in: MEW 31, S. 9–16, hier S. 13.

23 Karl Marx, »Zweite Adresse des Generalrats über den Deutsch-Französischen Krieg«, in: MEW 17, S. 271–279, hier S. 277.

24 Karl Marx, *Der Bürgerkrieg in Frankreich*, in: MEW 17, S. 311–365, hier S. 357 und 359.
25 A. a. O., S. 338.
26 Karl Marx, »[Zweiter Entwurf zum ›Bürgerkrieg in Frankreich‹]«, in: MEW 17, S. 572–610, hier S. 591 f. In den endgültigen Text wurde nur die Kernaussage der Passage übernommen. Vgl. Marx, *Der Bürgerkrieg in Frankreich*, S. 336.
27 Karl Marx, »[Erster Entwurf zum ›Bürgerkrieg in Frankreich‹]«, in: MEW 17, S. 493–571, hier S. 556. Für eine ähnliche Formulierung im endgültigen Text vgl. Marx, *Der Bürgerkrieg in Frankreich*, S. 347.
28 Marx, *Der Bürgerkrieg in Frankreich*, S. 347.
29 Marx, »[Erster Entwurf]«, S. 544.
30 Marx, *Der Bürgerkrieg in Frankreich*, S. 339.
31 A. a. O., S. 340.
32 A. a. O., S. 343.
33 A. a. O., S. 362.

IV. ÖKONOMIE

10. Was ist eine Wissenschaft?

1 Brief von Karl Marx an Ferdinand Lassalle vom 21. Dezember 1857, in: MEW 29, S. 547 f., hier S. 548.
2 Vgl. zu den sogenannten »Krisenheften« die Edition als MEGA² IV/14.
3 Vgl. etwa den Brief von Karl Marx an Friedrich Engels vom 21. September 1859, in: MEW 29, S. 480.
4 »Ich werde zerstören und aufbauen.« Dieses Motto hatte Proudhon auf die Titelseite der französischen Erstausgabe seiner *Philosophie des Elends* setzen lassen. Dort ist als Quelle das 5. Buch Mose (Deuteronomium), Kap. 32, angegeben. In der *Vulgata* findet sich jedoch kein entsprechender Vers. Am nächsten kommt dem Motto noch in Vers 39: »percutiam et ego sanabo – ich werde erschüttern und ich werde wieder gutmachen«. Die Sonntagsbeilage der *Allgemeinen Zeitung* Nr. 354 vom 20.12.1846 bemerkte zu Proudhons Devise: »Aber das Wiederaufbauen bleibt vorerst noch der Zukunft überlassen, und so

lange Proudhon diesen zweiten Theil nicht wahr gemacht hat, haben wir einiges Recht ihn zu tadeln[,] daß er die erst zu vollbringende That vor dem Thore seines Hauses ausposaunt.« Bei dem Zitat der Stelle durch Marx handelt es sich also nicht, wie immer wieder angenommen wird, um eine Ankündigung von Marx, sondern um den Verweis auf das Ausstehen der dem Aufbau gewidmeten Fortsetzung der *Philosophie des Elends* durch Proudhon.

5 Brief von Karl Marx an Friedrich Engels vom 10. Januar 1857, in: MEW 29, S. 92–94, hier S. 93. Am 18. März schreibt Marx dann an Engels: »Proudhons neues ökonomisches Buch, das mir noch nicht zur Hand gekommen, hat bereits 7 Auflagen erlebt.« (MEW 29, S. 110.) Es handelt sich bei dem Buch um Proudhons *Manuel du spéculateur à la Bourse* von 1854, das 1857 in mehreren umgearbeiteten Neuauflagen und in einer deutschen Übersetzungen sowie einer weiteren deutschen Bearbeitung erschien. (Vgl. Pierre-Joseph Proudhon, *Handbuch des Börsenspekulanten*, Wien u. a. 2009.)

6 Vgl. dazu oben Kap. 6.

7 Alle Zitate in Pierre-Joseph Proudhon, *System der ökonomischen Widersprüche oder: Philosophie des Elends*, Berlin 2003, S. 125.

8 A. a. O., S. 103.

9 A. a. O., S. 132.

10 Karl Marx, *Das Elend der Philosophie*, in: MEW 4, S. 63–182, hier S. 130.

11 A. a. O., S. 131–133.

12 Proudhon, *Philosophie des Elends*, S. 102.

13 Marx, *Das Elend der Philosophie*, S. 139.

14 Ebd.

15 A. a. O., S. 131.

16 Karl Marx, *Grundrisse der Kritik der politischen Ökonomie* (= MEW 42), S. 20.

17 A. a. O., S. 21.

18 Ebd.

19 A. a. O., S. 34.

20 A. a. O., S. 35.

21 Ebd.

22 Ebd.

23 A. a. O., S. 36.

24 A. a. O., S. 35. Wie sich oben bereits gezeigt hat, passt diese Bemerkung vor allem zur Hegelrezeption Proudhons, der in einem naiven Sinn an die weitgehende Einheit von Real- und Ideengeschichte glaubt.
25 W. I. Lenin, *Materialismus und Empiriokritizismus* (= *Werke*, Bd. 14), Berlin [7]1975, S. 262.
26 Vgl. Louis Althusser, »Vom Kapital zur Philosophie von Marx«, in: ders. u. a., *Das Kapital lesen*, Münster 2015, S. 19–103, hier S. 62.
27 Marx, *Grundrisse*, S. 41.
28 A. a. O., S. 39. Vgl. zur Geschichtstheorie in den *Grundrissen* auch oben Kap. 8.
29 A. a. O., S. 42.
30 Karl Marx, *Das Kapital*, Bd. 1 (= MEW 23), S. 12.
31 Vgl. Marx, *Grundrisse*, S. 188.
32 A. a. O., S. 183.

11. Vom Warenwert zum Kapital

1 Brief von Karl Marx an Ferdinand Lassalle vom 28. April 1862, in: MEW 30, S. 621–623, hier S. 622.
2 Das gesamte Manuskript ist als MEGA² II/3 publiziert. *Die Theorien über den Mehrwert* sind außerdem in den drei Teilbänden von MEW 26 zu finden. Der Anfang des Manuskripts wurde später in der *Werkausgabe* als Ergänzungsband MEW 43 veröffentlicht. Und fast der gesamte Rest des Manuskripts erscheint dort 2018 erstmals als MEW 44.
3 Auch dieses Manuskript wurde publiziert. Es umfasst die drei Teilbände von MEGA² II/4. Überliefert sind allerdings nur die Passagen, die dann doch nicht in den ersten Band aufgenommen wurden (vor allem ein Kapitel, das die Ergebnisse des ersten Bandes noch einmal zusammenfassen sollte) und das Material für die Bände 2 und 3.
4 Vgl. oben Kap. 6.
5 Karl Marx, *Das Kapital*, Bd. 1 (= MEW 23), S. 56.
6 A. a. O., S. 88.
7 A. a. O., S. 95.
8 A. a. O., S. 180 f.
9 A. a. O., S. 595.
10 Ebd.

11 Marx hatte also recht, dass der Mehrwert in der Zirkulation entstehen muss und doch nicht dort entsteht. Denn der Mehrwert entsteht in der Produktion durch die Mehrarbeit. Er wird aber erst Wirklichkeit, wenn die Waren auch tatsächlich verkauft werden. Unverkäufliche Waren tragen keinen Mehrwert, egal wie sie hergestellt wurden. Sie haben gar keinen Wert mehr, weil dieser an den Austausch gebunden ist.

12 Marx, *Das Kapital*, Bd. 1, S. 249.

13 A.a.O., S. 532f.

14 Dieser Sicht wird allerdings auch widersprochen. So steht die gegenwärtige Entwicklung der Produktion für Michael Hardt und Antonio Negri, um nur die bekanntesten Vertreter eines sogenannten »Postoperaismus« zu nennen, dafür, dass das Kapital seine Subsumtionskraft über die Arbeit immer mehr verliert. Vgl. etwa Michael Hardt und Antonio Negri, *Common Wealth. Das Ende des Eigentums*, Frankfurt/M. und New York 2010, S. 303f. Dort heißt es, die Autoren verkündeten »nicht die Abdankung des Kapitals, sondern benennen die Unfähigkeit des Kapitals, die Arbeitskraft zu integrieren, und zeigen somit, dass der Begriff des Kapitals in zwei antagonistische Subjektivitäten zerfällt. [...] Eine kapitalistische Macht, die zunehmend ihre produktive Rolle verliert sowie ihre Fähigkeit, produktive Kooperation zu organisieren und die gesellschaftlichen Reproduktionsmechanismen der Arbeitskraft zu kontrollieren, existiert, oftmals mit Unbehagen, neben einer Menge produktiver Subjektivitäten, die zunehmend über die konstituierenden Fähigkeiten verfügen, um selbstständig zu existieren und eine neue Welt zu schaffen.« Solche Positionen können ihre Deutung der Marx'schen Kritik der Politischen Ökonomie vor allem auf solche Stellen stützen, an denen Marx den Kommunismus aus der Produktivkraftentwicklung des Kapitalismus hervorgehen sieht.

15 Marx, *Das Kapital*, Bd. 1, S. 657. Der zitierte Satz ist ein typisches Beispiel für jene Stellen im *Kapital*, an denen Marx eine bisher vorausgesetzte Abstraktion aufgibt und eine neue Komplexitätsstufe der Analyse eröffnet.

16 Karl Marx, *Grundrisse der Kritik der politischen Ökonomie* (= MEW 42), S. 655.

17 Karl Marx, *Ökonomische Manuskripte 1863–1867* (= MEGA² II/4.2), S. 301 (vgl. parallel dazu: MEW 25, S. 242).

18 Nach der Veröffentlichung der französischen Ausgabe des ersten Bandes wendet sich Marx 1875 noch einmal der Frage nach dem Zusammenhang von Mehrwert- und Profitrate zu, aber ohne zu einem schlüssigen Ergebnis zu kommen. (Vgl. Karl Marx und Friedrich Engels, *Manuskripte und redaktionelle Texte zum dritten Buch des »Kapitals«*. 1871–1895 (= MEGA² II/14, S. 3–150 und 158–162.) Ganz generell gilt für das Verhältnis der beiden Raten nämlich, »daß die Profitrate sowohl *steigen als fallen kann* mit *steigender Rate des Mehrwerths*, Sie kann ebenso *steigen und fallen* mit *fallender Rate des Mehrwerths.*« (MEGA² II/4.2, S. 95 (vgl. die ähnliche Formulierung in: MEW 25, S. 78).)

19 Karl Marx, *Das Kapital*, Bd. 2 (= MEW 24), S. 316 f.

20 A. a. O., S. 490 f.

21 Marx, *Das Kapital*, Bd. 1, S. 89.

22 Karl Marx, *Das Kapital*, Bd. 3 (= MEW 25), S. 33.

23 Marx bemerkt dazu, »alle Wissenschaft wäre überflüssig, wenn die Erscheinungsform und das Wesen der Dinge unmittelbar zusammenfielen«. (A. a. O., S. 825.)

12. Fetisch, Mystifikation, Bewusstsein

1 Karl Marx, *Das Kapital*, Bd. 1 (= MEW 23), S. 98.

2 A. a. O., S. 86.

3 Ebd.

4 Vgl. oben Kap. 6.

5 Marx, *Das Kapital*, Bd. 1, S. 92.

6 A. a. O., S. 92 f.

7 Karl Marx, *Das Kapital*, Bd. 3 (= MEW 25), S. 404.

8 Vgl. erneut oben Kap. 6.

9 Marx, *Das Kapital*, Bd. 1, S. 107.

10 Ebd.

11 Unter einer »Äquivalentform« versteht Marx die Darstellung aller Werte des Warenkosmos in einer einzigen Ware, sodass nicht mehr jede Ware unmittelbar zu jeder anderen ins Verhältnis gesetzt wird, sondern sich diese wechselseitigen Verhältnisse vermittelt über das

jeweilige Verhältnis zum allgemeinen Äquivalent herstellen. Marx sieht das zunächst durch die Auswahl einer speziellen Geldware, Gold, gegeben. Brot und Schuhe entsprechen dann jeweils für sich einer Menge Gold, die sie gegeneinander verrechenbar macht.

12 Alle Zitate in Marx, *Das Kapital*, Bd. 1, S. 107.

13 John R. Searle, »What is an institution?«, in: *Journal of Institutional Economics* 1 (2005) 1, S. 1–22, hier S. 12.

14 A.a.O., S. 16.

15 Marx, *Das Kapital*, Bd. 1, S. 108.

16 A.a.O., S. 562

17 A.a.O., S. 576.

18 A.a.O., S. 582.

19 Alle Zitate a.a.O., S. 564.

20 Karl Marx, *[Das Kapital]. Erstes Buch. Der Productionsproceß des Capitals*, 6. Kap. »Resultate des unmittelbaren Productionsprocesses«, in: MEGA² II/4.1, S. 24–130, hier S. 64.

21 Marx, *Das Kapital*, Bd. 1, S. 169.

22 A.a.O., S. 170.

23 Marx, *Das Kapital*, Bd. 3, S. 405.

24 Ebd.

25 Ebd.

26 Marx, »Resultate«, MEGA² II/4.1, S. 63.

27 A.a.O., S. 64.

28 Diese Beobachtung hat auch Konsequenzen für die Versuche einer Überwindung des Kapitalismus durch die Einrichtung genossenschaftlich geführter Fabriken, denen Marx grundsätzlich sympathisierend gegenüberstand: »Die Kooperativfabriken der Arbeiter selbst sind, innerhalb der alten Form, das erste Durchbrechen der alten Form, obgleich sie natürlich überall, in ihrer wirklichen Organisation, alle Mängel des bestehenden Systems reproduzieren und reproduzieren müssen. Aber der Gegensatz zwischen Kapital und Arbeit ist innerhalb derselben aufgehoben, wenn auch zuerst nur in der Form, daß die Arbeiter als Assoziation ihr eigner Kapitalist sind, d. h. die Produktionsmittel zur Verwertung ihrer eignen Arbeit verwenden.« (Marx, *Das Kapital*, Bd. 3, S. 456.)

29 Marx, »Resultate«, MEGA² II/4.1, S. 123.

30 A.a.O., S. 65.

31 A. a. O., S. 119.
32 Ebd.
33 Alle Zitate in: Marx, *Das Kapital*, Bd. 3, S. 822f.
34 A. a. O., S. 822.
35 Vgl. a. a. O., S. 831: »Selbst der Ausdruck: ›Kapital – Profit‹ ist hier inkorrekt. Wenn das Kapital in der einzigen Beziehung gefaßt wird, worin es Mehrwert produziert, nämlich in seinem Verhältnis zum Arbeiter, worin es Mehrarbeit erpresst durch den Zwang, den es auf die Arbeitskraft, d. h. auf den Lohnarbeiter ausübt, so umfaßt dieser Mehrwert außer Profit (Unternehmergewinn plus Zins) auch die Rente, kurz, den ganzen ungeteilten Mehrwert.« Die Eigentümer des Bodens können aber aufgrund ihres Monopols in Form von Mieten und Pachten einen Anteil vom in der Produktion geschaffenen Mehrwert von den Eigentümern des Kapitals erpressen, die einen Platz für die Verwertung ihres Kapitals benötigen.
36 A. a. O., S. 833.
37 A. a. O., S. 838.

V. POLITIK

13. Marx und die *Internationale*

1 »Programm der Internationalen Allianz der Sozialistischen Demokratie« (1868), in: Michael Bakunin, *Konflikt mit Marx, Teil 1: Texte und Briefe bis 1870* (= *Ausgewählte Schriften*, Bd. 5), Berlin 2004, S. 163f.
2 Karl Marx, »Der Generalrat der Internationalen Arbeiterassoziation an das Zentralbüro der Allianz der sozialistischen Demokratie« (9. März 1869), in: MEW 16, S. 348f.
3 Trotzdem wird die Formulierung in späteren Auseinandersetzungen um die *Alliance* von Marx immer wieder bemüht. Vgl. dazu und zum Konflikt um die *Alliance* in der *Internationale* insgesamt Wolfgang Eckhardt, »Einleitung«, in: Bakunin, *Konflikt mit Marx* 1, S. 11–145, hier besonders S. 24.
4 Michel Bakounine, »Rapport sur l'alliance« (28.7.–27.8.1871), in: ders., *Œuvres*, Bd. 6 (= *Bibliotheque Sociologique* 47), Paris 1913, S. 171–280, hier S. 227.

5 Die *Internationale Arbeiterassoziation* war so aufgebaut, dass sich einzelne Mitgliedsorganisationen in Regional- oder Landesföderationen zusammenschlossen. Die Aufnahme konnte einer Organisation laut Statuten von einer solchen Föderation nur verweigert werden, wenn ihre eigenen Grundsätze den Statuten der Föderation widersprachen. Das Gleiche galt für die *Internationale* insgesamt, bei der der Generalrat in London die Vereinbarkeit prüfte. Die Aufnahme der Genfer Sektion der *Alliance* in die *Romanische Föderation* war daher nach der Aufnahme in die *Internationale* theoretisch bloß noch eine Formalie.

6 Vgl. Wolfgang Eckhardt, »Einleitung« (= Michael Bakunin, *Konflikt mit Marx, Bd. 2: Texte und Briefe ab 1871* (= *Ausgewählte Schriften*, Bd. 6), 1. Tlbd.), Berlin 2011, S. 172–176.

7 Karl Marx, [»Resolution des Generalrats über das Föderalkomitee der romanischen Schweiz«], in: MEW 16, S. 430.

8 Vgl. »Procès-verbaux de la Conférence des délégués de l'Association Internationale des Travailleurs réunie à Londres du 17 au 23 septembre 1871«, in: MEGA[2] I/22, S. 640–748, zum Ziel einer abschließenden Regelung der Schweizer Streitigkeiten vor allem S. 645.

9 Karl Marx und Friedrich Engels, »Beschlüsse der Delegiertenkonferenz der Internationalen Arbeiterassoziation, abgehalten zu London vom 17. bis 23. September 1871«, in: MEGA[2] I/22, S. 347–358, hier S. 357.

10 Ebd.

11 Vgl. a.a.O, S. 351.

12 A.a.O., S. 354f.

13 James Guillaume, »Zirkular von Sonvillier« (12.11.1871), in: Michael Bakunin, *Konflikt mit Marx, Bd. 2: Texte und Briefe ab 1871* (= *Ausgewählte Schriften*, Bd. 6), 2. Tlbd., Berlin 2011, S. 689–696, hier S. 692 und 694.

14 Brief von Karl Marx an César De Paepe vom 28. Mai 1872, in: MEW 33, S. 479f. Vgl. auch den Brief von Karl Marx an Nikolai Franzewitsch Danielson vom 28. Mai 1872, in: MEW 33, S. 477f.: »Ich bin so overworked, and in fact so much interfered within my theoretical studies, that, after September, I shall *withdraw* [überarbeitet und tatsächlich bei meinen theoretischen Arbeiten so gestört, dass ich mich nach dem September *zurückziehen* werde]«.

15 Zum Entzug des Mandats und der vorausgegangenen Auseinandersetzung der Sektion 12 mit der deutschen Sektion 1 der *Internationale* in New York vgl. Antje Schrupp, *Nicht Marxistin und auch nicht Anarchistin. Frauen in der Ersten Internationale*, Königstein/Taunus 1999, S. 222–237.

16 Ein weiterer Grund, den Generalrat aus London zu verlegen, war wahrscheinlich auch die für Marx enttäuschende Abkehr der englischen Gewerkschaftsbewegung von der *Internationale*. Vgl. Wolfgang Schieder, *Karl Marx. Politik in eigener Sache*, Darmstadt 2018, S. 106–109.

17 Vgl. »Protokoll der Schlußsitzung des Haager Kongresses« (7.–8.9. 1872), in: Bakunin, *Konflikt mit Marx 2/2*, S. 854–860, hier S. 860.

14. Offene Probleme des Kommunismus

1 In den Briefen an Lassalle aus den Jahren 1858 und 1859 spricht Marx regelmäßig von »unserer« Partei. Vgl. MEW 29, S. 563, 587, 623, 629 f., der Sache nach auch noch öfter. Vgl. zur »Partei Marx« auch Wolfgang Schieder, *Karl Marx. Politik in eigener Sache*, Darmstadt 2018, S. 162–177, zu Lassalle insbesondere S. 171–173.

2 Schon 1859 veröffentlichte Lassalle auf eigene Faust anonym »Der italienische Krieg und die Aufgabe Preußens. Eine Stimme aus der Demokratie«, um durch nur scheinbar plausible Forderungen an die Regierung Preußens diese »gründlich zu depopularisiren« (Brief von Ferdinand Lassalle an Karl Marx vom (wahrscheinlich) 14. Mai 1859, in: MEGA^2 III/9, S. 411–413, hier S. 411). Zudem habe er »das Banner der revolutionären Partei« in dieser Schrift »offen entfaltet« (ebd.). Wie wenig Marx damit einverstanden war, lässt sich aus einem Brief an Lassalle im November 1859 ablesen, wo es mit Blick auf den Krieg in Italien heißt: »Die Dinge mögen bald wieder zu einer Krise kommen. In diesem Falle muß eins von beiden in unsrer Partei gelten: Entweder Keiner tritt im Namen der Partei auf, ohne sich konsultiert zu haben mit den andren, oder Jeder hat das Recht, seine Ansicht darzulegen, ohne sich um den andern zu kümmern. Letztres wäre nun allerdings nicht empfehlenswert, da öffentliche Polemik einer so wenig zahlreichen Partei (die aber hoffentlich durch Energie ersetzt, was ihr an Zahl abgeht) keineswegs zuträglich.« (Brief von

Karl Marx an Ferdinand Lassalle vom 22. November 1859, in: MEW 29, S. 629–631, hier S. 630.)

3 Zunächst erklärte Marx auf die Ankündigung Lassalles, ein eigenes ökonomisches Werk zu planen, »nicht nur wir zwei, sondern ein Dutzend sind dazu nötig«, die »Ökonomie als Wissenschaft im deutschen Sinn [...] zu machen« (Brief von Karl Marx an Ferdinand Lassalle vom 12. November 1858, in MEW 29, S. 566 f., hier S. 567. Vgl. auch die Aussage im Brief von Karl Marx an Friedrich Engels vom 25. Februar 1859, in: MEW 29, S. 402–405, hier S. 404: »daß keine Rivalität zu fürchten, da in dieser ›neuen‹ Wissenschaft Platz für ihn und mich und noch ein Dutzend andrer«.) Doch nachdem *Zur Kritik der Politischen Ökonomie* nicht den erhofften Erfolg hatte, schreibt er an Engels: »Was sagst Du dazu, daß Herr Lassalle all at once [plötzlich] mir seine ›Nationalökonomie‹ angekündigt? Wird es nun nicht klar, warum meine Schrift erstens so verzögert, zweitens so schlecht annonciert worden ist? Lassalle *wohnt im Hause Dunckers*« (Brief von Karl Marx an Friedrich Engels vom 10. Dezember 1859, in: MEW 29, S. 520–523, hier S. 520). Zur Wahrheit gehört allerdings auch, dass Lassalle nicht nur beim Berliner Verleger von *Zur Kritik der Politischen Ökonomie* wohnte, sondern Marx auch den Kontakt zu diesem überhaupt erst vermittelt hatte.

4 Liebknecht verkehrte in seinen Londoner Exiljahren nach eigenen Angaben beinahe täglich mit Marx. Auch die Ehefrauen der beiden waren befreundet, und die Familien verbrachten die Sonntage miteinander. (Vgl. Wilhelm Liebknecht, *Karl Marx zum Gedächtnis*, Nürnberg 1896.)

5 Brief von Wilhelm Liebknecht an Karl Marx vom 16./17. Februar 1865 in: MEGA^2 III/13, S. 247–250, hier S. 248. Am 23. Februar 1865 erklären auch Marx und Engels – wie von Liebknecht angekündigt – ihren Rückzug von der Mitarbeit an dem Blatt. (Vgl. Karl Marx und Friedrich Engels, »Erklärung«, in: MEW 16, S. 79.)

6 Der ursprüngliche ADAV wurde im 16. September 1968 von der sächsischen Polizei wegen Verstößen gegen das Vereinsgesetz aufgelöst, aber bereits Ende desselben Monats als *Allgemeiner Deutscher Arbeiterschaftsverein* in Berlin wieder neu gegründet. (Vgl. Gustav Mayer, *Johann Baptist von Schweitzer und die Sozialdemokratie. Ein Beitrag zur Geschichte der deutschen Arbeiterbewegung*, Jena 1909, S. 239–251.)

7 Vgl. August Bebel, »Vororts- und Arbeiter-Angelegenheiten«, in: *Deutsches Wochenblatt. Organ der deutschen Volkspartei und des Verbands deutscher Arbeitervereine* Nr. 7 vom 13. Februar 1869, S. 75 f. und »Ein Urtheil über Herrn von Schweitzer«, a. a. O., S. 73 f. Vgl. auch den Brief von August Bebel an Johann Philipp Becker vom 15. Juli 1869, in: August Bebel, *Ausgewählte Reden und Schriften*, Bd. 1, München u. a. 1995, S. 567–569, hier S. 568 f., wo Bebel sogar spekuliert, dass Schweitzer und Bakunin möglicherweise »unter einer Decke spielen. Russisch-preußisch harmoniert ja.«

8 Vgl. *Demokratisches Wochenblatt* Nr. 17 vom 24. April 1869, S. 188 (Wiedergabe des Wortlauts der Erklärung auch im *Social-Demokrat* vom 16. April 1869).

9 Vgl. August Bebel und Wilhelm Liebknecht, »Nieder mit der Sektiererei! Hoch die Internationale Arbeiterassoziation!«, in: Bebel, *Ausgewählte Reden und Schriften* 1, S. 50 f.

10 Auf einer Aufnahme Lassalle'scher Positionen hatte im Vorfeld der Vereinigung mit der SDAP der Präsident des ADAV, Wilhelm Hasenclever, im Namen seiner Partei bestanden: »Die Lassalleaner sind mit geringen Ausnahmen für eine Vereinigung, sie wollen aber die Anschauungen und Forderungen Lassalle's in das gemeinsame Programm aufgenommen haben und bestehen bei der Organisation einer einheitlichen Partei auf starker Centralisation; sie wollen nicht, daß die Agitation irgend welchen Rückgang erleide.« (Wilhelm Hasenclever, »An die Mitglieder des Allg. deutsch. Arbeiter-Vereins«, in: *Neuer Social-Demokrat. Eigenthum der Lassalleaner* Nr. 6 vom 13. Januar 1875, S. 3.)

11 Karl Marx, *Randglossen zum Programm der deutschen Arbeiterpartei*, in: MEW 19, S. 15–32, hier S. 15.

12 Ebd.

13 »Programm der deutschen Arbeiterpartei« (Entwurf), in: *Der Volksstaat. Organ der sozialdemokratischen Arbeiterpartei und der internationalen Gewerksgenossenschaften* Nr. 27 vom 7. März 1875, S. 1. Der Entwurf erschien am selben Tag auch auf der Titelseite des *Neuen Social-Demokrat*.

14 Marx, *Randglossen*, S. 18.

15 A. a. O., S. 19.

16 A. a. O., S. 20.

17 Ebd.
18 A. a. O., S. 21.
19 Ebd.
20 Alle Zitate nach »Programm der sozialistischen Arbeiterpartei Deutschlands«, in: *Der Volksstaat* Nr. 59 vom 28. Mai 1875, S. 1.
21 Ebd.
22 Marx, *Randglossen*, S. 24.
23 Alle Zitate a. a. O., S. 28.
24 Ebd.
25 Alle Zitate a. a. O., S. 29.
26 Ebd.
27 A. a. O., S. 31.
28 A. a. O., S. 30 f.
29 Brief von Wilhelm Liebknecht an Friedrich Engels vom 17. Februar 1864, in: MEGA III/13, S. 251 f., hier S. 251.
30 Brief von Samuel Kokosky und Wilhelm Liebknecht an Wilhelm Bracke vom 26. Mai 1875, in: Wilhelm Liebknecht, *Briefwechsel mit deutschen Sozialdemokraten*, Bd. 1, Assen 1973, S. 637 f., hier S. 638.
31 Ebd.
32 Vgl. Brief von Karl Marx an Nikolai Franzewitsch Danielson vom 28. Mai 1872, in: MEW 33, S. 477 f.
33 Brief von Karl Marx an Ludwig Kugelmann vom 27. Juni 1870, in: MEW 32, S. 685 f., hier S. 686.
34 Brief von Karl Marx an V. I. Sassulitsch vom 8. März 1881, in: MEW 19, S. 242 f., hier S. 242. Vgl. auch Brief von Karl Marx an die Redaktion der »Otetschestwennyje Sapiski« vom November 1877, in: MEW 19, S. 107–112, hier S. 108; und Karl Marx, *Le Capital. Paris 1872–1875* (= MEGA² II/7), S. 634.
35 Marx an die Redaktion der »Otetschestwennyje Sapiski«, S. 111.
36 A. a. O., S. 112.
37 Brief von Vera Zasulič an Karl Marx vom 16. Februar 1881, in: *Marx-Engels-Archiv* 1 (1926), S. 316 f., hier S. 316.
38 Vera Sassulitsch schrieb den Brief an Marx im Auftrag einer ganzen Gruppe russischer Exilanten in Genf, zu der sie selbst auch gehörte. Die Wahl war auf sie gefallen, da sie 1878 durch ein Attentat auf den Stadtkommandanten von St. Petersburg, Fjodor Trepow, und den anschließenden Prozess, in dem sie von einem Geschworenengericht

unter reger Anteilnahme der lokalen und internationalen Öffentlichkeit freigesprochen wurde, auch in Westeuropa Berühmtheit erlangt hatte. Zu den Hintergründen des Attentats und des Freispruchs vgl. Stephan Rindlisbacher, *Leben für die Sache. Vera Figner, Vera Zasulič und das radikale Milieu im späten Zarenreich* (= *Forschungen zur osteuropäischen Geschichte*, Bd. 80), Wiesbaden 2014.

39 Die Exzerpte wurden bisher noch nicht ediert, sind aber als digitalisierte Faksimiles der Marx'schen Originalhandschrift unter search.socialhistory.org/Record/ARCH00860 in den Exzerptheften CIV (B 111) und CXXVIII (B 112) einsehbar.

40 Brief von Karl Marx an Friedrich Engels vom 25. März 1868, in: MEW 32, S. 51–53, hier S. 51.

41 Karl Marx, *Das Kapital. Kritik der politischen Ökonomie. Erster Band. Hamburg 1867* (= MEGA² II/5), S. 625.

42 Brief von Karl Marx an Friedrich Engels vom 14. März 1868, in: MEW 32, S. 42 f., hier S. 42.

43 Karl Marx, [»Entwürfe einer Antwort auf den Brief von V. I. Sassulitsch«], in: MEW 19, S. 384–406, hier S. 389. Marx betont die Vielfalt in den Geschichten »des Verfalls der Urgemeinschaften (man würde einen Fehler begehen, wenn man sie alle über einen Leisten schlagen wollte; ebenso wie in den geologischen Formationen gibt es auch in den historischen Formationen eine ganze Reihe von primären, sekundären, tertiären etc. Typen)« (a. a. O., S. 386). Er selbst hatte sich ein Jahr zuvor in den Exzerpten zum Buch seines »scientific friends« Maxime Kowalewskij, *Obščinnoe zemlevladenie, pričiny, chod i posledstvija ego razloženija* (Der Gemeindelandbesitz. Ursachen, Verlauf und Folgen seines Verfalls) intensiv mit den Varianten dieser Geschichte in Lateinamerikia, Indien und Algerien auseinandergesetzt. (Vgl. die Edition der Exzerpte als Hans-Peter Harstick (Hrsg.), *Karl Marx über Formen vorkapitalistischer Produktion. Vergleichende Studien zur Geschichte des Grundeigentums* (= *Quellen und Studien zur Sozialgeschichte*, Bd. 1), Frankfurt/M. und New York 1977.)

44 Marx, [»Entwürfe einer Antwort auf den Brief von V. I. Sassulitsch«], S. 386.

45 A. a. O., S. 403.

46 A. a. O., S. 388.

47 Karl Marx, *Das Kapital*, Bd. 3 (= MEW 25), S. 828.

48 Marx, [»Entwürfe einer Antwort auf den Brief von V. I. Sassulitsch«], S. 387.

49 A. a. O., S. 404.

50 A. a. O., S. 389.

51 A. a. O., S. 399.

52 Brief von Marx an Sassulitsch vom 8. März 1881, S. 243.

53 A. a. O., S. 242.

54 Vgl. MEGA[2] I/25, S. 824.

55 Gottfried Wilhelm Leibniz, *Die Theodizee*, Bd. 1, Frankfurt/M. 1996, Abhandlung § 69, S. 175.

56 Vgl. Michel Foucault, *In Verteidigung der Gesellschaft*, Frankfurt/M. 2001, S. 24 f.

Literaturhinweise zum Einstieg

Ausgaben

MEW: Karl Marx und Friedrich Engels, *Werke*, Berlin: Dietz, ab 1956.

Die Ausgabe, die in Werke und Schriften (Bd. 1–22), *Das Kapital* (Bd. 22–23), *Theorien über den Mehrwert* (Bd. 26.1–3), Briefe von Marx und Engels aneinander und an Dritte (Bd. 27–39) und Ergänzungsbände (Bd. 40–44) gegliedert ist, bietet alle in ihr versammelten Texte in deutscher Sprache. Auch Zitate aus anderen Werken wurden übersetzt und die Schreibung an moderne Standards angepasst. Hinzu kommen Erklärungen zu Fremdwörtern und Erläuterungen zu Personen und historischen Umständen. Die MEW ist als gängige Studienangabe die am häufigsten zitierte Ausgabe.

MEGA²: Karl Marx und Friedrich Engels, *Gesamtausgabe*, Berlin: De Gruyter Akademie Forschung, ab 1975.

Die MEGA² ist eine bisher noch nicht abgeschlossene historisch-kritische Gesamtausgabe aller von Marx und Engels überlieferten Texte und Briefe. Sie besteht aus den Abteilungen I: Werke, Artikel, Entwürfe, II: Das Kapital und Vorarbeiten, III: Briefe (im Unterschied zur MEW auch inklusive der überlieferten Briefe an Marx und Engels) und IV: Exzerpte, Notizen, Marginalien. Die MEGA² bietet alle Texte in der Sprache, in der sie verfasst wurden, nebst einem separaten Apparat mit Literatur-, Korrektur- und Variantenverzeichnissen, Erläuterungen der Überlieferungsgeschichte, einer Zeugenbeschreibung und einer Einführung, die über die Umstände der Textentstehung und ihre Bezüge informiert. Diese Einführungen waren zunächst kaum mehr als eine Zusammenfassung des historischen Forschungstands, entwickelten sich aber rasch zu eigenen historiografischen Forschungsarbeiten zum Kontext der dargebotenen Manuskripte und Drucke. Die II. Abteilung ist bereits vollständig ediert. Die ausstehenden Bände der IV. Abteilung sollen nur noch online veröffentlicht werden. Die ausstehenden Bände der Abteilungen I und III erscheinen weiterhin im Druck.

In Texten, die vor 1975 geschrieben wurden, bezieht sich die Quellenangabe MEGA auf den ersten Versuch einer historischen-kritischen Gesamtausgabe durch David B. Rjazanov in der Sowjetunion, der in der Stalinzeit abgebrochen wurde. Rjazanov und weitere Mitarbeiter wurden im Zuge des Großen Terrors 1938 erschossen. In der MEGA[1] wurden insbesondere die Marx'schen Frühschriften, *Die deutsche Ideologie* und die *Grundrisse*, erstmals publiziert.

Kommentierte Einzelausgaben

Karl Marx, *Ökonomisch-Philosophische Manuskripte. Kommentar von Michael Quante* (= *Suhrkamp Studienbibliothek*, Bd. 15), Frankfurt/M.: Suhrkamp 2009.

Terrell Carver und Daniel Blank, *Marx and Engels's »German Ideology Manuscripts«. Presentation and Analysis of the »Feuerbach Chapter«*, New York: Palgrave Macmillan 2014. (Diese englische Edition bietet eine alternative Textgestalt des stark überarbeiteten Manuskriptteils der sogenannten *Deutschen Ideologie*.)

Gareth Stedman Jones, *Das Kommunistische Manifest von Karl Marx und Friedrich Engels. Einführung, Text, Kommentar*, München: C. H. Beck 2012.

Karl Marx und Friedrich Engels, *Das Kommunistische Manifest (Manifest der Kommunistischen Partei). Von der Erstausgabe zur Leseausgabe. Mit einem Editionsbericht von Thomas Kuczynski* (= *Schriften aus dem Karl-Marx-Haus Trier* 49 (1995)).

Karl Marx, *Der achtzehnte Brumaire des Louis Bonaparte. Kommentar von Hauke Brunkhorst* (= *Suhrkamp Studienbibliothek*, Bd. 3), Frankfurt/M.: Suhrkamp 2007.

Karl Marx, *Das Kapital. Kritik der politischen Ökonomie. Erster Band, Buch I: Der Produktionsprozess des Kapitals. Neue Textausgabe bearbeitet und herausgegeben von Thomas Kuczynski*, Hamburg: VSA 2017. (Die Edition erfolgt im Gegensatz zu MEW 23 auf Grundlage der 2. deutschen Auflage und der von Marx für maßgeblich erklärten französischen Ausgabe. Auf einem USB-Stick befindet sich zudem der historisch-kritische Apparat, sodass diese Edition den Studienausgaben in anderen Sprachen entspricht, die inzwischen ebenfalls ausnahmslos auf Grundlage der in MEGA² II veröffentlichten Texte erfolgen.)

Karl Marx, *Das Kapital. Kritik der politischen Ökonomie. Erster Band. Herausgegeben von Michael Quante* (= *Philosophische Bibliothek*, Bd. 612), Hamburg: Meiner 2018. (Neuedition der Erstauflage, die 1867 bei Meiner erschienen ist. Mit einer Einleitung des Herausgebers.)

Karl Marx, *Das Kapital 1.1. Resultate des unmittelbaren Produktionsprozesses. Sechstes Kapitel des ersten Bandes des »Kapitals« (Entwurf)*, Berlin: Dietz 2009. (Ausgabe des Kapitels aus dem Manuskript von 1863–1867 nach den Editionskriterien der MEW. In derselben Reihe wurden noch weitere Texte von Marx und Engels rund um den ersten Band des *Kapitals* herausgegeben.)

Einführungen zum Kapital

Valeria Bruschi, Antonella Muzzupappa, Sabine Nuss, Anne Steckner und Ingo Stützle, *PolyluxMarx. Bildungsmaterial zur* Kapital-*Lektüre. Erster Band*, Berlin: Dietz 2013.

Dies., *Bildungsmaterial für Einführungen ins* Kapital. *Zweiter Band*, Berlin: Dietz 2015. (Beide Bände sind auch unter http://www.polyluxmarx.de kostenlos abrufbar.)

Michael Heinrich, *Kritik der politischen Ökonomie. Eine Einführung in »Das Kapital« von Karl Marx*, Stuttgart: Schmetterling ²2004.

Ders., *Wie das Marxsche »Kapital« lesen? Leseanleitung und Kommentar zum Anfang des »Kapital«*, 2. Bd., Stuttgart: Schmetterling 2008 ff.

David Harvey, *Marx' Kapital lesen. Ein Begleiter für Fortgeschrittene und Einsteiger*, Hamburg: VSA 2011.

Ders., *Marx' 2. Band des »Kapital« lesen. Ein Begleiter zum Verständnis der Kreisläufe des Kapitals*, Hamburg: VSA 2018.

Wolfgang Fritz Haug, *Vorlesungen zur Einführung ins Kapital*, Hamburg: Argument ⁶2009.

Ders., *Neue Vorlesungen zur Einführung ins »Kapital«*, Hamburg: Argument 2006.

Ders., *Das »Kapital« lesen – aber wie? Materialien zur Philosophie und Epistemologie der marxschen Kapitalismuskritik*, Hamburg: Argument 2013.

Aktuelle Biografien

Michael Heinrich, *Karl Marx und die Geburt der modernen Gesellschaft. Biographie und Werkentwicklung*, Bd. 1: 1818–1841, Stuttgart: Schmetterling 2018.

Gareth Stedman Jones, *Karl Marx. Die Biographie*, Frankfurt/M.: Fischer 2017.

Francis Wheen, *Karl Marx*, München: Bertelsmann 2001.

Lexika und Handbücher

Kritisches Wörterbuch des Marxismus, herausgegeben von Georges Labica und Gérard Bensussan. Herausgeber der deutschen Fassung des *Dictionnaire critique du marxisme* Wolfgang Fritz Haug, Hamburg: Argument 1983 ff.

Historisch-kritisches Wörterbuch des Marxismus, herausgegeben von Wolfgang Fritz Haug, Hamburg: Argument 1994 ff. (unabgeschlossen). (Aktueller, ausführlicher und mit mehr Stichworten als das *Dictionnaire critique du marxisme*. Das HKWM bietet eine Diskussion der Fundstellen zu den Stichwörtern bei Marx und Engels sowie eine Darstellung ihrer Diskussion bei marxistischen Autorinnen und Autoren.)

Michael Quante und David P. Schweikard (Hrsg.), *Marx-Handbuch. Leben – Werk – Wirkung*, Stuttgart: Metzler 2016.

Jeff Diamanti, Andrew Pendakis und Imre Szeman (Hrsg.), *The Bloomsbury Companion to Marx*, London und Oxford: Bloomsbury Academic, erscheint Ende 2018.

Zeitschriften

Marx-Engels-Jahrbuch (seit 2003).

Beiträge zur Marx-Engels-Forschung. Neue Folge (seit 1991).

Studien aus dem Karl-Marx-Haus in Trier (abgeschlossen).

Websites

marxfoschung.de (Website des Berliner Vereins zur Förderung der MEGA-Edition. Hier finden sich Digitalisate der Zeitschriften, die von den Arbeitsgruppen der MEGA² in der DDR herausgegeben wurden.)

oekonomiekritik.de (Website von Michael Heinrich mit weiteren Literaturhinweisen.)

megadigital.bbaw.de (Schrittweise erweitertes Online-Angebot der historisch-kritischen Gesamtausgabe von Karl Marx und Friedrich Engels.)
search.socialhistory.org/Record/ARCH00860 (Website mit Digitalisaten der handschriftlichen Manuskripte und Briefe von Karl Marx und Friedrich Engels aus dem Internationalen Institut für Sozialgeschichte (IISG) in Amsterdam.)

Christian Schmidt hat in Leipzig und London Philosophie und Mathematik studiert und ist Privatdozent am Institut für Philosophie der Universität Leipzig. Er ist Autor von *Individualität und Eigentum* (Frankfurt/M./New York 2006) und Herausgeber von *Können wir der Geschichte entkommen? Geschichtsphilosophie am Beginn des 21. Jahrhunderts* (Frankfurt/M./New York 2013) sowie Mitherausgeber von zwei Schwerpunkten der Zeitschrift *Rechtsphilosophie* zur »Politik der subjektiven Rechte« (2017).